本书受到北京交通大学哲学社会科学文库项目（项目号2017jbww03）资助

北京交通大学哲学社会科学文库

动态系统理论与第二语言发展
从个案研究开始

李兰霞 著

中国社会科学出版社

图书在版编目（CIP）数据

动态系统理论与第二语言发展：从个案研究开始／李兰霞著．
—北京：中国社会科学出版社，2017.6
ISBN 978-7-5203-1051-2

Ⅰ.①动… Ⅱ.①李… Ⅲ.①第二语言—研究 Ⅳ.①H0

中国版本图书馆 CIP 数据核字（2017）第 230993 号

出 版 人	赵剑英
责任编辑	顾世宝
责任校对	韩海超
责任印制	戴　宽

出　　版	中国社会科学出版社
社　　址	北京鼓楼西大街甲 158 号
邮　　编	100720
网　　址	http://www.csspw.cn
发 行 部	010-84083685
门 市 部	010-84029450
经　　销	新华书店及其他书店
印　　刷	北京明恒达印务有限公司
装　　订	廊坊市广阳区广增装订厂
版　　次	2017 年 6 月第 1 版
印　　次	2017 年 6 月第 1 次印刷
开　　本	710×1000　1/16
印　　张	19.75
插　　页	2
字　　数	316 千字
定　　价	89.00 元

凡购买中国社会科学出版社图书，如有质量问题请与本社营销中心联系调换
电话：010-84083683
版权所有　侵权必究

目 录

导 言 ……………………………………………………………（1）

上篇　理论篇

第一章　动态系统理论的发展历程 ……………………………（7）
  1.1　萌芽（1997—2001 年）……………………………………（7）
  1.2　起步（2002—2005 年）……………………………………（9）
  1.3　成长（2006 年至今）………………………………………（12）
    1.3.1　国际 …………………………………………………（12）
    1.3.2　国内 …………………………………………………（21）

第二章　动态系统理论的理念观点 ……………………………（25）
  2.1　DST 视域中的语言系统 …………………………………（25）
    2.1.1　系统特性 ……………………………………………（26）
    2.1.2　发展机制 ……………………………………………（27）
    2.1.3　发展过程 ……………………………………………（29）
  2.2　DST 视域中的第二语言习得过程 ………………………（31）
    2.2.1　第二语言习得机制 …………………………………（31）
    2.2.2　第二语言发展过程 …………………………………（33）
    2.2.3　第二语言习得过程的统一性 ………………………（36）
  2.3　小结 …………………………………………………………（38）

第三章 动态系统理论的产生背景 (39)
3.1 现代科学对经典科学的超越 (39)
3.1.1 从还原论到整体论 (40)
3.1.2 从因果性到目的论 (41)
3.1.3 从孤立主体到参与者主体 (42)
3.1.4 从简单性到复杂性 (42)
3.1.5 从决定论到非决定论 (43)
3.1.6 小结 (44)
3.2 现代科学理念与中国传统哲学的呼应 (45)
3.2.1 变易 (45)
3.2.2 阴阳 (47)
3.2.3 独化 (48)
3.2.4 天人合一 (49)
3.2.5 小结 (50)

第四章 动态系统理论的研究方法 (53)
4.1 方法论原则 (53)
4.1.1 传统语言学的方法论原则 (53)
4.1.2 DST 的方法论原则 (55)
4.2 研究方法 (58)
4.2.1 研究方法类型 (58)
4.2.2 微变化研究法 (59)
4.2.3 电脑建模 (60)
4.3 小结 (62)

第五章 动态系统理论与个案研究 (63)
5.1 什么是个案研究? (64)
5.2 传统语言学视角下的个案研究 (67)
5.2.1 个案研究的优点 (67)
5.2.2 个案研究的弱点 (69)

5.3 DST 对个案研究的发展 ……………………………………………… (73)
5.3.1 个案研究的理论基础 ……………………………………… (73)
5.3.2 个案研究的数据处理工具 ………………………………… (76)
5.4 小结 …………………………………………………………………… (80)

下篇 实践篇

第一章 研究背景 …………………………………………………………… (83)
1.1 选题缘起 ……………………………………………………………… (83)
1.2 "了"的习得研究 …………………………………………………… (84)
1.2.1 "了"的偏误 …………………………………………………… (84)
1.2.2 "了"的习得过程 ……………………………………………… (86)
1.2.3 "了"的习得和情状体 ………………………………………… (87)
1.3 变异研究 ……………………………………………………………… (90)
1.3.1 系统变异 ………………………………………………………… (91)
1.3.2 自由变异 ………………………………………………………… (98)
1.3.3 DST 视域下变异研究的新形式 ………………………………… (99)
1.4 小结 …………………………………………………………………… (100)

第二章 研究设计 …………………………………………………………… (101)
2.1 数据收集 ……………………………………………………………… (101)
2.2 数据统计 ……………………………………………………………… (103)
2.3 研究问题 ……………………………………………………………… (106)

第三章 过去时目的形式变体 "-了" ……………………………………… (112)
3.1 数据描写 ……………………………………………………………… (112)
3.2 数据探索 ……………………………………………………………… (114)
3.2.1 句法分类 ………………………………………………………… (114)
3.2.2 阶段探索 ………………………………………………………… (116)
3.2.3 分类探索 ………………………………………………………… (119)
3.3 小结 …………………………………………………………………… (130)

第四章　过去时目的形式变体"+了" ………………………（133）
4.1　数据描写 …………………………………………………（133）
4.2　数据探索 …………………………………………………（136）
4.2.1　句法分类 …………………………………………（136）
4.2.2　阶段探索 …………………………………………（136）
4.2.3　句中"+了" ………………………………………（140）
4.2.4　句尾"+了" ………………………………………（145）
4.3　讨论 ………………………………………………………（150）
4.4　小结 ………………………………………………………（153）

第五章　过去时偏误形式变体 ……………………………………（155）
5.1　数据描写 …………………………………………………（155）
5.2　阶段探索 …………………………………………………（159）
5.3　分类探索 …………………………………………………（161）
5.3.1　少用"了" …………………………………………（161）
5.3.2　多用"了" …………………………………………（167）
5.3.3　错用"了" …………………………………………（175）
5.4　讨论 ………………………………………………………（179）
5.4.1　偏误—目的形式比 …………………………………（179）
5.4.2　普遍性偏误 …………………………………………（182）
5.5　小结 ………………………………………………………（185）

第六章　非过去时变体 ……………………………………………（187）
6.1　数据描写 …………………………………………………（187）
6.2　目的形式变体"+了" ……………………………………（189）
6.2.1　阶段探索 …………………………………………（189）
6.2.2　分类探索 …………………………………………（191）
6.3　"了"的偏误形式 …………………………………………（196）
6.3.1　少用"了" …………………………………………（196）
6.3.2　多用"了" …………………………………………（201）
6.3.3　小结 …………………………………………………（202）

6.4　小结 ………………………………………………………… (203)

第七章　句法语境变异 ……………………………………… (205)
7.1　过去时时态 ………………………………………………… (205)
　　7.1.1　以目的形式变体"−了"为主 ……………………… (206)
　　7.1.2　以目的形式变体"+了"为主 ……………………… (215)
　　7.1.3　以少用"了"偏误（−）为主 ……………………… (220)
　　7.1.4　以错用"了"（*）为主 …………………………… (225)
7.2　非过去时时态 ……………………………………………… (228)
　　7.2.1　动词+宾语 ………………………………………… (228)
　　7.2.2　动词谓语 …………………………………………… (229)
　　7.2.3　表时间持续 ………………………………………… (229)
7.3　讨论 ………………………………………………………… (230)
　　7.3.1　目的形式变异 ……………………………………… (232)
　　7.3.2　偏误形式变异 ……………………………………… (233)
7.4　小结 ………………………………………………………… (235)

第八章　词汇语境变异 ……………………………………… (236)
8.1　情状体与"了"的标记 ……………………………………… (236)
8.2　横向分析：过去时"了"的标记和情状体 ………………… (241)
　　8.2.1　变体"−了" ………………………………………… (241)
　　8.2.2　变体"+了" ………………………………………… (242)
　　8.2.3　变体"−" …………………………………………… (244)
　　8.2.4　变体"+" …………………………………………… (245)
　　8.2.5　总体倾向 …………………………………………… (246)
8.3　横向分析：非过去时"了"的标记和情状体 ……………… (248)
　　8.3.1　变体"+了" ………………………………………… (248)
　　8.3.2　变体"+" …………………………………………… (249)
　　8.3.3　变体"−" …………………………………………… (250)
　　8.3.4　总体倾向 …………………………………………… (251)
8.4　横向分析总结 ……………………………………………… (252)

8.5 纵向分析:变异过程 (253)
  8.5.1 形容词 (253)
  8.5.2 引述动词 (255)
  8.5.3 助动词 (256)
  8.5.4 心理动词 (259)
  8.5.5 没有 (261)
  8.5.6 有 (261)
  8.5.7 在 (262)
  8.5.8 是 (263)
  8.5.9 开始 (264)
  8.5.10 讨论 (264)
8.6 小结 (268)

第九章 结语 (270)
9.1 结论 (270)
  9.1.1 "了"的变体 (270)
  9.1.2 "了"的义项 (272)
  9.1.3 句法和词汇语境变异 (273)
  9.1.4 系统变异和自由变异 (274)
9.2 创新点 (275)
9.3 不足与展望 (276)

参考文献 (278)
  中文专著 (278)
  中文论文 (279)
  英文专著 (290)
  英文论文 (294)

后 记 (309)

导　言

　　蚂蚁社会是非常成功的，比我们人类社会还要成功得多。因为对应每一个人，就有上百万只蚂蚁。如果你算一下生物质量，蚂蚁的生物质量大约是人类的十倍。因此，什么是蚂蚁社会成功的原因，这是一个有趣而神秘的问题。单就一只蚂蚁来说，它的行为是杂乱无章的，偶然的。然而整个集体又有着非常一致的行为。有一些蚂蚁社会是很小的，只有几百只蚂蚁。但有些非常大，有几百万只蚂蚁。有意思的是，当你从小蚂蚁社会的观察研究入手再对大蚂蚁社会进行考察时，你会发现交流信息这个概念变得越来越重要……

　　此外，非常有趣的是蚂蚁通讯本身并不准确。它并不是按一种非常确定的指令的方式来进行的，它总给单个蚂蚁留下一些主动性。如果有一只蚂蚁在某处发现了食物，它就把这个信息传给窝里的其它蚂蚁。但是并不是所有的蚂蚁都到达那个地方去觅食。有些却跑到附近其它地方去"打猎"。这种通讯的不精确性恰好使得它们能够发现许多新食物。因此，这种不精确的非指令性的通讯方式倒是使蚂蚁社会改进的源泉，这说明概率行为的重要性。

——普利高津（1987）

　　这是 1986 年 12 月 19 日，诺贝尔化学奖获得者普利高津（I. Prigogine)在北京师范大学授予他名誉教授仪式上的演讲①中所举的一个有关概率行为的例子。概率行为的特点是随机、偶然、杂乱，和传统科学所追求的规律性、确定性刚好相反，因而一直是传统科学研究希望排除在外的多余的"噪音"。然而，现代科学已经证明，正如普利高津所说，这种随机、偶然的概率行为是重要的，在蚂蚁社会中，"是使蚂蚁社会改进的源泉"；在人类社会中，使人类得以"建立和发现新的东西"（普利高津，1987）。可以自然地推测，在语言学习中，概率行为是学习者发展和建立新的语言模式的动力。

动态系统理论（Dynamic Systems Theory，DST）把这种概率行为称为变异（variation）或变异性（variability），并一反传统语言学的做法，把变异作为研究核心，因为"学习者需要变异来探索和选择"，"变异的程度和模式能告诉我们更多有关发展过程的信息"（Verspoor et al.，2008）。DST利用现代计算机技术，发展出了一系列处理杂乱无章的变异信息的工具，以捕捉动态变异过程，揭示语言发展机制。

变异是和个体相联系的，个体是变异现象的主体和载体；群体数据均值只能掩盖变异，以抽象的方式呈现一般趋势，无法代表任何一个真实的个体。因此，个案研究是考察变异现象的天然选择。本书分理论篇和实践篇。理论篇五章，分别介绍DST的发展历程、理念观点、产生背景、研究方法和个案研究，提出DST的理论和方法把个案研究带到了历史性的新阶段；而在DST理论建构的早期阶段，个案研究是合适的研究起点。实践篇为一项个案研究，以DST为理论基础，采用DST风格的数据处理工具，考察一位学习者在52周时间中习得汉语体标记"了"的变异过程。

DST本为一种纯数学范式，用来研究时间流逝中的复杂系统（de Bot，2008），已广泛应用于数学、生物学、物理学、气象学、海洋学、经济学、认知学等多个领域，是现代科学的代表——复杂性科学的一个分支。复杂性科学是跨学科的，它的一般研究方法必须在自然科学和社会

---

① 普利高津的演讲经北京师范大学交叉学科研究会整理，发表于《自然辩证法研究》1987年第2期。

科学的结合中加以发展。它不是不要简化，更不是故意把事情复杂化，而是"以新角度、新科学方法和工具为基础的对外在复杂性和内禀复杂性的简化描述"，以保留事情真正的非线性性质。"尽管这个范式可能在某些领域还没有成为主流范式，但是作为一种替代范式或替代范式的候补者已经不可避免"（吴彤，2001）。我们相信，这种新范式将为汉语作为第二语言的习得研究带来新视野、新发现。

上 篇

理 论 篇

第 一 章

动态系统理论的发展历程

动态系统理论（Dynamic Systems Theory，DST）是世界范围内复杂性科学的一部分。在第二语言习得领域，以 DBL&V（即 de Bot, Lowie & Verspoor，见 Larsen-Freeman，2007）为代表的欧洲学者多使用 DST 这一术语，以 Larsen-Freeman 及其所在研究团体 THE DOUGLAS FIR GROUP 为代表的北美学者则倾向于使用复杂适应系统（Complex Adaptive Systems，CAS），也有研究者使用混沌论（Chaos）、复杂性（Complexity）、非线性系统（Nonlinear Systems）等"基本上可以互换的名称"（de Bot，2008）；涌现主义（emergentism），则和这些理论在很多核心理念上兼容。由于所有复杂系统都是动态的，而动态的未必是复杂系统，DST 也可以看作 CAS 理论的方法论部分（Larsen-Freeman，2010，个人交流）。本书采用 DST 来代表上述理论立场，以突出该立场所追求的研究范式的动态性和系统性。

1.1 萌芽（1997—2001 年）

1997 年，Larsen-Freeman 于 *Applied Linguistics* 发表 "Chaos/Complexity science and second language acquisition"（《混沌/复杂性科学与第二语言习得》）一文，被公认为 DST 在应用语言学领域的开山之作。（一）该文指出混沌、复杂性科学不仅是新的理论，而且是新的思维方式。这种新思维方式不同于"自牛顿以来统治科学界的线性、还原论思维"，强调非线性、整体性和随机性，是经典科学向现代科学转向的结果。（二）系统讨论了复杂非线性系统的特征，包括动态、复杂、非线性、混沌、不可预测、初始条件敏感、开放、自组织、反馈敏感、自适应等十个方面，从现代科学的角度解释了其含义。这在事实上提出并定义了 DST 的一系列核心概念。（三）指出语言和第二语言习得研究与复杂非线性系统研究具有共同性，讨论了复杂非线性系统对语言和第二语言习得研究的意义，系统地阐明了混沌和复杂性科学新视域下语言研究和第二语言习得研究的新观点、新思维。（四）讨论了混沌和复杂性科学新视域下第二语言习得领域的五个重大问题，包括习得机制、学习的定义、中介语的稳定/不稳定、个体差异和语言教学的作用。（五）讨论了混沌和复杂性科学的价值和意义，如鼓励模糊界限、警惕复杂问题的简化方式、为第二语言习得现象提供全新图景、前置一些问题同时抛弃另一些问题、不鼓励简单的单因素因果联系累积的理论建构、强调细节的重要性、重视整体性并寻找不破坏整体性的分析单位。

Larsen-Freeman 并没有使用 DST 这一术语，但该文阐明的相关科学哲学背景、核心概念，对第二语言习得研究的全新理论视角以及其中蕴含的方法论原则，都为 DST 之后的发展奠定了坚实的基础，使得 DST 在诞生伊始即具有较高的理论成熟度，称得上是 DST 的纲领性文件。

然而，遗憾的是，虽然当时 DST 已经广泛应用于数学、生物学、物理学、经济学、气象学等多个领域，甚至已经引入包括第一语言习得研究在内的儿童发展心理学这一与应用语言学紧密相关的学科，有关混沌、复杂性、非线性等现代科学概念的讨论也早已是科学哲学领域的热点话题，但 Larsen-Freeman 这篇文章发表之后，在近五年的时间里并没有引起学界的任何回应——无支持亦无批评，这五年也构成了 DST 在应用语言学界的一段空白期。de Bot 等在 2007 年的一篇文章中、Larsen-Freeman 在 2010 年于荷兰格罗宁根大学的一次讲座中，都曾专门提及这一段漫长的空白期。可见 DST 萌芽之初的艰难。

1.2 起步（2002—2005 年）

在 1997 年的萌芽后，DST 在长达五年的时间里一直处于沉寂状态，直到 2002 年奥地利因斯布鲁克大学语言学家 Herdina 和 Jessner 的著作《多语的动态模型：心理语言学视角的变化》（*A Dynamic Model of Multilingualism: Perspectives of Change in Psycholinguistics*）出版。在对多语、双语和二语习得近几十年来的研究成果梳理讨论的基础上，作者明确提出有必要重新定义多语及与多语相关的一系列术语，"有必要建立新的多语模型"（Herdina & Jessner, 2002: 5）。这种新的多语模型应能把来自二语、三语习得和双语、多语的研究统一起来而不是促使它们分裂，能解释多语的语言、认知和社会文化结果，能容纳多语的语言、社会语言和心理语言多样性。而动态多语模型（Dynamic Model of Multilingualism）为满足上述需求提供了可能性，因为它"为模拟多语熟练度提供了必要的心理语言学概念框架，特别重视语言习得中的个体学习者差异"。在这种模型中，"双语或多语系统被描述成能在不同情境中对相同的输入进行不同反应"，"多语熟练度被看作是由动态地交互作用的语言子系统组成，子系统本身并不必然代表某种常态，都可能变动"（同上：75）。

Herdina 和 Jessner 这一著作打破了五年的沉寂。同年，一部有关语言习得和社会化的生态观点的论文集出版，其中收录了 Larsen-Freeman（2002）的一篇论文。在这篇论文中，Larsen-Frreman 谈了她对混沌/复杂性科学应用于语言习得的进一步思考，提出可以把 UG（Univeral Grammar，普遍语法）看作发展、动态的语言系统的初始条件的一部分，两种观点可以互补、并存。但 Larsen-Freeman 同时认为，把混沌/复杂性应用于第二语言习得研究，就意味着把发展看作通过个体和其环境的交互作用发生的过程，应同时采用社会和认知统一的途径来考察语言习得过程，而不是把语法作为研究中心，语法也不是"等待语言学习者来习得规则和目的形式的集合"，"语言或语法，不是拥有，而是做：参与到社会经验中去"。很显然，这和生成语法关于语言和语言习得本质的认识是有根本区别的。我们认为，Larsen-Freeman 其实只是认为有关普遍语法研究的一些相关成果可以为 DST 所用，比如用来解释 DST 视域中语言发展的认知方面、初始条件，但在根本的语言哲学观上，二者是无法融合的。除此之外，在 2004 年一篇专门讨论会话分析的文章（Larsen-Freeman，2004）末尾，Larsen-Freeman 提出会话分析这种研究方式符合她所倡导的混沌/复杂性理论观点。

不久，来自荷兰格罗宁根大学、后来被 Larsen-Freeman（2007）称为 DBL&V 的 Kees de Bot、Wander Lowie 和 Marjolijn Verspoor 研究团队加入了这一研究领域，彻底改变了之前研究者们的孤独状态。2004 年，DBL&V 发表论文（Verspoor 等，2004），首次在标题中使用了"动态系统理论"一词，并应用该理论对两位个体学习者的写作进行了为期六周的追踪考察。这是从 DST 角度进行的首例纵向个案研究。虽然由于各种原因，比如作者所指出的，学习者缺乏提高英语写作的兴趣、观察周期太短等，没能在任何方面观察到预期的变异趋平和随之而来的发展，但仍然在一些方面验证了 DST 的预测：首先是两位初级学习者表现出大量的个体间（inter-individual）和个体内（intra-individual）变异；其次是当学习者遇到了有趣的事件可报告时，写作水平会提高，反之则降低——说明当系统在努力寻找它的平衡态时，会受到更多的外部影响，系统稳定时受到的影响则没这么大。从理论建构的方面来看，Verspoor 等（2004）不像之前的相关论著着重对整个理论系统的阐释，而是以变异（variation）为核心，比较了传统语言学和 DST 看待变异的不同观点，指明了与此相关联的不同统计学理念和方式。这就使得该文具有初步的方法论意义。不过遗憾的是，Verspoor 等（2004）一文仍采用传统的数据处理方式，尚未能使用后来如 Verspoor 等（2008）那样的极具动态系统理论特点的动态、可视化数据处理工具。

紧接着，DBL&V 团队于 2005 年出版专著《第二语言习得：高级课本》（*Second Language Acquistion: An Advanced Resource Book*）（de Bot 等，2005a），这是第二语言习得领域第一部以 DST 为理论基础的著作。作者从第二语言习得的基本议题入手，如单语、双语和多语，第一、第二和第三语言，习得和学习，输入（input）和吸入（intake），隐性（implicit）和显性（explicit）学习等，提出 DST 可从整体观角度为围绕这些议题的长期争论提供新的解决思路；接着较为系统地介绍了动态系统理论的核心概念，如系统、嵌套（nesting）、吸引子状态、变异、持续重组、交互作用系统、学习和遗忘等，回顾了约五十年来行为主义和心灵主义基础上的语言学理论对第二语言习得和教学的影响，就一些主要议题提出了 DST 的观点，指出 DST 和这些理论的差异或兼容之处，并尝试把对相关议题的理论探讨转化为与第二语言教学相关的实践指导。作者在论述过程中使用了一些并非以 DST 为理论基础的研究成果，这些研究的作者"可能并没有意识到他们的成果对 DST 的相关性"，但他们的研究结果却恰恰为 DST 提供了支撑——这充分证明 DST 的发展除了是科学哲学大环境影响的结果，同时也是第二语言习得领域内部积累和成长的必然需求。也是在这一年，de Bot 等（2005b）发表观点文章，呼吁浮现主义的研究者加入进来，并以极富情感的语言回答了可能的质疑：通过用一系列 DST 数学公式取代应用语言学的核心议题，我们是找到了终极理论，还是被硬科学中 DST 的力量蒙蔽了双眼，以致跌入了最糟糕的乐观主义新陷阱？但不管怎样，我们为在新方向上迈出了第一步而感到满足，未来的应用语言学家可能因此而能够以一种数学上合理的全面系统来描述语言。

  这是一个以欧洲学者为主的阶段，最初发出声音的 Larsen-Freeman 在这一阶段著述较少，她的美国同行则未发出声音。但上述欧洲学者的成果都引用了 Larsen-Freeman（1997）的文章，因此可以说，这些研究是一脉相承的，是在最初基础上的进一步发展。用 DST 倡导者的话来说，发展过程是充满变异的；而在 DST 发展的当前阶段，变异的主要表现即是开始出现了不同观点。如 Herdina 和 Jessner（2002：158）指出，Larsen-Freeman（1997）以一种相当一般的方式把混沌理论和二语习得研究联系起来，指出了这种理论对应用语言学研究可能具有的优点，但认为"这种类比可能仅仅是比喻性的"。他们同意其论述"科学的传统方式试图通过考察部分来理解整体行为，这对研究复杂系统是不充分的"，但认为动态模型不仅仅是一个有用的类比，而是能"提供一个合适的解释框架，把多语研究中观察到的大多数现象整合起来"。不过，整体来看，这个阶段表现出的分歧较少，主要以对动态复杂系统涉及的核心概念的解释和应用为主，具有相当高程度的共同之处。

　　这也是一个以理论探索为主的阶段，尚未真正触及方法论问题。笔者犹记得刚刚接触 DST 时，首先读到的即是 de Bot 等（2005a）的著作，然而读完之后并没有感到 DST 的新颖和魅力。一方面，始自《易经》的中国传统哲学一直讲究变化、复杂和天人合一（见下文第三章），DST 虽然使用了一些现代科学术语来描述相关现象，但其核心理念和中国传统哲学基本一致，因此仅仅从理念上，笔者并没能感受到多少特别和新颖之处。另一方面，传统语言学其实并非没有观察到现实中语言的动态性、复杂性、变异性和时间性，之所以在研究中采取还原论立场，剔除语境、变异、时间性等"多余"因素，固然是当时哲学影响的结果，也是由于人类当时的技术手段无法把这些"多余"因素包括进来，不得不采取简化、抽象的方式，研究静态、理想的语言（language）或能力（compentence）系统，把言语（parole）或表现（performance）排除在外。因此，当读完 de Bot 等（2005a）的著作时，心里不禁质疑：理论上的确如此，然而如何进行所谓的整体性、复杂性研究呢？如果 DST 不能发展出与其理念观点相适应的研究方法，那么就只能看作古代整体性哲学的余温了。

　　令人惊喜的是，DST 的确在下一阶段发展出了一系列与其理念相适应的研究方法和数据处理工具，从而进入了坚定的成长期。

1.3　成长（2006 年至今）

　　我们之所以把 2006 年看作 DST 成长阶段的起点，是由于正是在这一年，DST 开始在国际应用语言学界获得前所未有的关注，并且被引介到了中国语言学及应用语言学界。

1.3.1　国际

　　美国—加拿大应用语言学协会 2006 年度会议最后一天的圆桌会议，可以视为 DST 在国际应用语言学界引起广泛关注的标志。*The Modern Language Journal* 于 2008 年第 2 期推出的 DST 专刊论文即来自于上述会议，

de Bot（2008）在该专刊的一篇文章中这样回忆这次圆桌会议："（该会议）吸引了大量积极互动的听众，这在一个会议的闭幕日是很不寻常的……一个小范围的研究者为某种新的研究范式而兴奋毫不奇怪，但这种兴趣似乎已经扩散到更大的群体……"2009 年，*Language Learning* 推出了复杂适应系统增刊，再加上 *Applied Linguistics* 于 2006 年第 4 期推出的涌现主义专刊，国际应用语言学界已有三家极具影响力的学术期刊都聚焦于一种最新的研究理念：如何动态、系统地研究真实、复杂的语言发展。

这一时期，DST 的研究成果比前两个时期之和还要多，在研究的广度和深度上都取得了显著进步。主要体现在以下四个方面。

1.3.1.1 方法论系统初步形成

如果说前一阶段 DST 的发展着重于理论阐述，方法论基本缺失的话，这一阶段则在方法论建构方面取得了实质性成果。Larsen-Freeman & Cameron（2008）提出了从复杂系统角度研究语言发展应遵循的八种方法论原则，并建议了七个类型的研究方法。Verspoor 等主编的著作《二语习得的动态途径：方法和技术》（*A Dynamic Approach to Second Language Development: Methods and Techniques*）于 2011 年出版，除了 DBL&V、Larsen-Freeman 等应用语言学领域 DST 的倡导者之外，儿童发展心理学领域的 van Geert 等 DST 领军人物也加入了该著作的撰写。全书着重于系统、具体地介绍 DST 的研究方法和数据处理工具，分理论阐释和实践操作（How-to）两大部分。理论篇的每个章节都先从 DST 理念入手，再谈及和理念相适应的研究方法，并以实例来说明如何收集、处理数据，如何对数据处理的结果进行解读；每个章节涉及的数据处理的具体步骤则在 How-to 部分有相应的详尽说明，充分做到了"读者友好"（reader-friendly）。因此，这本著作使得 DST 研究彻底摆脱了"坐而论道"，可以一步步指导研究者甚至是刚刚进入该领域的研究者切实地展开 DST 研究，以全新的理念、全新的数据处理工具对语言发展展开全新角度的研究，揭示从未被发现的、隐藏于无数"噪音"之下的语言发展模式。

1.3.1.2 理论系统进一步完善

上一阶段的 DST 理论构建着重于介绍混沌论和复杂性科学的一些基

本概念，把这些概念应用于对语言和语言习得现象的说明和解释。在这一阶段，研究者开始在基本概念的基础上建构系统的、不同于传统观点的语言习得理论。

第一，正式提出以"第二语言发展"（Second Language Development）取代"第二语言习得"（Second Language Acquistion）。de Bot 等（2005a）在其专著中已经常使用"语言发展"或"第二语言发展"这样的表述，但未明确提出以上述术语取代传统的"第二语言习得"，专著标题也仍然沿用传统表达。在 de Bot（2008）的论文中，标题正式采用了"第二语言发展"，但仍然未明确提出这一议题，只是以尾注的形式说明："之所以使用术语'第二语言发展'而不是传统术语'第二语言习得'，是为了同时捕捉发展中的两个方面增长和下降——即习得和磨蚀。"Larsen-Freeman（2015）则专文明确提出应该以"第二语言发展"取代传统的"第二语言习得"，并从复杂性理论（Complexity Theory）的角度阐述了十二个方面的理由。正如 Larsen-Freeman（2015）所说："我们怎样使用语言构建和反映着我们对它的理解和改造"，这一观点的正式提出也反映了 DST 对应用语言学的理解和改造彻底摆脱了把混沌学或复杂性科学的概念引介进来的早期阶段，开始成长为独立的应用语言学理论，并在全方位构建不同于传统语言观的理论框架。

第二，系统阐明与传统语言学理论的不同立场。在上一阶段，DST 的倡导者着重提出新的概念和观点，并未着力阐明与传统语言学理论的不同立场。这一阶段，DST 开始全方位地表明与传统语言学理论的对立观点。Larsen-Freeman（2006）认为，自第二语言习得这个领域诞生以来，绝大多数研究者都以"发展楼梯"（developmental ladder）这样的比喻为指导，在相应的假设下展开研究，并从这些假设开始推论。她列举出了传统语言学遵循的七种假设，并从这七个方面阐明了 DST 的不同观点，提出 DST 要实现的是从"发展楼梯"到涌现主义观点的转变。Larsen-Freeman 在这里一再强调，对传统语言学所遵循的这些假设的质疑和挑战，从第二语言习得这个领域诞生之初就已经存在，但之前的质疑和挑战都是零碎的，仅仅针对其中的一点提出反驳，而涌现主义和复杂、动态系统的观点"不是一条一条地对这些假设进行逐个反驳，而是从一开始,就采用了一种不同的比喻或者超理论",是一种"整体观点的转变"。因此,如 van Geert(2008)所指出的,DST"不应该被看作一种具体理论,而是一种有关变化的一般观点",它不是以对某种特定语言的研究为基础建立起来的,而是一般科学哲学深入发展的结果,具有面向所有语言的普适性。

第三,涉及的深度和广度进一步扩展。Plaza-Pust(2008)借用 Briggs 和 Peat(1990)的"混沌魔镜"概念的两面性,提出普遍语法和 DST 兼容的可能性,认为语法发展中的稳定性受制于普遍原则和自然语言的形式限制,而其变化的潜在性则和功能范畴及其相关属性相联系;Beckner 和 Bybee(2009)使用历时语料库考察英语的复杂介词结构,认为复杂介词结构等语法形式所具有的成分结构是自下而上地、从语块化和范畴化的过程中浮现出来的;Schoenemann(2009)综合现有的神经语言学成果,讨论了大脑和语言之间的互适应过程;Dörnyei(2009)通过回顾以往的个案研究,讨论了学习者特点和学习环境之间的交互作用;Mislevy 和 Yin(2009)探讨了 DST 理论框架下的语言测试;Schmid 等(2012)回顾了语言磨蚀研究,从 DST 角度尝试为磨蚀过程提供一种整合性视角,认为这样一种视角可以更好地解释青春期之前和之后的移民在一语知识上的重大差异;The Douglas Fir Group(2016)则从多语角度建议应建立跨学科的第二语言习得框架。这些研究表明,DST 在充分利用相邻学科的研究成果拓宽研究广度和深度,已经涉及从宏观框架到具体条件,从语言发展到语言测试,从二语习得到一语磨蚀等应用语言学的多个维度。

第四,呼吁和 DST 研究理念兼容的一些语言理论流派加入进来,主动与其相融合。DST 的倡导者一方面系统表明了和传统语言学理论的对立观点,另一方面则主动向一些理论靠拢,比如涌现主义(Emergentism)、基于使用的理论(Usage-based Theory)、微变化或微发展研究法(Microgenetic/Microdevelopment Method)、会话分析(Conversation Analysis)等。Larsen-Freeman(2004)在对会话分析的发展及影响进行评价时,曾在文章末尾指出:会话分析能对会话进行密集、纵向描述,能进行反溯性的微发生分析,正是混沌/复杂性理论角度的第二语言习得研究所需要的，以能看到涌现的语言模式。微变化研究法是 Larsen-Freeman 和 Cameron（2008）所建议的实现复杂性科学理念的研究方法之一，主要特点是在恰当的观察周期中使用高频度观察获得密集语料，通过对语料的精细分析揭示变化的发生发展过程，以"直接观察正在发生的变化"（Thelen & Corbetta，2002），Verspoor 等（2012）尤其建议纵向的微变化研究法。如果说会话分析和微变化研究只是为 DST 提供了具体的研究方法，涌现主义和基于使用的理论则以更根本的方式被 DST 融入自身。"涌现主义是被混沌/复杂性理论启发的一种观点"（Larsen-Freeman，2006），"是一种考察认知的普遍方式，强调机体和环境之间的交互作用，否定对预先决定的、特定范畴的机制或能力的需要"（Verspoor 等，2012）。涌现主义设想，语言的复杂性涌现自相对简单的发展过程（Ellis，1998），一种涌现的结构被看作是持续开放、持续变动的（Hopper，1998）。这种对交互性、开放性和变化性的强调正和 DST 的理念一致。2006 年 Ellis 和 Larsen-Freeman 在为 *Applied Linguistics* 涌现主义专刊撰写的导言中提出，"语言具有复杂适应系统的开放、迭代和自组织属性"，这就把涌现主义和复杂适应系统联系在了一起；Larsen-Freeman & Cameron（2008）在讨论复杂性科学角度下二语习得研究的方法论时，认为"把自组织、反馈和涌现作为思考核心"是应遵循的方法论原则之一；Spoelman & Verspoor（2010）专门讨论了涌现主义和 DST 之间的关系，明确提出二者可以兼容，"DST 可以和涌现主义一起使用，DST 的原则可以对涌现主义进行补充"。事实上，在有关 DST 的相关论著中，"涌现"一词的出现频率很高，是 DST 解释语言发展过程所必需的核心术语之一。对涌现机制的解释则不可避免地要和使用相联系："很多涌现主义者认为，语言学习是纯粹基于使用的"（Verspoor 等，2012）。比如，Tomasello（2003）建议，语言结构涌现自语言使用，这一过程主要依赖于某些结构出现在输入中的型频和例频；Larsen-Freeman（2015）认为"语言发展不再被看作获得抽象规律的过程，而是语言能力通过真实时间的使用涌现的结果"，"构式从频繁出现的语言使用模式中自下而上地涌现出来，而不是固定、自足、封闭和无实践性的系统的先天成分"。可见，基于使用的理论和涌现主义天然兼容，并为 DST 的核心理念如语言发展的时间性、非先天性等提供支持。Verspoor 等（2012）根据相关学者的观点（Langacker, 2008; Robinson & Ellis, 2008; Verspoor & Behrens, 2011），把 DST 和基于使用的语言学相结合的方式命名为 DUB（Dynamic Usage-Based）。

1.3.1.3 实证研究取得一定成果

DST 视域下的二语习得实证研究以纵向研究为主要特色，包括单个案和多个案纵向研究；同时也有一部分微变化研究和横向研究。

纵向单个案研究最有代表性的当为 Verspoor 等（2008）和 Spoelman & Verspoor（2010）。这两项研究都对学习者进行了为期三年的追踪，采集的数据点较多（前者为 18 次，后者为 54 次），为捕捉正在发生的变化奠定了基础；运用了 DST 发展出的独特工具和技术对数据进行处理和分析，如用移动极小—极大值图和回归分析来测量不同程度的变异是否有意义，用移动相关性图来呈现词汇复杂度和准确度在时间维度中的相关关系，用蒙特卡洛分析来验证个案研究的显著性，典型地体现了 de Bot 等（2007）所追求的 DST 的"全面量化"。纵向多个案研究以 Larsen-Freeman（2006）和 Sun 等（2014）为代表。前者考察了五个在美国的中国移民对同一个话题的四次口头表述，后者考察了四个以英语为外语的中国儿童在五个月时间中的性格变化对英语学习的影响，共进行了 9 次数据采集。这两项研究都在分析群体数据的基础上，着重考察个体间变异，都发现群体均值数据并不能代表个体发展过程，每个个体都有自己独特的发展轨迹。

微变化研究也常采用纵向考察方式，以 Churchill（2008）、Waninge 等（2014）和 Sun 等（2016）为代表。Churchill（2008）考察一个单个日语词，通过分析学习者三个月时间中对该词的 25 次使用记录，以质化的方式描述了该词使用过程中的非线性、语境化特点；Waninge 等（2014）追踪了四个学习者在两周时间中的动机变化，每隔五分钟进行一次动机测量，发现学习者在个体层面的动机虽然具有可预料的稳定阶段，但一直在时间中变化，而且这种变化和学习者的个体学习语境是不可分离的。Sun 等（2016）聚焦于一个 3 岁男童在英语作为外语的课堂上的学习行为，探索他的非言语（手势和身体语言）和言语（口头重复和口头回应）学习行为在四个月时间中的配合和发展模式。第一项研究以质化描述为主，后两种都使用了 DST 风格的量化分析，但都注重数据的高频采集和精细分析，考察期限虽短，但获得的数据量很大，可分析的信息量很充分。这几项研究也都可以看作高频采样的纵向个案研究。

DST 视域下的横向研究以 Verspoor 等（2012）和 Hou 等（2016）为代表。Verspoor 等（2012）考察了五个水平的英语二语学习者的 437 个写作文本，按照 64 个变量进行编码，覆盖了句子、短语和词等层面，如句子长度、Guiraud 指数、从句、语块、偏误、现在和过去时态的使用等。研究发现，几乎所有的具体构式都表现出非线性发展和变异，变量间的相关关系也在变化之中；水平 1 和水平 2 之间主要发生的是词汇变化，水平 2 和水平 3 之间主要出现的是句法变化，水平 3 和水平 4 之间词汇和句法变化同时出现，水平 4 和水平 5 之间的转变仅仅以词汇变化为特点：虚词、复合词和固定短语。Hou 等（2016）采用前后对比方案考察了三组不同英语水平的中国学生，对四次收集的 196 个写作文本进行了分析。这些文本的评分方式包括对一般熟练度的整体性评分和对 47 个复杂性指标的分析性评分。研究结果发现，三组学习者英语写作水平提高的方面不同，最高水平组几乎在所有的句法变量上都退步了，但却显示出更学术的写作风格，并伴随着对非限定形式的更多使用。因此，作者认为："单个的复杂性测量不可能适用于所有的熟练度水平，对于最高水平组，应该增加检验从句内复杂性的其他标准。"这两项研究比较鲜明地体现了 DST 对传统横向研究的改造：不再对不同群组或一个群组前后时点的一个或几个变量进行对比，而是对大量变量进行对比，比如这两项研究考察的变量分别为 64 个和 48 个。这种改变看起来似乎并不大，但却是根本性的。首先，之所以考察大量变量，是从 DST 的理论视角出发，对语言发展进行系统的而不是孤立的考察。这 64 个或 48 个变量虽然并不是所考察系统的全部因素——按照 DST 的观点，系统的全部因素是不可能穷尽罗列的——但至少构成了一个或多个交互作用的子系统，这就从根本上改变了传统语言学考察一个或几个变量的孤立方式，在一定程度上实现了整体性、系统性考察。其次，研究结果表明，这种系统性考察的确能揭示传统孤立研究所无法发现的现象。比如 Verspoor 等（2012）发现学习者的二语水平从低到高转变时，不同阶段所实现的语言进步的方面不同；Hou 等（2016）发现高级水平的英语学习者虽然在句法方面有退步，但却开始发展更学术的写作风格，为中国大学生经常抱怨的问题"他们在大学课程中英语熟练度没能得到提高"提供了新视角。很显然，要获得这样的发现，传统的孤立考察是无能为力的，只有覆盖大量变量的系统考察，才能在对比中发现问题。应用语言学领域的传统研究思维是"以小见大"，讲究选题要小，才能研究得深入，所以实证研究一般只包含数个变量。这样的研究虽然获得了深度，但只关注一点，也就难以为我们提供语言系统的全面画面，无法看到同一时刻语言系统其他方面的发展，也就无法对学习者的语言发展做出全面的客观评价。DST 对横向研究的这种改造，有可能改变传统"以小见大"的研究思维，开启对语言系统的全面研究，在"大"中观"小"，以赋予"小"更准确的系统定位。

1.3.1.4 欧洲学派和美国学派初步形成

这一阶段的 DST 研究，虽然倡导者们的观点以互相支撑、补充为主，但还是初步呈现出了一些差异，且这些差异和研究者的背景有较为系统的关联。

第一，术语使用的差异。术语使用的差异自 DST 产生就一直存在。被视为 DST 在应用语言学领域开山之作的 Larsen-Freeman（1997）的论文，并没有使用"动态系统理论"这样的表述，而是使用了"混沌/复杂性理论"。而且，来自美国的 Larsen-Freeman 几乎不使用"动态系统理论"这一术语，在使用这一术语的场合，都专门指使用该术语展开的相关研究，如 Larsen-Freeman（2007）、Ellis 和 Larsen-Freeman（2009）把"混沌/复杂性理论"与"动态系统理论"并立使用，所对应的参考文献也分别罗列。相应地，来自荷兰的 DBL&V 从 2004 年发表文章伊始，就一直使用"动态系统理论"，使用其他术语时也会专门列举相应文献。2009 年，由英美五校十位学者组成的 The "Five Graces Group" 在 *Language Learning* 期刊发表观点文章，在标题中旗帜鲜明地使用了"语言是一个复杂适应系统（Complex Adaptive Systems，CAS）"这样的表达，和欧洲学者通常使用的"动态系统理论"形成了鲜明对比。这篇文章发表之前，Larsen-Freeman 经常使用的术语包括"混沌论""复杂性理论""复杂系统"等，之后则较常使用"复杂适应系统"这一术语，除非是在合著文中；和 Larsen-Freeman 一样来自美国密歇根大学、作为 The "Five Graces Group" 成员之一的 Ellis 在 2007 年、2008 年曾经使用"动态系统理论"，但在 2009 年放弃了这种表述。因此，我们认为这篇观点论文的发表标志着美国学者（包括少量英国学者）正式确立了其术语使用，开始有意识地显示与欧洲学者的不同特色，可以作为欧洲学派和美国学派初步形成的标志。

第二，美国学者更强调与还原论的对立。Larsen-Freeman 和 Cameron（2008）专门讨论了复杂系统视角下二语习得研究的方法论，把"避免还原论，重视复杂性；避免早熟的理想化，把可能影响一个系统的全部因素包括进来"作为应遵循的八种方法论原则中的第二种。而 de Bot 等（2007）则认为，"人类认知的很多方面都可以根据 DST 原理进行建模"，但前提是"如果我们接受子系统可以多少在孤立中被研究，而且我们愿意在我们的研究中接受某种形式的还原论的话"。他们明确提出："在某种意义上，DST 可以架起沟通 SLA 的整体论和还原论观点的桥梁：它承认人类行为的所有方面都是互相联系的，大脑不是孤立的，认知同时是具体的和情景化的——像整体论所认为的那样，但同时它的确致力于全面量化，而这是还原论者的最终目的。"很显然，他们并不像 Larsen-Freeman 和 Cameron（2008）那样强调与还原论的对立，而是认为在研究中应该接受一定程度的还原论。从这一点上说，美国学派是更为彻底、强势的整体论者。

第三，欧洲学者在方法论建构和实践方面更突出。欧洲和美国学者在 DST 的方法论建构方面各有贡献，比如 Larsen-Freeman 和 Cameron（2008）曾撰文探讨 DST 的方法论原则和研究方法，但整体来看，到目前为止，欧洲学者在方法论建构方面的贡献要比美国学者更有影响，代表性成果即为 Verspoor 等（2011）主编的专著《二语习得的动态途径：方法和技术》（*A Dynamic Approach to Second Language Development: Methods and Techniques*）。如前所述，该专著的撰写人也包括 Larsen-Freeman，但绝大部分为欧洲学者。和 Larsen-Freeman & Cameron（2008）对方法论相对抽象层面的讨论相比，该专著系统介绍了 DST 所发展出的一系列特有的数据处理工具，并且几乎是手把手地把这些工具的使用步骤教给读者，使得该专著完全可以作为 DST 方法论的教科书。事实上，这些工具的较早使用者是儿童发展领域的 van Geert，他和 DBL&V 一样都在荷兰格罗宁根大学任职。因此，这些方法从一开始即打上了深刻的"欧洲烙印"。与此相对，Larsen-Freeman 和 Cameron（2013）的专著《复杂系统与应用语言学》（*Complex Systems and Applied Linguistics*）[①] 就完全着力于理论阐释，和 Verspoor 等（2011）的风格形成鲜明对比。另外，从以上对实证研究成果的总结也可看出，欧洲学者在实践方面的成果也更丰富。

鉴于以上方面的差异，我们认为 DST 研究已经初步形成欧洲学派和美国学派。这些差异是否会进一步扩大，还需要未来的发展来证明。但从理论发展的一般过程来看，只要理论在不断成长，内部差异就难以避免，正是这种差异和讨论构成了理论深化、多方探索的动力。

1.3.2 国内

2005 年，王士元先生受邀参加清华大学国学研究院 80 周年纪念活动并发表演讲，题目为《语言是一个复杂适应系统》，演讲内容于 2006 年发表于《清华大学学报（哲学社会科学版）》。在该文中，王士元先生首先指出了 CAS（即 Complex Adaptive System，复杂适应系统）的研究背景："讨论 CAS 本来是一些物理学家的兴趣，一部分是来自对气候变化的研究……CAS、相变、涌现、稳定（stability）、平衡（equi librium），这些概念已经传入很多学科，包括生命科学及社会科学。自然环境里的生物竞争是一个 CAS，市场的经济贸易也是一个 CAS，目前有很多人用这些概念来分析、建模、预测很多不同的现象。"接着明确指出："其实我们的语言的确是一个极为奥妙、极为复杂的系统，而且是一个时时刻刻适应周围环境的系统，所以语言是一个典型的 CAS。"在简单介绍 CAS 的核心观点之后，又以音变与歧义、语法与歧义两方面的现象举例"说

[①] 该专著的国内引进版出版于 2013 年，因此参考文献的年份为 2013 年。

明了语言是一个非常奥妙的 CAS";并介绍了香港语言学界以电脑仿真研究语言起源的初步成果。最后,王士元先生指出:"西方的语言学……非常注重跟其他学科的沟通与合作,采用跨学科的研究方法……并不把学科跟学科之间的界线划得那么死。比方在 19 世纪,达尔文的演化论问世的时候,有位非常出色的语言学家 Schleicher,经常跟达尔文通信。Schleicher 看了 *Origin of Species* 之后非常兴奋,很快就写了一本小书,利用达尔文的演化论来分析语言。可见在西方,生物学界、语言学界还有其他的学科,很早就有非常密切的互动。尤其是近几十年来,特别在遗传学、神经学、心理学以及人工智能几方面,有许多空前的大突破,他们得到的一些新知识,对语言学都有很大的启发和助益。"因此,"我们一定要有跨学科的研究态度"。应该说,王士元先生主要代表的是香港的研究趋势,但和内地也有一定的合作,因此,该文的发表可以说揭开了国内理论语言学界 DST 研究的序幕。

2008 年,沈昌宏、吕敏撰文介绍 DST 与第二语言习得,冀小婷就复杂系统问题对 Larsen-Freeman 进行访谈,王初明在对交互问题的讨论中引用了 DST 的观点,共同启动了国内应用语言学界对 DST 的引进步伐。此后,相关文章不断发表,除了从正面引进和介绍 DST(冯丽萍,2011;李兰霞,2011;郑咏滟,2011;王涛,2010、2011;崔刚、柳鑫淼,2013,韩大伟、邓奇,2013;郑咏滟、温植胜,2013)之外,国内应用语言学界的 DST 研究还呈现出三方面的特点。

一是明确建议把 DST 研究和微变化研究法(Microgenesis Method)相结合。周丹丹、王文宇(2013)认为:"动态系统理论的发展需要实证研究的支撑和研究方法的改进,而微变化研究法恰恰可以满足对于语言复杂性和动态性研究的需要",因为"微变化研究法强调通过高强度收集语料的方法直接观察正在发生的变化,符合动态系统理论的基本理念"。作者引用 Miller 和 Coyle 的总结,指出"微变化方法在揭示语言动态发展的特质时具有不可替代的优势":第一,通过高频观察研究对象,能够直接观察到正在发生的变化,因而也有可能观察到变化的过程;第二,可以从不同方面和角度考察变化,包括路径、速度、广度、变异性和根源等五个维度;第三,注重个体之间和个体本身在不同时间和水平段的差异,能够识别个体或群体变化中出现的变异性；第四，运用范围广泛灵活，可以用于研究各种各类变化，从不同层面和角度对语言发展的过程进行详细研究，凸显语言发展的动态和复杂等特点。第五，作者认为，"利用微变化研究方法进行动态系统研究，有别于传统的研究方法，甚至可以说是对传统方法的颠覆"，而这正契合了应用语言学领域进入 21 世纪后对"研究范式的重大转变"的需求。关于采用微变化研究法进行 DST 研究，Larsen-Freeman 和 Cameron（2008）也曾经提及，但没有展开论述。周丹丹、王文宇（2013）则把这一观点深入化、系统化，体现了国内学者在理论探索、方法论建构方面的积极思索和新思路。

二是开始反思 DST 视域下二语习得研究的不足。戴运财、周琳（2016）谈了 DST 视域下二语习得研究的四点不足。第一，DST 关注"整个系统"的运作以及不同因素之间的互动，致使有时根本无法知晓多少因素影响了某个系统的运作或各个因素如何发生联动。第二，DST 视域下的二语研究以描述和解释为主，在预测语言发展上存在不足。作者发问道："……如何模拟非线性的变化非常困难，而且如果过程是非线性的，那么如何才能对非线性的发展做出科学合理的预测？"第三，与其他视域下的二语习得研究在语言发展观上存在根本差异，彼此难以融合。第四，与其他视域下的二语习得研究在方法上存在显著差异，需要抛弃传统的研究方法，根据自身研究需要灵活利用或者开创新的研究方法。戴文认为，"动态系统理论在描述和解释系统的不可预测性、个体差异性、二语流利度方面更加成功"，"能够充分描述相关习得现象，而且有助于找出其中的动态变化规律"，但"尚未能提供有效的工具来准确预测个体的二语习得结果"，"对语言发展的预测性不足"。虽然我们并不赞同该文的观点，但从理论发展的角度来说，说明国内的 DST 研究已经度过了单纯向国外学习的早期阶段，开始提出自己的思考和观点。

三是出现了少量应用 DST 的研究成果。王淼（2011）运用 DST 阐释网络英语阅读，提出了网络英语阅读动态系统模式；王明新（2013）以 DST 为理论基础，通过对学习者学习动机认知因素与英语语音水平的相关性分析和多元线性回归分析，提出建立英语语音水平的动机认知因素预测模型；盖淑华、周小春（2013）以 DST 为分析方法，通过对两名非英语专业大学生进行的实验调查，考察前导性同伴小组反馈机制对二语写作的影响；段世平（2014）以基于使用的语言观为基础，运用 DST 对英语语块发展中的语法化、意义构建、构式浮现以及语块学习等过程中呈现的复杂动态性、交互性进行详细阐释，并构建了 DST 视域下二语语块发展研究理论模型；方红、王克非（2014）从 DST 视角探讨翻译能力的构成及其阶段性特点，论述翻译能力的动态发展模式及其体系建构，并在此基础上讨论了"基于翻译能力发展的翻译教学模式"；郑咏滟（2015）从 DST 角度开展历时研究，以 16 名英语专业大一学生一学年期间的 128 篇作文为语料，通过使用移动极值图法、再抽样法、移动相关系数图等 DST 特有的分析方法，揭示了学习者自由产出词汇的跳跃式阶段性和非匀速发展；王海华、李贝贝、许琳（2015）以某大学四名非英语专业学生为受试，依据 DST，对他们英语书面语的语言准确性、流利性、词汇复杂性和语法复杂性四个方面的变化进行了 48 周的跟踪研究；郑咏滟、冯予力（2017）从 DST 角度考察了一组大学英语专业学生一学年间书面语（议论文）的句法复杂性与词汇复杂性的动态发展。这些研究或以 DST 的框架来分析相关语言习得现象或翻译能力发展，或用 DST 特有的分析方法开展实证性研究，取得了较好的研究成果。不过，可以看到，所有这些研究都是英语语言学界对英语作为二语/外语进行的研究，尚未看到对汉语作为二语展开的研究。

  总的来说，国内应用语言学界的 DST 研究数量虽然不多，但达到了较好的水平，积累了一些成果；但汉语学界在这方面尚待突破。

第 二 章

动态系统理论的理念观点

美国—加拿大应用语言学协会 2006 年度会议最后一天的圆桌会议标志着 DST 开始获得国际应用语言学界的广泛关注。de Bot（2008）曾经这样描述当天的会议气氛："（该会议）吸引了大量积极互动的听众，这在一个会议的闭幕日是很不寻常的……一个小范围的研究者为某种新的研究范式而兴奋毫不奇怪，但这种兴趣似乎已经扩散到更大的群体，他们感觉到某个特别的事件在发生"。那么，相对于之前的语言学及应用语言学理论，DST 为何是"特别的"呢？我们认为，DST 的特别之处，就在于它试图超越传统科学所一直尊奉的还原论（reductionism）理念和平均数分析（means analysis）方法，研究真实的、充满变异的第二语言发展。在 DST 视域中，语言和语言习得过程都是动态复杂系统，呈现出全新的面貌和运转机制。

2.1　DST 视域中的语言系统

Larsen-Freeman（1997）从混沌/复杂性科学的角度出发，分三组讨论了复杂系统的十个主要特点：动态、复杂、非线性，混沌、不可预测、初始状态敏感，开放、自组织（self-organization）、反馈敏感和自适应（adaptive），并提出作为动态复杂系统的语言系统也都具有上述特点。这些特点在非线性科学、混沌论、系统论、CAS 等理论中各有侧重，但都是复杂性科学的核心概念。郝柏林（2004：88）认为："在迅猛发展的科学前沿，要特别避免过早地下定义和从定义出发进行研究。"但是在一个具体的应用性研究中，仍然不得不采用某一种定义。因此，虽然有关复杂性、混沌等术语的定义多达数十种，本书只能结合各家观点，采用其中的某一种定义。以下从系统特性、发展机制、发展过程三个方面，讨论作为动态复杂系统的语言系统的特点。

2.1.1 系统特性

语言系统具有复杂、开放、混沌的特性。所谓复杂性，"是客观事物跨越层次的不能够用传统的科学学科理论直接还原的相互关系"（颜泽贤、陈忠、胡皓，1993：50）。也就是说，复杂系统首先是一种层层嵌套的层级系统，"每个系统都永远是另一个系统的一部分"（de Bot，2008）：语言在社会系统中使用、演化，语言系统本身包括语音、词汇、语法等子系统，每个子系统又包括更小的子系统（de Bot 等，2005a：19）。其次，从高层次到低层次、从系统到子系统，是不能以单纯的还原的方式进行解释的，因为"一个系统的变化会导致其他系统的变化"，高层系统的"整体行为从子系统的交互作用中涌现出来"。这样，"对每个子系统的描写只告诉我们子系统如何，并不适合语言整体"（Larsen-Freeman，1997）。语言系统是开放的，意味着这个系统"对新的事物和能量输入是开放的"，它"通过吸收环境中的能量而增加秩序和复杂性"（Larsen-Freeman，1997）。语言作为人类所创造的最复杂的符号系统，无时无刻不在和人类的认知、情感、交际、神经等各系统进行能量交换。这种交换对语言系统是非常必需的，它使得语言系统"随着外界条件变化而变化，使系统较能适应外界环境的变化"，一方面得以维持自身结构和功能的一定稳定性，另一方面能够"促成系统内部新质的形成"（何曼青，1993）。可以说，没有语言的开放性，就没有语言作为人类最重要的交际工具这一功能。

混沌的一般意义是无序、杂乱，但科学上的混沌系统"绝不是简单的无序，而更像是不具备周期性和其他明显对称特征的有序态"（郝柏林，2004：42），是"有序与无序这两个矛盾方面都很强烈时形成的运动机制"（武杰、李宏芳，2000）。关于混沌的科学被认为是 20 世纪相对论和量子力学之后的第三大革命。混沌学在发展的初期,侧重于研究系统如何从混沌发展到有序,20 世纪 80 年代以来则开始探讨如何从有序进入混沌(沈小峰、姜璐、王德胜,1988)。普利高津(I. Prigogine)(1987)在北京师范大学演讲时指出:"有序和无序总是同时出现的,这可能就是生命出现的规则,也可能是宇宙创立的规则。"也就是说,混沌现象是宇宙中普遍存在的,纯粹的有序现象反而是特例或者一种理想状态。以往的语言学理论比如结构语言学和生成语言学,关注的是语言系统的纯粹有序的状态,无序、非平衡状态下的语言表现则被忽视。而事实上,活的语言都表现出无序期和有序期。王士元(2006)认为,语言从产生到发展的过程即是一种从混沌变为有序的过程;之后,语言以一种规则、有序的方式运转,达到某个临界点(critical point)后进入新的混沌,然后按照这样的程序再回到有序(Briggs,1992:19—20)。这种有序和无序的转化可能表现在整个语言系统,也可能表现在某个子系统、语言分布的某个区域。当前混沌学的发展,"已能比较完整地描述一个开放系统,如何从混沌到有序,从低级有序到高级有序,以及从有序再到新的混沌的辩证过程"(沈小峰、姜璐、王德胜,1988),语言学方面也已经开始了初步的尝试(王士元,2006)。

系统开放、混沌的特性和其复杂性有密切的关系。在高度有序、稳定与完全混沌的封闭系统内部不可能诞生新事物,复杂性只能出现于严格有序和混沌之间的混沌边缘和开放系统中(郭元林、金吾伦,2003)。

2.1.2 发展机制

语言的发展是以一种自组织、自适应的机制进行的,具有内在目的性。这样一组概念尝试解决自然界中各种复杂系统演化、发展的动力问题,因此被称作自组织动力学,又称协同论,是由德国科学家赫尔曼·哈肯(Hermann Haken)在 20 世纪 70 年代创立的一门跨学科理论,研究"由完全不同性质的大量子系统(诸如电子、原子、分子、细胞、神经元、力学元、光子、器官、动物乃至人类)所构成的各种系统……这些子系统是通过怎样的合作才在宏观尺度上产生空间、时间或功能结构的"(哈肯,1989:1)。也就是说,自组织是一个系统的组织化、有序化程度从混乱状态或某种组织化、有序化水平较低的形态中产生出来的过程,这种过程具有内在目的性,是大量有差异的子系统竞争、合作、自发调节的结果(王贵友,1990;薛伟江,2004)。非平衡态热力学与动力系统理论证明,系统与外界之间物质、能量和信息的交换,系统远离平衡态和存在非线性相互作用是自组织行为发生的必要条件。"这一结论虽然是从具体的自然科学中总结出来的,但它对于整个自然界物质系统的发展演化具有普遍的哲学意义"(王贵友,1990)。当系统具备自组织条件之后,非平衡非线性系统便可能通过涨落达到有序,这是自组织发生的内在机制(王贵友,1990)。自组织的语言系统会自动对外部环境进行适应。在同一社团中,语言使用者的语法彼此适应(Larsen-Freeman, 1997)。

那么,自然界为什么会自发地向有序的方向发展呢?自组织理论认为,系统的演化具有内在目的性,这种目的性使得子系统之间的协同作用成为可能,从而引发系统的自组织重组;而子系统间的差异及其相互作用是系统演化的动力源(王贵友,1990;薛伟江,2004)。非生物系统和生物系统一样,都具有目的性,而反馈即是目的设定者。那么就语言系统来说,来自社会中的交际、认知、情感等各方面信息的反馈即为语言的发展提供了目的性,使得语言向有序化的方向发展。另外,系统结构必须是生成性的动态结构,且内部存在不断扩大的差异,才能趋向自组织。系统自组织结构的实质,是具有差异性和共同目的性的子系统间在相互作用中达成的特定动力学模式:一方面,子系统永无止息地互动生产、维持着系统结构;另一方面,系统结构也生产着以特定方式运动的子系统,彼此之间构成一种双向因果关系。因此,语言系统是不断自我重组的,从来达不到完全静止。

语言的发展对初始条件(initial conditions)和反馈非常敏感。混沌系统的一个重要特征是对初始条件敏感,初始条件的细微变化可能对未来的行为有重大含义:"具有不同初始条件的系统行为,不管开始多么相似,都会随时间流逝以指数方式发散"(Larsen-Freeman, 1997),即通常所说的"蝴蝶效应"。语言的初始条件是什么,是 DST 研究者讨论的一个重要议题,一种观点是普遍语法可能构成了语言的初始条件(Larsen-

Freeman, 1997; Plaza-Pust, 2008), 普遍原则使得语言保持稳定, 不同的参数则允许语言变异的产生。这也可以解释世界上何以存在不同的语系和语言。

反馈是语言发展的一个关键条件。或许在生物学领域这种反馈敏感性能被最明显地感觉到。达尔文认为反馈敏感是自然的内在属性, 反馈即自然选择 (Larsen-Freeman, 1997): "积极反馈促使进化向前, 同时进化中的消极反馈使得螺旋上升中的变异出局" (Briggs, 1992: 117)。王士元 (2006) 在计算机上用仿真的方法尝试探索语言怎样涌现、演变, 有哪些相变 (phase transition), 其实探讨的就是语言社团间的反馈怎样使得"约定俗成"的词汇意义形成, 反馈又如何使词汇得以以某种语言社团共同接受的次序排列, 即简单的语法在反馈调节中涌现。因此, DST 的语言观和经典达尔文主义是兼容的。

2.1.3 发展过程

语言的发展过程是动态、非线性的, 并且具有涌现或者突现 (emergent) 的特性。语言是动态的, 有两种比较通常的理解: 一是语言在实际话语中的使用是一个动态过程, 即索绪尔所说的言语 (parole) 或乔姆斯基所说的表现 (performance); 二是语言在时间中会增长, 也会衰退。但是, 真正体现 DST 精神、改变我们理解语言的方式的, 是来自混沌/复杂性理论的第三种角度: 使用语言即是改变语法系统的途径 (Diller, 1995: 116, 转引自 Larsen-Freeman, 1997)。"语言每次被使用, 都会变化", 当说话者的语法被改变时, 就调动了一个过程, 这个过程可能导致全局的改变, 即"系统行为作为一个整体是局部交互作用汇聚的结果"(Larsen-Freeman, 1997)。这样一种动态观点主张, 语言以一种有机的方式自下而上地增长和自我组织, "并不是使用规则来塑造语篇, 而是规则本身在被语篇塑造"(Larsen-Freeman, 1997)。

非线性是指"在这个系统中, 结果和原因是不成比例的。反之, 在一个线性系统中, 某个力量构成的原因会产生同等力量的结果"(Larsen-Freeman, 1997)。比如在语言社团中, 某个个体对语言的偶然改变, 可能影响整个语言系统; 但这并不能推导出另外一个个体甚至另外多个个体的影响会产生同等的力量。也就是说，外部因素通过和内部子系统的交互作用可能引起系统重组，但其能量也可能被系统吸收，系统基本维持不变。非线性系统具有非独立的相干性、时空中的非均匀性和多体间的不对称性等特点（何曼青，1993；李后强，1996）。首先，非独立的相干性是指系统中诸要素之间存在的相互作用是不可以叠加的，"在一个线性系统里两个不同因素的组合作用只是每个因素单独作用的简单叠加。但在非线性系统中，一个微小的因素能导致用它的幅值无法衡量的戏剧性效果"（普利高津，转引自赵凯荣，2001：21）。因此，系统才会涌现新质，才会出现整体大于部分之和的系统功能。其次，时空中的非均匀性，意味着系统内各要素相互作用的方式和产生的效应，随着时间、地点、条件的不同而不同，因此对系统的考察必须考虑到系统所处的外部环境，外部环境即是系统演化的一部分。最后，多体间的不对称性，是指各组成要素在系统中所处的地位是不同的，彼此之间存在着"支配与从属、策动与响应、控制与反馈、催化与被催化等不对称关系，其中某种因素会起到推动整体演化的作用"（何曼青，1993）。有人认为，世界复杂性和多样性的根本原因在于其本质上的非线性，而不是因为因素众多（李后强，1996；武显微、武杰，2005）；系统论的创始人贝塔朗菲则把非线性关系看成是系统的本质，科学的发展也已经逐步揭示非线性是"工程系统、生物系统、社会系统等一切实际系统所固有的动态属性，也是一切物质运动的普遍规律"（何曼青，1993）。

涌现是从简单到复杂、从线性到非线性的一种发展途径。根据普利高津的耗散结构原理，当一个开放系统在远离平衡态的条件下和外界进行物质、能量和信息交换时，会自发地由无序走向有序。由于其内部的非线性相互作用，系统从一种状态跃迁到另一种状态。这一原理"适用于自然界各种物理的、化学的以至生物进化和社会发展的各种现象与过程"（沈正维，2006）。系统这种从一种状态"跃迁"而不是"渐变"进入另一种状态的发展模式，即所谓涌现或突现（郝柏林，2004：43；沈正维，2006）。系统功能之所以表现为"整体大于部分之和"，就是因为在成分要素组成系统、低层次构成高层次的过程中，系统涌现了新质，而非线性作用则是涌现的必要条件（武显微、武杰，2005）。

上述若干概念是混沌科学、复杂性科学、非线性理论、动态系统理论等共享的核心理念，彼此之间存在着密不可分的内在联系。基于上述理念，复杂性科学对世界的一种基本认识是宇宙具有不可预测性：在混沌系统中，一个小的初始不确定性会随着时间流逝而出现指数式增长，这样，"需要预测未来的信息也会随着时间而指数式地增加，这种不确定性的指数式增加使得对大系统的长期预测成为不可能"（梅可玉，2004）。以往对语言历时演变的考察也说明，对语言系统的演变只能进行回溯性的规律考察，而无法确切预测语言系统未来的变化。那么，相对于经典科学试图预测宇宙未来的理想，持有"不可预测"观的现代科学是否缺乏发展动力和吸引力？答案应当是否定的。正如郝柏林（2004：118）所指出的："洛伦兹的蝴蝶效应粉碎了本来并不能实现的长期天气预报幻梦，但人类的实际预报能力，反因混沌研究而提高。"因此，虽然 DST 在语言学上的应用强调语言发展的不可预测性，我们却有望做出比以往更有意义的预测。

2.2　DST 视域中的第二语言习得过程

如果语言是一个复杂动态系统，我们该如何看待和理解语言习得过程呢？DST 认为，以往对第二语言习得过程的理解是孤立、静态、简单化的，从复杂性科学的理念出发，应该描写真实时间、真实环境中的第二语言发展。在这样一种理论视野下，第二语言习得领域的一些重要议题得到了重新解释。

2.2.1　第二语言习得机制

第二语言习得领域的一个核心问题是：语言习得机制是什么？生成主义认为人必须具有先天的语言习得机制（LAD），建构论者则认为环境必须提供某种信息。事实上，他们都有这样一个隐藏假设：输出的复杂性不可能超越初始状态（普遍语法）和输入（学习者接触的数据）二者之和的复杂性（Mohanan，1992）。也就是说，每个在输出中找到的原则要么存在于 LAD 中，要么存在于输入中，语言的创造性仅仅来自递归规则的运用。但这样一种假设显然不能解释学习者语言系统中不断增长的复杂性（Larsen-Freeman，1997），而且相关研究已经证明递归不是每种语言必需的或者决定性的特征，在某些语言中可以完全缺失（Christiansen & MacDonald，2009；Evans & Levinson，2009）。DST 综合基于使用的理论（usage-based theory）和涌现主义（emergentism）观点，认为语言的复杂性是在使用中通过自组织涌现出来的。

基于使用的理论认为："语言和其使用是互相不可分割的，它们互相决定。"（Ellis & Larsen-Freeman，2009）因为语法是基于使用的，也就包括很多同现细节以及出现、同现的概率（Larsen-Freeman，2009），意味着频率在语言和语言学习中具有重要作用，甚至"是引起语言系统自我重组的重要因素"（Bybee，2003）。相关的研究成果为这一观点提供了证据，比如频率和大脑的检索速度有关，高频的语言形式往往具有抗拒重组的能力，频率在语法化中扮演着强大的角色等（Bybee，1995、2001a、2001b、2007）。而且，近来的一些实验研究表明，婴儿和成人都会在人工语法中追踪同现模式和统计学规律，即使某些话语并不和意义或者交际意图对应，被试也会学习这些高频同现模式（Saffran, Aslin, & Newport, 1996；Saffran, Johnson, Aslin, & Newport, 1999；Saffran & Wilson, 2003）。相应地，由频率塑造的构式（constructions）也就成了语法的基本单位，其范围可以从非常具体的词语、成语到抽象的被动式、双宾结构，从非常小的结构如带词缀的词语到从句、语篇层次的单位。构式是在参与交际的过程中，从单个条目开始，自下而上地习得的——这一点对儿童语言习得研究的影响日益上升，传统的有关语言习得机制的生成主义假设、自上而下的规则控制的过程已经被颠倒过来，代之以数据驱动的、涌现主义的语言观（The "Five Graces Group"，2009）。学习者要习得的并不是规则和目标形式的集合，语言或者语法，并不是拥有，而是使用。

涌现主义则认为，第二语言自组织机制必须以反馈敏感性为辅助，其过程中的相变（phase transition）是以涌现的形式出现的。自达尔文以来，生物学家们一直把自然选择作为有序的唯一来源，这种有序是由外部环境塑造的，生物体系统只是被动地做出反应。20 世纪中期，化学家普利高津证明从无序到有序的转化还有另一个来源,即自组织。如果复杂系统是开放的,并且远离平衡态,系统中会发生自发的、大规模的重组,这种重组能创造秩序和结构的新领域(Smith & Gennill, 1991);反馈则为自组织提供目的性。也就是说,来自外部环境的反馈决定系统有序化的方向,内在的自组织机制则决定系统演化的轨迹;系统不仅仅是消极地对事件进行反应,还能积极地利用反馈,向对自己有利的方向发展。据此,DST强调反馈在语言发展过程中的作用,认为反馈为第二语言从无序到有序的变异过程提供演变目的,是语言发展过程中的关键条件之一。在第二语言学习中,语言系统内部的交互因素决定学习过程的路线,来自社会环境、教师的反馈则驱使学习者语言向目的语接近。可见,和生成语法强调天生的语言习得机制和内在习得顺序不同,DST肯定教学的作用,并认为教学中的反馈尤其是负反馈在第二语言学习中具有关键作用。

简而言之,频率、反馈和自组织是DST视域下理解第二语言习得机制的关键词。频率沟通了语言习得机制和其他一般认知机制,肯定语言习得机制是一般认知机制的一部分;反馈和自组织解释了复杂新结构的产生过程,为语言和第二语言习得过程从简单到复杂的质变提供了生成语法之外的另一种可供验证的解释。

2.2.2 第二语言发展过程

相应地,DST观照下的第二语言发展过程和传统观点也呈现出根本差别。

首先,第二语言发展是非线性的。传统的二语习得研究都把学习者语言的发展或多或少地描绘成以渐变连续的步骤、从零到近似母语的线性发展,"似乎L_2缓慢整齐地发展到接近于L_1"(de Bot等,2005a:16)。DST则认为第二语言学习是基于使用和基于条目(item-based)的学习,这种学习不是一个线性过程,"学习者并不是掌握了这个条目,再转向下一个条目";甚至单个条目的学习曲线也不是线性的,"这个曲线布满了峰和谷,进步和倒退"(Larsen-Freeman, 1997)。DST运用复杂性科学中的概念,认为第二语言发展常常在各个层次分布有多个吸引子或吸态

(attractor state)。所谓吸态，是指在时间流逝中，某个动态子系统可能停留的某个优先状态；那些明显的非优先状态叫作"斥态"（repeller states）。就像球在一个有凹洞和隆起的平面上滚动，球的滚动路线是发展，凹洞就是吸态而隆起就是斥态。凹洞有深有浅，洞愈深，就需要愈多的能量把球从凹洞里取出来以到达下一个凹洞（de Bot 等，2007）。语言发展即是从一个吸态到另一个吸态的过程，这个过程充满了非线性变异，在各个层面都有增长和磨蚀（attrition），但并不存在最终状态，因为即使一些看起来非常牢固的方面，也可能由于停用或者缺乏激活而失去（de Bot 等，2005a：26—27）。第二语言发展的这种非线性过程可用学习者习得英语过去式的一个经典例子来说明。一开始，学习者能正确地生成过去式的规则形式和不规则形式。但是在接触了更多的目的语信息之后，却出现了看起来具有大量随机性的混沌状态：通常的情况是规则过去式-ed 被泛化使用到不规则过去式动词中，而这些不规则过去式动词在上一阶段已经能被正确生成。但是随着目的语输入的继续，过去式形式表现出的混沌会平息，学习者的语言经过重组再次回到有序。这种从有序到混沌，再从混沌到有序的相变，并不是以一种渐变的形式发生的，"没有人知道它什么时候发生，但早晚只需要输入中的更多一个过去式例子，就能成为压倒驼背的稻草"（Larsen-Freeman，1997），从而导致学习者语言系统从一个状态跃迁到另一个状态，即所谓涌现。

其次，第二语言发展无最终状态。传统第二语言习得框架中的一个重要概念是"化石化"。所谓化石化，指的是具有相同母语背景的学习者，不管他们的年龄和受到的目的语教学量如何，都倾向于在他们的中介语中保持某种和目的语相关的语言项目、规则和子系统（Selinker，1972：36）。也就是说，化石化是第二语言习得过程中的一种非目的语最终状态，即使非常大量的语言练习也无法把这种非目的语形式转变成目的语形式。Larsen-Freeman（2002）认为，"对化石化作为一种最终状态的描述或解释忽视了使用中的语言在不停变化这一典型特点"，"如果语言是一个动态系统，那么表现中的变异和说话者直觉的不确定性会自然地伴随其中"。从吸态概念出发，DST 对化石化进行了重新诠释："一个相对于其他状态，系统更容易停留的状态，只有通过强大的力量才能被克服"（de Bot 等，2005a：21），可以称为"强吸态"。很显然，这不仅仅是一种名称的改变，其蕴含的观点和内容是根本不同的：化石化被认为是一种最终状态，不会再改变；而强吸态则是暂时的，"根据吸态的不同吸力，需要或多或少的能量来促使系统继续前进到下一个吸态"（de Bot 等，2007）——强吸态只是需要更大的能量进入下一个吸态，而下一个吸态有可能是目的语形式的吸态。因此，化石化只是一种相对顽固的吸态，不是最终状态，应该看到语言学习者"潜力的无穷性"（Larsen-Freeman，2002）。毫无疑问，这对语言教学、语言学习是有积极意义的。另外，在第二语言习得过程中，磨蚀（attrition）和习得一样都是常态。该理论的倡导者之所以主张使用术语"第二语言发展"，就是由于他们主张研究语言发展中不可分割的两个方面——习得（acquisition）和磨蚀（attrition）（de Bot，2008；Larsen-Freeman，2015），因为语言不但会增长，也会衰退。当一个学习者从目的语环境回到母语环境，目的语磨蚀的速度有可能超过习得的速度，而且语音、词汇、语法等不同方面的语言知识，以及听、说、读、写等不同的语言技能发生磨蚀的程度也是不均匀的。

最后，第二语言发展是无数内部因素和外部因素交互作用的结果。诸多交互作用着的因素共同决定了第二语言的发展轨迹，比如目的语、第一语言的标记性、第二语言的标记性、输入的数量和类型、互动的数量和类型、反馈的数量和类型、文本的真实与否，等等（Larsen-Freeman，1997）。从语言学习主体来看，每个主体都是一个处于社会系统中的动态系统，不但本身具有大量交互作用的动态子系统，这些子系统又在诸多外部动态系统中运转。比如学习者有自己的生理系统、认知系统和心理系统，诸如年龄、性别、左右脑平衡、认知风格、学习能力、学习策略、动机、态度、兴趣、人格因素等，反过来又和社会系统中的语言接触、语言政策、教育方式等相联系，决定了第二语言习得的成功程度。也许这些因素中的任何一个都不是决定性因素，但它们之间的交互作用却有深远的影响（Larsen-Freeman & Long，1991；Larsen-Freeman，1997；de Bot 等，2007）。正是这些不停变动的因素彼此的交互作用，使得第二语言习得从不静止，没有最终状态，也没有所谓的化石化，只有一个个强度不同的吸态。

2.2.3 第二语言习得过程的统一性

以上述讨论为基础，DST 把第二语言习得过程中的诸多方面统一了起来。

第一，言语和语言、表现和使用的关系是什么？为了把真实语言中的变异、不稳定现象排除在外，以索绪尔为代表的结构主义把语言抽象为孤立、静止、自足的符号系统，对语言和言语进行严格区分；乔姆斯基及其追随者则区分能力和表现，"假定在自然法则中存在时钟般的确定性，以传统科学的精神把自己局限于规律性和秩序"（Plaza-Pust，2008）。这两种曾经长期主导语言学的理论都只研究静态单位或产品的抽象聚合，即语言和能力，而不关心使用中的言语和表现。DST 明确批评了这种二元化思想（Larsen-Freeman & Cameron，2008），认为这种静态的研究不能解释"系统连续、无尽、自下而上启动的增长和复杂化"，"有关表现的动态模型是需要的，这种模型把个体使用联结到系统变化"，但在"处理言语或表现之前"，并不需要"等待有关语言或能力的理论发展"（Larsen-Freeman，1997）。因为语言和言语或者能力和表现，是不可能独立于对方的，它们都统一于实际的使用过程。

第二，一语和二语的关系是什么？传统理论强调一语对二语习得有重要影响，DST 在肯定这一点的同时，认为当学习者开始学习一种新的语言，就会影响其原有的语言系统，即二语也会影响一语，尤其是随着二语水平的提高，对一语的影响也会越来越大，这已经有相关研究支持（Ransdell & Fischler，1987；Dussias，2001）。而且，如果一个人长期不在母语环境中生活，一语也会遗忘。DST 反对把一语和二语看作两个完全分离的系统，认为学习者的若干种语言都是一个动态系统的子系统，彼此之间交互影响（de Bot 等，2005a：27）。一语和二语在不同阶段如何相互影响，二者之间如何转换，是 DST 视野中一个值得探索的重要领域。

第三，语法和词汇的关系是什么？传统语言学理论都把语法看作语言和语言习得的核心，认为词汇为语法服务，二者是分离的；近年来的词汇语法理论（Hunston & Francis，2000；Sinclair，2004；Halliday，

2008）虽然各家观点存在差异，但都强调语法和词汇之间的统一性，这和 DST 的观点是兼容的。DST 采用基于使用的语法（usage-based grammar）（The "Five Graces Group", 2009），把语法看作从语言使用的范畴化实例中建构起来的网络（Hopper, 1987; Bybee, 2006），是直接以语言经验为基础的，而不是仅仅和语言经验间接相连的抽象系列（Larsen-Freeman, 2009），频率在语言重组中扮演着重要的角色。因此 DST 强调语块研究，强调频率的作用，认为学习者习得语言的关键在于使用，应该"参与到社会经验中去"（Larsen-Freeman, 2002），因为语法是一种附带现象，是交流过程的副产品（Hopper, 1998）。

第四，语言的社会学方面与认知学方面的关系是什么？de Bot et al.（2007）认为，DST 的一个最强点是它可以为我们提供一个理论框架和工具，让我们把 SLA 的社会学方面和认知学方面融合起来，并表明他们是如何互相作用而引起发展的，因为语言和语言习得同时是认知资源和社会资源（Larsen-Freeman, 2002; Atkinson, 2002），语言发展是个体和环境交互作用的过程，语言又在时间维度中增长和磨蚀，社会语言学、心理语言学、共时语言学、历史语言学等的研究可以也必须统一起来，才能对语言习得进行全面的、真正意义上的了解。

第五，DST 和行为主义、生成主义的关系是什么？虽然作为生成主义的批判者出现，DST 从定义上却并不排斥把 UG 看作习得假设的先天特性。事实上，已经有人在探讨 DST 和 UG 之间的兼容性。比如 Mohanan（1992）把 UG 看作一种吸引场（fields of attraction），Larsen-Freeman（2002）最早提出 UG 可以被看作动态发展中的语言系统的初始条件的一部分，并同意这两种角度是互补的，是可以同时并存的，Nowak, Komarova 和 Niyogi（2001、2002）遵循比较传统的 UG 框架完成的 UG 演变的电脑处理具有很强的 DST 成分（de Bot et al., 2007）。但是 DST 也并不要求语言习得要以先天特性作为必要条件，因为从 DST 的观点来看，复杂性和创造性是从交互作用中涌现出来的，人的认知结构和所处的社会环境都是语言习得的重要部分。在这个意义上，DST 消融了经验论和先天论的矛盾。

总之，DST 抛弃了传统语言学框架中的众多二分法思路，把离散的领域联结起来，让人为的区分回归到统一的现实。只有这样，我们才可能看到语言发展的全貌，而不是如同盲人摸象一样，永远只能触摸到语言的一小部分。正如 Larsen-Freeman（2007）所说：有些研究者寻求对语言学习过程的更好理解，有些则寻求对学习者的不同成功进行解释，但是这样的两种研究如果孤立进行，能得到真实的结果吗？

2.3 小结

以索绪尔为代表的结构主义和以乔姆斯基为代表的生成主义，都认为"语法规则是运算符，词汇是运算对象，换句话说，规则操作词汇项目"（Elman，2004），并以去语境化、理想化、孤立化、去时间化的方式来研究语言（Larsen-Freeman，2010）。相应地，在第二语言习得研究中，研究者们认为语言学习是一种自上而下的规则学习，并以零碎的方式研究影响学习过程的因素，然后把发现聚集起来，认为这样就能解释学习过程这个整体（Larsen-Freeman，2007）。这是以还原论为特点的经典科学在语言学及应用语言学领域的体现。这样一种简单性思维"在剔除繁琐哲学的臆测和幻想中发挥了重要作用"（吴彤，2001），但随着人类认识的深化，它的局限性也日益突出。

DST 则是现代科学取代经典科学的产物，是跨学科的复杂性科学的一部分。要真正理解 DST 的理念，有必要了解一下 DST 产生的科学哲学大背景。

第 三 章

动态系统理论的产生背景

DST 在应用语言学领域的兴起不是偶然的,是基于世界范围的认识论转型,以及与之相伴的现代科学对经典科学的超越,是现代科学的代表——复杂性科学跨学科发展、深化的必然结果;而复杂性科学的理念,又和中国传统哲学内在呼应,是人类认识论螺旋式上升的最新状态。

3.1 现代科学对经典科学的超越

产生于 16 世纪文艺复兴之后的近代科学,是建立在牛顿的经典力学和笛卡尔机械主义哲学之上的科学体系。随着牛顿传统的思维方式的巨大成功,西方进入了分析主义和还原论思潮主导整个科学界的经典科学时期。20 世纪量子力学的建立发展,比如互补原理（complementary principle）和非确定性原理（uncertainty principle）等的提出,否定了机械整体观的无限适用性,引发了整个科学界的思想转型（李建会,1995;Larsen-Freeman,1997;吴彤,2001;刘敏、董华,2006;蔡肖兵、金吾伦,2010 等）。这样一种转型,从物理学界开始,已经在改变着横跨生物学、气象学、工程学、经济学、管理学、社会学等多个自然和社会学科的研究范式。

现代科学之所以有别于经典科学,在于其所内涵的认识论模式的根本不同。以牛顿力学为代表的经典科学的核心原则是认为"通过分解并考察它的部分,可以最好地了解一个物体"（Larsen-Freeman & Cameron,

2008),其整体观可以概括为"整体等于部分之和"(蔡肖兵、金吾伦,2010)。而现代科学则是"一种关于世界整体性、生成演化及其复杂性的理解",同时"科学语言及范式正在进行全面的转换"。(刘敏、董华,2006)。一些学者从以下几个方面总结了现代科学对经典科学在基本思维方式方面的超越。

3.1.1 从还原论到整体论

所谓还原论(reductionism,又称还原论、原子论),就是认为复杂的事物可以简化、还原成小的成分。"只要我们知道低层次事物的属性和规律,同时又知道它们是以怎样的方式联系成高层系统,那么,高层次系统的性质和规律就可以被推导出来,即通过对成分要素的描写来推导、预测整体的性质和作用"(李建会,1995)。Larsen-Freeman(1997)认为,"自牛顿以来一直统治着科学的线性、还原论思路"是传统科学的基本精神和理念。还原论以零碎的方式研究影响因素,然后把发现聚集起来,认为这样就能解释整体(Larsen-Freeman,2007),它的主要方法论特征就是"将分析方法运用得淋漓尽致"(刘敏、董华,2006)。以生物学为例,还原论的研究范式是把有机体分析为尽量小的基本单位,再把这些基本单位累加起来,以解释有机体的性质。复杂性科学研究专家、圣菲研究所的布赖恩·阿瑟(Brian Arthur)用"时钟般规律的运动"来比喻还原论思想(刘敏、董华,2006)。整体论(holism)则反对这种单向的下索解释方式,认为"事物是有机的系统整体,具有其组成要素在各种孤立状态下所不具有的性质"(刘敏、董华,2006),"部分依赖整体才能存在",应该"用整体来解释部分的行为"(蔡肖兵、金吾伦,2010)。这样一种现代整体论思想不是来自古代整体论的直觉把握,而是源于严格的自然科学证据:量子力学发现,波函数所描述的量子系统是一个整体,各个部分不但具有单独存在时所缺失的关联,甚至在系统分离之后,这种关联依然存在,因此系统不能简单还原为部分(田松,2010)。沈正维(2006)引用戴维·玻姆(David Bohm)的观点,认为部分对整体的依赖性原则可向上推广到整个宇宙,"宇宙的所有部分——包括观察者所使用的工具都融合在一个整体中"。一般系统论的创始人贝塔朗菲(Ludwig von Bertalanffy）是第一个全面批判还原论、提倡整体论的人。在写他的生物学博士论文时，贝塔朗菲认识到，"用还原论的方法所构建的分子生物学等虽然将生命现象深入到了分子、原子、原子核，甚至更加微观的层次，但却无法真正理解生机勃勃的生命现象"（刘敏、董华，2006），从而开始对还原论进行反思，并致力于确立适用于一切系统的一般原则。

3.1.2　从因果性到目的论

经典科学的因果性原则是牛顿力学暗含的形而上学假设，用黑格尔的话说，即"结果总之一点也不包含原因所不包含的东西"，"原因也一点不包含不是其结果中的东西"（转引自沈耕，1988）。换言之，原因和结果之间具有简单、线性的必然性联系，"无论从因到果的轨迹多么复杂，沿着轨迹寻找总能确定出原因（可能不止一个）或结果（可能是多个），因和果之间的联系具有确定性"（宋伟，1995），而且整个宇宙都存在着这种普遍秩序。可以看出，这种体现为因果性的规律是静态、孤立、离散的，这也是经典科学对整个宇宙及其万物的理解。随着这个假设的不断完善，对因果性的描述也越来越标准化、理想化。与因果性相对的目的论又称内在目的论或新目的论，其核心思想是："构成要素会自然形成某种组合，以服务于整体性目标"，而所谓的秩序，"就是指这种以整体目的为依归而排列成的形态"（蔡肖兵、金吾伦，2010）。在机械观时代，"目的"是属于生物系统的，而非生物的机械系统、技术系统是没有目的的。控制论的发展却从理论上为建构非生物系统的目的性打开了一条通道：对控制过程的分析发现，控制过程的本质属性表现为"它必须有目的，没有目的，也就无所谓控制"；而正是反馈的存在使得技术系统与生物系统都有了目的性："由于负反馈使得一个控制过程得以趋近其目标值，即目的"，所以"非生物性的技术系统与生物一样，都是通过负反馈以达到控制的目的的"，也就是说，"反馈调节本身就是一种目的性行为"（李东，1997）。拉兹洛（1991：191）也支持这样一种目的论，并指出"以时间为转移发生变化"的"动态开放系统"是非生物性系统具有目的性的条件："如果系统的结构中的信息编码要求其状态以时间为转移发生变化，那么目的这一概念则指的是系统保持其'有序度'，或保持其发展的路线和标准。因此如果一个实体是受控制支配的动态开放系统，那么它就有目的。"这样，发展着的系统就在整体目标的规定下，以一种自组织（self-organization）的方式演化。由于这种复杂系统总是趋于系统演化的目的，在因果关系上也就展现为"前果后因"，而不是传统科学的"前因后果"（刘劲杨，2006）。

3.1.3 从孤立主体到参与者主体

经典科学认为，为了保证实验结果的"客观性"，"关于观察者或实验者的一切自身的、主观的因素必须被排除在外"，"从而在科学认识中消除了任何有关主体的问题"（刘敏、董华，2006）。也就是说，实验主体只是旁观者，认识主体与认识对象之间是绝对分离的，否则就缺乏客观性。而在量子力学中，当科学家们试图对原子进行测量时，却发现在某种条件下只能测定原子的位置，而无法测定原子的速度，反之亦然。也就是说，在不同的观测条件下得出的结果是不同的。在经典科学看来，这是一种需要剔除的矛盾，是测量仪器或条件造成的不客观结果。但玻尔提出：对原子的任何观察，都将涉及原子和观察器械之间不可忽略的相互作用，而真正的客观是承认这种"测不准"的存在，并把两种观测结果综合起来考虑（郝安、李建珊，2003）。所以，在量子力学中，科学家们所处理的已经不再是经典的理想化情形，"测量仪器和客体之间的相互作用是不可约化的，它代表着现象的一个不可分割的部分"，被观测客体和仪器、实验主体构成了一个单一的、不可分割的整体，实验主体成了参与者（曹志平，1993；田松，2010）。从这一点出发，玻尔提出了互补原理，并被哲学家们所发展，开创了一种新的科学价值取向，实验主体、手段被看作研究中不可分割的一部分。

3.1.4 从简单性到复杂性

牛顿力学是简单性科学的典范，牛顿的毕生追求就是寻找宇宙万物运动中所隐藏的最简单的原因。爱因斯坦的相对论虽然颠覆了牛顿力学的时空观，但仍然把自然看成是简单的，因为他"无论如何深信上帝不是在掷骰子"（转引自张今杰、谢常青，2007），他一生的最高目标就是

"以一种庄严神圣的敬畏心,去探究大自然中有秩序的和谐所体现的美",并提出了科学原理的简单性建构原则(刘敏、董华,2006)。可以说,"物理学家把简单性看成真理的化身,看成美的标准"(吴彤,2001)。而量子力学不确定性原理(uncertainty principle)的提出,则表明复杂是世界最基本的本性,"规律"这个术语不再等同于因果关系。科学家们逐渐认识到,从一个原因出发可能产生无数个不同的结果,而且无法确切地预测哪些结果会在哪些时刻出现;但即使在这样的情况下,仍然可以表述出某一种类的定律(蔡肖兵、金吾伦,2010)。复杂性概念是国内外科学哲学界的一个讨论热点,虽然尚未达成最终的公认定义,但绝大多数关于复杂性的概念都具有这样的共核:多因素的交织、不可还原性、非线性特征、自组织性等(吴彤,2001;郭元林、金吾伦,2003)。

3.1.5 从决定论到非决定论

"决定论与非决定论是处理事物之间因果关系的两种不同理论"(李敬革、王玉梅,1994)。决定论建立在经典力学的因果性之上,其核心思想在于只要初始状态确定,则未来状态可以由因果关系进行准确预测,任何矛盾的出现都被认为存在着某种尚未发现的错误(张华夏,1993;刘敏、董华,2006)。1814年,天文学家、数学家拉普拉斯提出了著名的拉普拉斯决定论:"我们暂时假定存在着一种理解力(intelligence),它能够理解使自然界生机盎然的全部自然力,而且能够理解构成自然的存在的种种状态,(这个理解力广大无边,足以将所有这些资料加以分析),它在同一方式中将宇宙中最巨大物体的运动和最轻原子的运动都包罗无遗,对于这种理解力来说,没有任何事物是不确定的了,未来也一如过去一样全都呈现在它的眼中"(拉普拉斯,1991,李敬革、王玉梅译)。拉普拉斯还认为:"一个简单的空气分子或者蒸汽分子所描画的曲线以一种像行星轨道一样确定的方式受到控制。它们之间仅有的不同只是我们的无知所引起的。"(同上)也就是说,我们对宇宙现象的一切不理解,仅仅是因为我们的认识水平没能达到那种"理解力",而不是因为宇宙本身,宇宙本身的一切都是可以进行精确预测的。非决定论则同时承认因果性和随机性、决定性规律和统计性规律(张华夏,1993;吕建国、叶志镇，2001）。通常认为混沌论（Chaoes）的出现否定了决定论，比如著名的"蝴蝶效应"。在非决定论看来，一方面系统自身演化的过程中具有内在随机性，这种随机性并不像经典科学所认为的那样是个别现象，而是普遍存在的；另一方面随机性并不仅仅是对确定性的干扰，而是对系统行为有本质的影响，尤其在某些临界点会起到支配作用。某个随机因素可能会导致系统具有若干种形态，但哪种形态会成为现实则是无法预测的（刘劲杨，2006）。也就说，"'历史'在特定关头给单个个体提供了发挥作用的可能机会，历史却无法断言个体与历史的未来"（柳延延，1990）。

3.1.6 小结

毫无疑问，以还原论思想为核心的简单性思维在人类思维史上有过伟大贡献，以致这一思想是如此根深蒂固，甚至被奉为真理的准则。但随着现代科学的推进，还原论已经无法满足人类认识的需要。复杂性研究应运而生，并已经成为国际科学、哲学、科学哲学领域的一个前沿课题，其理论探讨和应用已经从自然科学领域蔓延至社会科学、人文科学等几乎所有的领域，专门的复杂性研究机构（SFI）和专门的复杂性研究学刊（Journal of Complexity）也已经建立或出版（吴彤，2001）。1999年4月出版的 *Science* 以"超越还原论（Beyond Reductionism）"为主题，特别编辑了一期复杂性专辑；而且，整个1999年度的 *Science* 几乎都成了复杂性专刊，涵盖了天体物理学、生态学、神经学、化学、生物学、经济学、气象学、地理学等多个领域的复杂性探索。在国内，除了自然科学研究对复杂性范式的应用，还涌现出一大批对复杂性范式进行专门的科学哲学研讨的学者，召开了多次有关复杂性范式的学术会议（吴彤，2001、2010）。"尽管这个范式可能在某些领域还没有成为主流范式，但是作为一种替代范式或替代范式的候补者已经不可避免"（吴彤，2001）。

3.2 现代科学理念与中国传统哲学的呼应

广东外语外贸大学的王初明先生是最早把 DST 介绍到中国的学者之一，他曾经到荷兰格罗宁根大学访学并就 DST 和 Kees de Bot 先生进行过深入交流。2010 年，Kees de Bot 先生曾告诉笔者，王初明先生接触到 DST 之后，即提出 DST 的理念和中国传统哲学经典《易经》有相通之处。后来，在 Kees de Bot 先生的建议下，笔者以《易经》为核心，就这一论点进行了一番探索。我们发现，DST 和以《易经》为滥觞的中国传统哲学确有大量共通之处。

《易经》，又称作《周易》，包括两大部分。第一部分为卦辞，可分为上经和下经，共六十四卦；第二部分为易传，是早期儒家学者对卦辞的解释，包括《系辞上》《系辞下》《说卦》《序卦》《杂卦》五篇。《易经》是儒家推崇的五经之一；《老子》及其以后的《庄子》、郭象的《庄子注》都对《易经》中的思想有所继承和发展。儒家学说和道家学说，虽然在很多方面不同，但都认为宇宙在不断变化，万事万物都处于变动之中。可以说，《易经》以谈"易"开启了中国文化的先河，并构成了儒道两家共同的理论滥觞，是中国哲学和中国智慧的基础（朱谦之，2001）。

《易纬·乾凿度》说："易，一名而含三义：所谓易也，变易也，不易也。"冯友兰（2004：149）认为，三义即简易、变化、不变，"变化是指万物而言，简易不变是指其中之'道'而言。事物常变，但其中的道是不变的。万物是复杂的，但道是简单易明的。"可见，根据冯友兰的观点，这三重含义可以归纳为两个方面，一是变易的一面，二是简易不变的一面。这两个方面，又可以从变易、阴阳、独化和天人合一四个方面来理解。

3.2.1 变易

变易的一面强调的是："宇宙万物都处于不断变化之中"（冯友兰，

2004：149）。《易传》认为，卦辞的上经讲的是自然世界，下经则是讲人间世界，两个世界都处于流动不居之中。比如上经的"坤"卦："天地变化，草木蕃；天地闭，贤人隐"①；"泰"卦："天地交而万物通也"；《系辞上》："鼓之以雷霆，润之以风雨。日月运行，一寒一暑"；《系辞下》："日往则月来，月往则日来，日月相推而明生焉。寒往则暑来，暑往则寒来，寒暑相推而岁成焉"；"刚柔杂居，而吉凶可见矣。变动以利言，吉凶以情迁。是故爱恶相攻而吉凶生，远近相取而悔吝生，情伪相感而利害生"，说明自然世界和人间世界都充满了变易，这种变易可以表现为草木、四时、风雨、光明和社会万象。

变易是万事万物形成的源泉。"天地交而万物通也"，"日月相推而明生焉"，"寒暑相推而岁成焉"，"爱恶相攻而吉凶生，远近相取而悔吝生，情伪相感而利害生"，说明没有变化就没有四时、风雨、光明和社会万象。《系辞上》以"生生之谓易"来概括"易"的这种功能，意为"易"即是生成和再生成新事物的力量。郭象的《庄子注》② 更形象地描述了变易的巨大力量："夫无力之力，莫大于变化者也。故乃揭天地以趋新，负山岳以舍故。故不暂停，忽已涉新，则天地万物无时而不移也"（《大宗师》"然而夜半有力者负之而走……"注）。

变易是非线性的，具有内在的时间性。《系辞上》说："变化者，进退之象也"，"损"卦说："损益盈虚，与时偕行"，明确指出变化包括进、退、损、益、盈、虚，是多维度、非线性的，这些多维度的变化都与时间维度共行。《系辞下》说："变通者，趣时者也"，意味着善于变通的主体，必须随着时间而变通。

变易永无休止，没有终点。《易经》共六十四卦，第六十三卦是"既济"，含义是"事成"；第六十四卦则是"未济"。《序卦》就此说道："物不可穷也，故受之以未济，终焉。"这是说，"在'既济'之后，继以'未济'，表明事虽成，而犹有未成。《易》到此结束"（冯友兰，

---

① 本书引用的《易经》原文都出自《周易注校释》，（魏）王弼撰，楼宇烈校释，中华书局 2012 年版。

② 本书所引郭象的《庄子注》均出自《庄子注疏》，（晋）郭象注，（唐）成玄英疏，中华书局 2011 年版。

2004：151）。这种卦序排列充分体现了变易的永恒性。

可以说，中国传统哲学建立在对万物的变易及变易之道思考的基础上：关注变化、变易，"承认变是宇宙中之一根本事实"，"变易是根本的"，乃是中国传统哲学的"根本一致的倾向"（张岱年，1996：125）；"研几通变"（《系辞下》），乃是中国哲学思想的基本出发点（俞宣孟，2010）。

3.2.2 阴阳

那么，不变的一面是什么呢？就是"道"。"恒"卦说："天地之道，恒久而不已也。""日月得天而能久照，四时变化而能久成，圣人久于其道而天下化成。"自然世界和人间世界之所以长久，就在于"道"的长久不变。

什么是"道"呢？冯友兰（2004：150）解释说：各类事物各有自身的"道"以外，万物又有其共同的"道"，换句话说，除了万物各有特殊的"道"之外，还有统摄万物生成变化的一个总的"道"。《系辞上》说："一阴一阳之谓道"，指的是生成万物的"道"，即万物生成需要阴、阳两个因素的相互作用。"泰"卦的九三爻辞说："无平不陂，无往不复。"在易传中，"把这句爻辞看作是万物变化的公式，是万物变易之'道'"（冯友兰，2004：150）。这种"道"的规律可以概括为"复。"《易经》的第二十四卦是"复"，《老子》第十六章也讲"复"。冯友兰引用象辞中的"复，其见天地之心乎"，解释为："这就是说，复卦的卦象，体现了天地运行的规律"（冯友兰，同上）。

这种规律，就是阴和阳之间相反相成的规律。易传的《序卦》用"复"的概念来解说六十四卦的排列顺序："有天地，然后万物生焉。盈天地之间者唯万物，故受之以屯。屯者，盈也。"比如在上经中，继"乾"卦"坤"卦之后，第三卦便是"屯"卦。然后，《序卦》继以说明，每卦之后通常总是与它性质相反的一卦，相反相成而相满足（冯友兰，2004：150—151）："有天地，然后有万物；有万物，然后有男女；有男女，然后有夫妇；有夫妇，然后有父子；有父子，然后有君臣；有君臣，然后有上下；有上下，然后礼义有所错。"因此，六十四卦的排列，即是阴阳相反相成而相满足，也就是"复"，也就是阴阳运行的规律。

冯友兰（2004：151）最后总结了易传以这种方式来解释六十四卦的排列所蕴含的三点意义：（1）宇宙中发生的一切，包括自然和人生，构成一种连续不断的自然顺序锁链。（2）在这样的演化过程中，每一事物都处于向自我否定的运动之中。（3）在这样的演化过程中，事物永无穷尽。

3.2.3 独化

阴阳运行是不变的"道"，那么"道"的简易一面体现在何处呢？《系辞上》说："是故易有太极，是生两仪，两仪生四象，四象生八卦。"《老子》[①] 显然继承了这种思想，认为："道生一，一生二，二生三，三生万物。"这就是万事万物生成的简易之"道"，也就是从简单到复杂——复杂的万事万物是从简单中涌现出来的。

在这里，最简形式并不是造物主创造的，而是没有人格的"道"的产物，"道"是"万物之所由生"，《易经》和老庄都是这样认为的（冯友兰，2004：190）。这体现了中国传统哲学和西方神学截然不同的一点，即中国传统哲学一直以来否认有一位具有人格的造物主。相对于《老子》和《易经》，郭象更进一步，认为"道"即是"无"，从而把早期道家主张万物来自"道"解释为万物自然而在："请问：夫造物者，有耶？无耶？无也，则胡能造成者？有也，则不足以物众形……故造物者无主，而物各自造。物各自造而无所待焉，此天地之正也"（《齐物论》"恶识所以然……"注）；"道，无能也。此言'得之于道'，乃所以明其自得耳"（《大宗师》"傅说得之，以相武丁……"注）。万物自生，这就是郭象"独化"理论的含义（冯友兰，2004：189—190）。

按照"独化"的理论，万物不是由造物主所造，但万物之间相互关联，这种关联"不仅存在，而且是必要的"（冯友兰，2004：190）。如郭象所说："人之生也，形虽七尺而五常必具。故虽区区之身，乃举天地以

[①] 本书所引《老子》都出自《老子》，汤漳平、王朝华译注，中华书局2014年版。

奉之。故天地万物，凡所有者，不可一日而相无也。一物不具，则生者无由得生；一理不至，则天年无缘得终"（《大宗师》"知人之所为者……"注）。也就是说："每一物需要每一个'它物'。但每一物仍然是独立自为地存在的。"（同上）郭象又说："天下莫不相与为彼我，而彼我皆欲自为，斯东西之相反也。然彼我相与为唇齿，唇齿未尝相为，而唇亡则齿寒。故彼之自为，济我之功弘矣。斯相反而不可本无者也。"（《秋水》"以功观之……"注）冯友兰（2004：190）把这段话理解为："事物之间的关联就像两支国际同盟军，每支军队都是为本国而战，但是两支军队互相支援；一支军队的胜负，必定对它的同盟军产生影响。"总之，"宇宙间存在的每一事物都需要整个宇宙作为它存在的必要条件，而它的存在又并不是由某一个特定事物所产生的。当某些条件具备、在某种情况下，某些事物就必然会发生……事物是由一般性条件所产生，而不是由于其他某个特定的事物"。可以看出，"独化"理论和复杂性科学的自组织观、涌现观是很类似的。

3.2.4 天人合一

从《易经》开始，中国传统哲学就确立了"天人合一"的思想，这可以说是思想界的共识。根据文字学研究的结果，"易"的本义指"蜥蜴"，这种动物可以根据周围环境改变身体颜色（朱谦之，2001）。"易"也就具有了"适应"的含义，这种"适应"把变化过程中的主体和环境联系在了一起，因此"易"本身已经具有"天人合一"的要素。

《易经》虽然上经讲自然世界，下经讲人间世界，但"易经每一卦都包含天道、地道与人道在内，认为天的规律跟人世的规律是一回事"（杨振宁，2005）。比如"乾"卦："夫大人者，与天地合其德，与日月合其明，与四时合其序，与鬼神合其吉凶。先天而天弗违，后天而奉天时。天且弗违，而况于人乎？况于鬼神乎？"再如"革"卦："天地革而四时成，汤武革命，顺乎天而应乎人，革之时大矣哉。"说明"天道与人享有统一性"，"自然属性与人格品德相联系"（刘长林，1988），自然世界和人间世界的变化是有内在呼应的。

《易经》这种"天人合一"的思想和近代科学截然相反。杨振宁

(2005) 认为:"近代科学一个特点就是要摆脱掉'天人合一'这个观念,承认人世间有人世间的规律,有人世间复杂的现象,自然界有自然界的规律与自然界的复杂现象,这两者是两回事,不能把它合在一起。"但现代科学则恰好相反,强调参与者在科学研究中的作用,也就和中国传统哲学呼应起来。

3.2.5 小结

把中国传统哲学与现代科学理念联系起来,本书的尝试并不是第一个也不是唯一一个。一个经典例子是关于1922年诺贝尔物理学奖获得者玻尔(N. Bohr,1885—1962)的。玻尔是量子力学的奠基人之一,他提出的互补原理和海森伯格(Werner Heisenberg)的不确定性原理一起,共同促成了量子力学的诞生和发展(Gunnar Björk 等,1999;R Mir 等,2007)。1937年,玻尔访问中国时,"对古代中国的两极概念留下了深刻印象"(Capra,1975:57)。"玻尔是从中国古代的阴阳思想中获得他的互补性原理想法的。这就是他为什么在从瑞典国王手里接过诺贝尔奖时,把阴阳符号作为自己的标志"(普利高津,1987),以代表"阴与阳两极之间的互补关系",同时上刻文字 Contraria sunt complementa(Opposites are complementary,"相反即互补")(Capra,1975:57;王洪鹏、王士平,2006;蔡肖兵、金吾伦,2010)。1986年12月19日,普利高津在北京师范大学发表的演讲《科学是一种希望》中明确提出:"西方科学对自然的看法是决定论的、精确的和解析的;而中国的文化则是一种整体性的或现在我们常说的系统论的观点。现在是我们把传统的欧洲思想和古典的中国思想进一步结合起来的时候了"(1987)。可以说,讨论 DST 和以《易经》为代表的中国传统哲学之间的关系是合理且有意义的。

那么,中国传统哲学与现代科学、DST 的内在呼应能告诉我们什么呢?或者说,我们探究中国传统哲学与现代科学的一致性,是为了躺在历史的温床上,为中国的灿烂文明自豪一番吗?还是为了把中国传统哲学应用于现代科学和 DST 研究,再次发扬光大?很显然,为中国传统哲学而自豪并不适合现在这个场合;把中国传统哲学应用于 DST 研究,并非没有可能,但却是一个不易完成的任务,也超过了本研究的目的。我们之所以在这里花费笔墨回顾以《易经》为代表的中国哲学，主要是为了提起一个更直接的问题：既然中国传统哲学与 DST 的理念如此接近，为何 DST 并没有在中国诞生，却在并没有这种思想土壤的西方诞生呢？

这个问题有点类似于著名的"李约瑟难题"："为什么近代科学革命没有在中国发生？"自该论题提出以来，各领域的学者进行了多个层面的探讨。如冯友兰（2004：287）从方法论的角度把中国哲学和西方哲学的思维方式分别称为"负的方法"和"正的方法"："负的方法致力于消泯差别，告诉人：它的对象不是什么；而正的方法则致力于突出区别，使人知道它的对象是什么"；杨振宁（2005）认为，中国传统哲学有归纳法，但缺少演绎法。总的来说，一般都认同中西方思维方式的差异为答案之一：西方哲学注重分解、分析、逻辑，善于把纷繁变化的现象抽象为孤立、静止的成分集合体，这正是近代科学得以产生发展的基础；中国哲学则注重整体、辩证、联系，强调万物的自然发展及互相之间的动态制衡，如在《易经》中已经得到鲜明体现的"天人合一"思想（刘长林，1988；蒙培元，1992；钱兆华，1999；彭贤，2003；杨振宁，2005；胡淑晶，2006；宋志明，2007；周德丰，2009；胡军，2010；杨小明、贾争卉，2010）。注重整体、关注事物之间的横向联系，使得古代中国避免了当时分析技术不足和实验能力低下的缺失，发展出了辉煌的中国古代文明，但却错过了近代科学技术的萌芽。

随着分析科学的发展达到了一定的程度，当代的新兴科学越来越关注真实世界的动态性和整体性，从而在很多理念上与中国传统哲学有了相通之处（劳维斯·贝拉，1989；王登云、何微，1993；杨宏声，1994；蔡仲，1999；何丽野，2010；杨小明、贾争卉，2010；吴彤，2010）。但是，从科学发展的历程来看，作为现代科学的复杂性科学虽然以经典科学的批判者出现，其实却是分析性科学发展到一定阶段的产物，它的出现是以分析性科学的充分发展为前提的。因此，复杂性科学和 DST 的理念虽然与中国传统哲学相通，却是在西方生长发展起来的。如同 de Bot 等（2007）所说："在某种意义上，DST 可以架起沟通 SLA 的整体论和还原论观点的桥梁"，意味着 DST 采取整体论的立场，但"同时它的确致力于全面量化，而这是还原论者的最终目的。"可以说，DST 和中国传统哲学虽然理念相通，但绝不是古代整体论的重复。最重要的一点，它不是靠直觉来把握、解释事物的系统性和整体性，而是发展出了"全面量化"的研究方法。

第四章

动态系统理论的研究方法

研究方法是 DST 发展的生命线。没有能体现 DST 理念的研究方法，没有能捕捉发展过程的动态性、非线性和复杂性的数据处理工具，DST 就只能成为古代靠经验和直觉把握的整体性哲学的无意义重复，成为理论乌托邦。值得欣慰的是，DST 在方法论的建构上已经迈出了关键性的步伐，初步发展出了和其理念相适应的研究方法和数据处理工具，能在一定程度上实现对语言发展动态过程的系统考察。

4.1 方法论原则

在对传统语言学方法论原则反思和批评的基础上，DST 提出了新视野下应当遵循的方法论原则。

4.1.1 传统语言学的方法论原则

传统语言学作为经典科学体系的一部分，在方法论原则上至少具有以下几方面的特点。

第一，分解原则。和还原论理念相应，传统语言学的研究方法是首先把整体分解为尽量小的成分，然后对分解出来的孤立成分进行考察。一般过程是在对成分进行详细描写的基础上，根据其描写结果表现出来的共性和区别进行分类，这样就得到了一个较高的范畴。然后在对高层次范畴进行分别描写的基础上，聚集各个范畴的描写成果，以达到对更高层次系统的理解。应该承认，结构主义语言学对系统是非常重视的，如索绪尔一再指出语言是一种系统，"是一种表达观念的符号系统"（1999：37，高名凯译，岑麒祥、叶蜚声校注），但他同时也认为"变化永远不会涉及整个系统，而只涉及它的这个或那个要素，只能在系统之外进行研究"（1999：127，同上）。很显然，他的研究方式仍然是典型的分解分析法。

第二，简单性原则。由于传统科学对简单性的追求，很多看起来扰乱系统本质的"多余"因素被剔除出来，其研究往往在去时间化、去语境化的理想状态下进行。索绪尔区分语言和言语，注意到言语是极其复杂的："言语活动是多方面的、性质复杂的，同时跨着物理、生理和心理几个领域，它还属于个人的领域和社会的领域。我们没法把它归入任何一个人文事实的范畴，因为不知道怎样去理出它的统一体"（1999：30，同上）。由于言语的复杂性，索绪尔把言语排除在研究之外，只研究作为"言语技能的社会产物"的语言（1999：30，同上），因为相对于言语，语言是"言语活动事实的混杂的总体中一个十分确定的对象"，"是人们能够分出来加以研究的对象"，"是同质的"（1999：36，同上）。生成主义语言学则认为语言是一种纯粹的认知现象，是以生物遗传的语言机制为基础的，因此其研究甚至不关注具体的语言产出，只考察以内省方式产生的句子结构，可以说把简单性思维运用到了极致。尤其是当乔姆斯基把语言简化到了"语法最简方案"（grammatical minimalism）（Chomsky，1995），语言中的诸多成分如词汇、语音、方言、成语、构式、语篇等都被放到了语言的外围，只剩下最核心的语法——"事实上，第二语言学习中所有实质性的东西都在语言学理论的范围之外"（MacWhinney，2006）。

第三，单向因果关系原则。Larsen-Freeman（1997）认为，传统科学中"最有价值的解释采取的是因果关系连接的形式"，即原因 x 产生结果 y。研究者寻找一个决定因素，"它从因果链中的移除会改变结果"（Gaddis，2002：54），这样就可以说是造成结果的原因。"如果建议一个事件有多个原因，那就不被认为是一个好的研究"（Larsen-Freeman & Cameron，2008），"一个成功的设计是用很少解释很多。用单个解释性变量对大量观察进行解释是我们的最高目的"。也就是说,"还原论者暗示,确实存在自变量,而且我们知道它们是什么"(Gaddis,2002:55)。这样,传统科学的解释"以检验假设的形式产生预测"(Larsen-Freeman & Cameron,2008)。

总而言之,以结构主义和生成语法为代表的还原论语言观,看到了语言/言语的复杂性,但从传统科学的简单性原则出发,主观地把所谓的多余因素或噪音排除在研究范围之外。他们研究的,其实只是符合主观想象的理想化语言,而不是真实存在的语言。

4.1.2 DST 的方法论原则

还原论在语言学及应用语言学中的应用,为我们了解语言及语言习得的静态过程奠定了基础,是科学研究不可或缺的一步。但从 DST 的观点来看,即使不是不可能,要把某个变量孤立出来也是很难的,因为系统的各个变量是彼此联系、不断交互作用的(Larsen-Freeman & Cameron,2008)。因此,DST 提出应遵循新的原则来考察第二语言发展过程。Larsen-Freeman 和 Cameron(2008)从复杂性理论的角度,提出了需要遵循的八个方法论原则:

(1)把语境包括在考察之中,以达到生态有效(ecologically valid)。

(2)避免还原论,体现复杂性,避免早熟的理想化。

(3)按照动态进步和变化的思路来考虑变量之间的关系,把自组织、反馈和涌现看作核心。

(4)采用双向因果关系的观点,而不是简单、近似的因果关联。

(5)克服二元论思想,比如对习得和使用、表现和能力的区分。

(6)重新思考分析单位,确定集合性变量。

(7)避免层次和时间尺度(timescales)合并,寻找跨层次和跨时间尺度的联系。

(8)把变异性作为核心,同时考察稳定性和变异性,以理解发展中的系统。

根据现有的研究成果,这里重点讨论双向因果关系、集合性变量、跨层次跨时间尺度联系以及变异性四个原则。

第一，新的分析单位——集合性变量的确定。所谓集合性变量，是指"那些代表了系统中的多个要素或多个系统在时间流逝中的交互作用的变量"（Larsen-Freeman & Cameron，2008）。DST 认为，"要孤立地把某个因素的确切作用剔除出来是不可能的"，而且"我们永远不能确切地预测某个特定的因素怎样影响某个特定的学习者，不仅是因为我们不可能知道到底牵涉了多少种因素，尤其是因为这些因素是交互作用的"（de Bot 等，2005a：3）。因此，要从整体、系统上来研究第二语言发展，就需要新的分析单位，比如子系统或者某些集合性变量。目前应用较为广泛的集合性变量是对语言熟练度进行描写的三个维度：复杂性（complexity）、准确性（accuracy）和流利性（fluency），简称 CAF。这三个维度从理论上来说是第二语言表现中具有相对独立地位的指标（Skehan，1989、1998；Robinson，2001），并且分别代表了第二语言系统中多个要素或者子系统的交互作用，因而便于对"包括自组织和涌现在内的系统变化的模式"进行考察（Larsen-Freeman & Cameron，2008）。

第二，寻找跨层次跨时间尺度联系。语言是复杂的，在一个时间点上，其实是"多个复杂动态系统的交互作用，在多个时间刻度和层次上运转"（Larsen-Freeman，1997；Lemke，2002）。因此，必须寻找跨层次、跨时间尺度的联系，避免不同层次、不同时间尺度的合并。第二语言习得过程的跨层次联系，强调考察语言从低层次到高层次的涌现，比如从音位到词汇，到短语，到单句，再到复句乃至语篇。跨时间尺度的考察，则强调对语言习得进行纵向的跟踪考察，并且这种纵向考察应该包括不同的时间尺度，比如每天、每周、每月等。

第三，双向因果关系（mutual causality）。双向因果关系又叫往复因果关系（reciprocal causality）。由于复杂系统中的变量很难孤立出来，DST"不考察单个的变量，而是研究包括自组织和涌现在内的系统变化的模式"；"当一个社团层面或系统时间尺度上的变化导致另一个层面或时间尺度上的新模式时，涌现性质或现象就会出现"（Larsen-Freeman & Cameron，2008）。这样一种涌现模式常常通过互适应（co-adaption）表现出来。"互适应描写的是一种双向因果关系"（Larsen-Freeman & Cameron，2008），即几个因素之间不是简单的 x 原因导致 y 结果，而是 x 和 y 在时间流逝中以多种方式互相影响、互相适应。van Geert 和 Steenbeek 在讨论"叠加"（superposition）这个概念时，描写了一种特定类型的互适应。"叠加"是具有两种明显不兼容特性的现象，比如智力的构建"同时（几乎）完全由环境决定，又（几乎）完全由基因决定"（2008：5）。从传统观点来看，这是一种明显的悖论。DST 认为，这种悖论其实是孤立的二元论思想造成的。在真实世界中，基因和环境被链锁在一个复杂链条中，这个链条由随时间流动的步骤构成，它们不能独立于对方为智力发展做出贡献，其关系就不是一种单向的因果性而是往复的、双向的（2008：5）。在这种往复关系中，双方的关系不一定是对称的。比如，一个早期的语言策略很可能对后来的更复杂的语言策略有支撑关系；但后者与前者可能是一个竞争关系。在第二语言教学中，课堂上的教师和学生也是一种互适应的关系，而不仅是教师主导或学生主导的关系。在教师和学生的互适应行为中，熟悉惯例和活动模式被建立，从而涌现出另一个层次的结构，即我们所说的课。类似地，在较低的层次比如学习者个体中，语言多个子系统的互适应导致用来交际的新语言资源的浮现。

第四，变异性被作为研究核心。变异可以包括个体间变异或个体内变异，前者指不同的个体表现出的多样性，后者指同一个体在不同时间维度中表现出的多样性。在第二语言发展领域，承载变异性的变体主要是各种偏误形式和目的形式。变异在传统研究中被看作发展中的噪音，但 DST 认为变异性是动态系统的固有属性，"负载着有关发展过程本质的重要信息"（van Dijk，2003：129），是"系统灵活性和对环境适应的结果"，是"发展的源泉和发展过程中即发展转变的情况下，某个特定时刻的指标"，这也是经典达尔文主义的看法（Thelen & Smith，1994：144）。de Bot 等（2007）进一步提出："变异程度在一个（子）系统从一个吸态转入另一个吸态的时候是最大的"，它体现了语言的不连续发展，是发展从一个吸态"跳跃"到另一个吸态的前奏（de Bot 等，2005a：32）。变异性"对于我们理解作为动态系统的 L_2 发展过程是一个关键的、必不可少的步骤"，"从 DST 角度近距离地观察个体变异性能帮助我们发现发展模式，否则这种模式就是隐藏的"（Verspoor 等，2008）。

新的考察角度需要新的研究方法，DST 研究者们建议并实践了新的数据收集和数据分析方法，并取得了一定的研究成果。

4.2 研究方法

4.2.1 研究方法类型

与方法论原则相应，Larsen-Freeman 和 Cameron（2008）建议了七种类型的研究方法。

第一，改进的人种学（ethnograph）方法。这是一种定性研究，考察人类语境和交互作用中的真实人群，而不是如实验和定量研究那样，把个体们聚集和平均。

第二，动态的实验设计，包括形式化实验（formative experiment）、设计实验（design experiment 或 design-based experiment）和行动研究（action research）。在形式化实验中，"研究者设定一个教学目标，并根据材料、组织或干预变化来找出什么使目的得以实现"（Reinking & Watkins, 2000），考察对改变了的教学目标做出反应的互适应过程。设计实验则是随着时间变化，反复改变学习环境，以收集改变产生的效果，然后把搜集到的数据反复加入未来的设计中去（Barab, 2006）。在这样一种实验中，老师们被鼓励灵活地对课堂上发的一切做出反应，就像他们平时所做的一样，而不是遵从某些实验程序。行动研究则故意把"噪音"引入系统中以观察引起的结果：他们选择教学中的一个问题，把"诊断/行动策划/行动实施/评估/具体说明"这样一个周期应用在教学中。

第三，纵向、个案、时间序列方法（见理论篇第五章 5.2）。

第四，微发展研究法（microgenetic/microdevelopment method）（见理论篇第四章 4.2.2）。

第五，电脑建模（computer modeling）（见理论篇第四章 4.2.3）。

第六，大脑成像（brain imaging）。大脑成像技术，如功能磁共振成像等，取得了重大进步，已经能对大脑活动的动态性进行细致观察。

第七，综合方法，包括语篇分析和语料库语言学的结合、第二语言习得和语料库语言学的结合、第二语言习得和会话分析的结合。这三种结合使动态的考察成为可能，可以避免语料库作为语言材料的"静态集合"带来的缺陷。

可见，Larsen-Freeman 认为定性方法和定量方法都适用于研究复杂动态系统，这也是目前 DST 研究者的一种共识。

上述研究方法也已经产生了一批有意义的研究成果（详见第一章，此处不再赘述）。不过从研究方法来看，最能体现 DST 特点的是纵向个案研究、微变化研究法和电脑建模。Larsen-Freeman 所提到的八个原则中，双向因果关系、集合性变量、跨层次跨时间尺度联系以及变异性四个原则也在这几种方法中体现得最为充分。以下重点介绍微变化研究法和电脑建模，纵向个案研究则放入第五章有关个案研究的讨论中介绍。

4.2.2　微变化研究法

微变化是近二十年来认知心理学领域兴起的一种方法，最近开始应用于二语习得研究。微变化又称微发展（microdevelopment），"微"指短的时间刻度、时期，可从几个月到几分钟；"发展"指过程的相关本质，能力、技能的实时演变（Granott & Parziale，2002）。文秋芳（2004）认为，该方法最终会与横向、纵向研究法互为补充，成为二语习得研究中不可或缺的第三种方法。微变化研究具备三个要素：（1）观察周期恰当。应覆盖变化的全过程，即开始于变化即将产生之前，结束于变化停止之时。（2）观察频率高。通过高频率观察收集密集语料（dense data），以捕捉正在发生的变化。基于这种语料，不仅能确定转折点何时发生，更重要的是确定发展是如何浮现的，从而揭示"变化的马达"（Thelen & Corbetta，2002：59）。也正是在这一点上，微变化研究有别于传统的纵向研究，后者观察点的间隔较长，观察到的其实是变化的结果而非变化本身。（3）数据分析精细。从定量和定性两方面进行精细分析，考察变化的实质。因此，微变化研究能够直接观察正在发生的变化，识别个体或群体变化中的变异性，确定变化的特征和模式，寻找支撑量变和质变的过程，从而聚焦于发展和学习是"怎样"产生的（Flavell，1984；Siegler，1995；Miller & Coyle，1999；Granott & Parziale，2002；文秋芳，2004；周丹丹，2012；周丹丹、王文宇，2013）。

DST 把微变化研究带入了新阶段。DST 为微变化研究（1）提供了完整的理论框架。DST 是复杂性科学的分支，认为语言及其习得过程具有变异、动态、系统、非线性等特征，"把变异作为研究核心"。这和微变化的理念天然吻合，并为之提供了更系统的科学哲学基础。（2）提供了全新数据处理工具。DST 的一大成就是发展出了与其理念相适应的一系列数据处理工具，同时适用于纵向个案研究和纵向微变化研究。这些工具能连续、动态、多维地对数据进行可视化呈现，并能从数学上确定个案、不规则数据的统计意义，尤其适用于揭示密集语料中隐藏的变化模式，为精细数据分析带来了全新可能。DST 与微变化的结合是天然趋势。一方面，微变化研究在揭示语言动态发展的特质时具有不可替代的优势；另一方面，DST 的倡导者认为微变化研究符合复杂性科学的方法论原则，是实现其理论诉求的重要研究范式之一（Larsen-Freeman，1997；Thelen & Corbetta，2002；Larsen-Freeman & Cameron，2008；Verspoor 等，2012；郑咏滟，2015；The Douglas Fir Group，2016）。

微变化与 DST 在二语习得领域的结合尚处于起步阶段，成果较为有限，代表性研究如 Waninge 等（2014）。国内对微变化研究法的应用多集中于二语习得中频次作用的研究（周丹丹，2004；谢谜，2009；刘峰，2013；周卫京，2005）。对于微变化研究和 DST 结合的重要性，周丹丹、王文宇（2013）有过较为充分的论述。

4.2.3 电脑建模

电脑建模是现代数学与计算机技术相结合的成果，它"为所考察的真实世界的复杂系统建立一个电脑模型"（Larsen-Freeman & Cameron，2008），已广泛应用于生物学、气象学、经济学、社会学等很多领域，甚至被认为是能对多个变量的交互作用进行验证的唯一方法（Larsen-Freeman，2007；de Bot，2008）。因为在 DST 框架中，语言发展被看作一种交互过程，外部输入不停地加入现有知识中；如果要设计一种实验来考察时间维度中的发展，而且要把起作用的各个变量都考虑进来，简直是不可能的。通过把模拟结果和真实数据进行比较，就可以推断各个变量如何在时间流逝中交互作用（de Bot，2008）；这种能有效反映真实世界行为的模型也就是有效的模型。

一个比较典型的模型是按照双向因果关系理念建立的一语发展模型（van Geert，2008；van Geert & Steenbeek，2008）。该模型中有两个重要概念：生长点（grower）和承载力（carrying capacity）。生长点是指语言系统中可以增长的子过程，如词汇多样性、语法复杂性等；承载力是一个系统在某个时间点的增长潜力。不同的增长过程会交互发生，形成"关联生长点"（connected growers），比如词汇多样性和语法复杂性之间被证明为关联生长点。关联生长点在某个时间点可能同时增长或下降，形成支撑关系（supportive）；在另一个时间点则可能一方增长一方下降，形成竞争关系（competitive）；如果一个生长点的增长以另一个生长点为前提（precusor），则形成条件关系（conditional）。生长点之间的这些关系以一种往复的形式循环，"通过对这样的往复行动进行电脑建模，就有可能理解阶段的浮现、暂时的倒退以及倒 U 形增长，等等"（van Geert & Steenbeek，2008）。这样一组概念为考察语言发展中的交互关系提供了一个全新的角度。此外，Ellis 和 Larsen-Freeman（2009）使用 Aisa 等（2008a、2008b）的"浮现"（Emergent）软件模拟了语言结构在使用中的浮现过程；Christiansen 和 MacDonald（2009）以实验和模拟结合的方式，考察了语言中递归原则基于项目（item-based）习得的过程，说明递归原则并不是语言先验存在的原则。

模型可以通过多次反复，模拟时间流逝中的变化；也可以改变参数，观察结果如何改变，以模拟变化条件。这就允许我们探索系统内的交互作用方式，并外推到真实世界。Turnner（1997）认为，建模不是像传统的方式那样创造一个假设，在实验中检验它，当某个反例出现后再尝试另一个假设；而是通过连续调整变量和它们之间的关系，以对现实进行精确复制——这种颠覆了经典科学自下而上的理论到现象的方法，是对传统方法的极好补充。

4.3 小结

　　DST 在方法论建设上取得了一定成就，但应该承认，这只是初步的探索，一些核心问题仍然有待解决和完善。de Bot 和 Larsen-Freeman（2011）很明确地说："当一切都是互相关联的，怎样研究一个系统及其子系统呢？如果不把句法和词汇层面可能出现的变化考虑在内，对语音系统中发展变化的研究有多有效呢？对于这样的问题，没有清楚的解决方法。"如之前所说，Larsen-Freeman 强调避免还原论，de Bot 等（2007）则支持子系统或多或少能被孤立研究的观点，愿意在研究中接受"某种形式的还原论"。联系 DST 的发展背景，现代科学的整体论和 DST 是分析性科学充分发展、人类认识螺旋式上升的结果，其实是对还原论批判的升华，而不是彻底的否定。DST 致力于以系统、整体的方式考察真实、充满变异的语言，所使用的研究方法在一定程度上超越了传统方式，但就像混乱的细节必须接受一定程度的技术简化和抽象一样，接受"某种形式的还原论"，可能仍然是当前的 DST 方法论建设不得不接受的一种选择。

第 五 章

动态系统理论与个案研究

个案研究（case study）是研究设计和分析的一种，Gall 等（2003：433）认为是"教与学中使用最广泛的质化研究途径"（approach），也有人称之为一种"方法"（method）、一种"策略"（strategy）（Punch, 1998; Yin, 2003a），以及一种研究产出（outcome）（Merriam, 1998：34）。个案研究经常和大规模横向研究（cross-sectional study）相对举。但综观应用语言学研究方法著作，绝大部分是对横向研究方法的介绍，关于个案研究的著作很少；在综合性研究方法著作中，个案研究往往仅占据一个小小的角落，如 Seliger 和 Shohamy（1989）用了数页来讨论质性和描述性研究，然后用了其中的一个段落来讨论个案研究；Mackey 和 Gass（2005）和 Richards（2003）都只为个案研究保留了两三页的篇幅；Johnson（1992）、Nunan（1992）和 Brown 和 Rodgers（2002）对个案研究稍微重视一些，但也只是给了一章的容量。

个案研究受到的这种"待遇"和做出的贡献是极为不相称的。20 世纪 70、80 年代，应用语言学领域出现了第一波有关语言学习者的个案研究浪潮，第二语言习得领域很多广泛使用的模型和假说都是建立在这一阶段的少量优秀个案研究之上，如 Hatch（1978a）、Schumann（1978）、Schmidt（1983）的研究等。因此，应用语言学的个案研究称得上"成果丰富且影响深远"（Duff, 2008：36）。从某种程度上说，第二语言习得这一领域的建立正是始自个案研究。

5.1 什么是个案研究?

个案研究一般被看作质化研究的一种。应用语言学个案研究的"案例"通常是个体语言学习者、使用者、老师,包括单语家庭环境中的婴儿、儿童,双语或多语家庭、学校环境中的儿童,青少年移民,成年移民工人,大学水平的外语学习者,留学生,因为职业或再就业的需要而学习另一种语言的成人,由于年龄、伤害、残疾或语言转移而失去本来语言的成人等,类型非常多样化;考察的变量包括词汇、句法、形态、语音、语篇层面的特点、语用、叙述结构、阅读和写作过程、基于内容的语言学习、社会和语言身份、态度和动机、学习策略和焦虑等,涵盖了从个体本身到其语言各层次的方方面面,从而产生了"有关语言学习、使用或者磨蚀的过程、结果和因素的非常细节化的描述"(Duff, 2008: 35)。

关于个案研究的定义,不同学者有不同表述。表1汇集了几种有代表性的定义。

表1　　　　　　　　　　个案研究的定义

出处	定义
Theodorson & Theodorson(1969,转引自 Punch, 1998: 153)	一种通过对个体案例的<u>彻底分析</u>来研究社会现象的方法。案例可以是一个人、一个群体、一个片段、一个过程、一个社区、一个社会或者社会生活中的其他单位。和这个案例相关的所有数据都要收集,所有可获取的数据都要组织起来。个案研究方法通过把<u>多种现实</u>和一个单个案例联系起来,赋予被研究的数据一种<u>统一</u>的特点。个案研究也为很多<u>具体细节</u>的<u>高强度分析</u>提供了机会,这种<u>具体细节</u>经常在其他方式中被忽视。

续表

出处	定义
Bromley（1986：8）	对一种具体实体（物体、人、群体、事件、状态、条件、过程或者其他）的描写和分析。这种单一实体通常是自然出现的，虽然在周围环境组成的语境中存在并起作用，但具有确定界限。这样的实体也存在于相对于该语境较短的时段中。
Creswell（1998）	个案研究是以细节化、深度化的方式，收集语境中丰富、涉及多种信息来源的数据，对时间中的"有界系统"或单个案例（或多个案例）的探索。
Merriam（1998：34）	质性个案研究可以定义为对单个整体、现象或社会单位的高强度、整体描述和分析。个案研究是具体化、描述性、启发式的，强烈依赖于处理多种数据来源过程中的归纳。
Gall 等（2003：234）	对处于自然语境中的现象的实例以及从涉及的参加者的角度进行的深度研究。
Yin（2003a：13—14）	1. 个案研究生是一种实证性探究，考察真实生活语境中的当前现象，特别是当现象和语境之间的界限不清楚、不明显时。 2. 个案研究处理所需技术与众不同的场景，在这种场景中，令人感兴趣的变量比数据点更多。个案研究的一个结果是依赖多种证据信息，需要以三角化方式对数据进行整合；另一个结果是可以从理论观点的前期发展中受益，以指导数据收集和分析。

我们从这些定义中抽取了共现频率较高的一些词语，发现个案研究至少具有以下三种特点。

第一，研究对象处于自然或真实语境中。个案研究对研究对象的考察往往在真实自然的生活语境中进行，研究者虽然也会设计一些任务，但不会像横向研究那样严格控制并区分各种条件，假定研究对象只在某一个或几个条件上完全相同而在其他条件上不同，或者把参加者置入某种特定的实验条件中。用 Duff（2008：41）的话说："研究者通常不提供可能改变正常变化过程的实验处理或干涉。数据反映的是在无数可能因素影响下的学习者行为或知识的自然变化，比如环境、生理成熟度、认知发展、学校教育，研究者必须把这些因素都考虑在内，以获得有关学习过程或结果的有效结论。"比如 Norton（2000）对五个加拿大女性移民的研究，使用了多种研究方法，包括有关个人信息的问卷调查、访谈、日记等。但研究者只是如实收集、记录相关信息，并不干涉研究对象的发展过程。

第二，研究对象处于时间维度中。个案研究对研究对象的考察往往在时间维度中进行，以致很多研究者把纵向研究等同于个案研究（Larsen-Freeman & Long, 1991: 11-12; Duff, 2008: 41）。毫无疑问，个案研究绝大部分是纵向的。纵向个案研究考察研究对象在时间维度中的发展和表现，对信息的收集一般按照均匀的时间间隔，通常是一年或更长的时间，从而产生多个观察点或数据集（Saldaña, 2003）。研究的时长取决于样本大小、频率、空间、观察或测量点的可比性、期待的时间分析焦点，以及"所考察现象的颗粒大小"——追求或要求分析的细节层次。比如一个致力于确定化石化现象是否存在的个案研究，可能需要至少一年的时间跨度；而有关代际语言转移的研究则可能需要大概15年的跨度（Ortega & Iberri-Shea, 2005: 38-39）。时间维度的纳入也使得语境具有了全面的真实性。

第三，数据收集和分析注重细节化或具体化、深度化、高强度、整体性，注重多方面数据的综合或统一。由于样本只有一个或几个，个案研究也就有可能对案例的各方面信息展开非常彻底的分析，又被称为"厚密"（thick）或"丰富"（rich）描写（Duff, 2008: 43）。这种"厚密"分析关注案例发展中的各种具体细节——"这种具体细节经常在其他方式中被忽视"（Theodorson & Theodorson, 1969, 转引自 Punch, 1998: 153），以整体性或"来自其他参加者或观察者的三角化"视角综合多种来源的各方面信息（Duff, 2008: 43），从而"赋予被研究的数据一种统一的特点"（Theodorson & Theodorson, 1969, 转引自 Punch, 1998: 153），全方位地探究每个可能引起注意的问题，而不像大规模横向研究那样只能进行轮廓式、分解式、孤立式考察，局限于分析一个或数个变量的一般趋势。

很显然，我们在这里看到了 DST 经常提及的一些核心理念：整体性、语境化、时间性等。这些核心理念的共享，清楚地说明个案研究方式和 DST 天然吻合，纵向个案研究理应成为 DST 的重要实践方式之一。

5.2 传统语言学视角下的个案研究

"一种途径的优点常常是另一种途径的弱点"（Duff，2008：42）。我们如何看待个案研究，通常与如何看待横向研究密切相关，二者的特点正是在对比中互见的。正如 Lewin（1979：286）所说："在对很多案例的一种或两种变量的研究与对一个或两个案例的很多变量的研究之间必须有一个取舍。"毫无疑问，对研究变量和案例数量的取舍同时蕴含着对研究目的、获取信息的类型、分析方法等全方位的取舍。传统语言学认为，对个案研究方法的选择，就意味着追求高度完整性、深度分析和启发性，但是放弃一般性、客观性和高度量化。

5.2.1 个案研究的优点

上述定义体现出的语境化、时间化和细节化、深度、整体性分析等特征，同时也被看作个案研究的优点，此处不再赘述。同时，这些特征也衍生出个案研究的其他优点。

首先，个案研究更容易产生新假设或模型。通过深度、全面的细节分析，个案研究可以把以前的研究未能识别的一些变量筛选出来，或揭示来自学习者本人的语言学习过程、经验的新方面，"为未来研究打开新领域"，提出新假设或模型，"以供后来者用同样的或其他研究设计来验证，比如更大的横向设计、实验、元分析或综合分析、电脑建模，或更多的个案研究"。因此，个案研究经常被看作数据驱动（data-driven）的主要研究方式之一，和理论驱动（data-driven）、实证主义（positivist）相对。前者是从事实出发，"以从数据中取得的发现为基础建立理论"；后者则"已有一种理论或模型要验证，且可能实施标准的量化（实验、类实验）程序，包括随机抽样、随机分配给群组以不同的处理方式、后续测试等"（Duff，2008：44）。比如经常被引用的 Schumann（1978）

关于 Alberto 的个案研究。从对 Alberto 的深度研究中，Schumann 发展出了有关化石化、文化融入和洋泾浜化的很多理念，其中一些被发展成众所周知的第二语言习得模型，如文化融入模型。因此，在一种理论范式发展的初期，个案研究特别适合作为理论建设的起点。

其次，个案研究更容易发现现有理论或模型的反面证据（counter-evidence），促使其更新或完善。横向研究一般是在现有理论的指导下提出具体研究问题，针对大规模群体设计研究方案，用统计学方法对收集到的大规模数据进行分析，从而考察群体的一般倾向。这种分析过程是以平均值为基础的。通过对群体数据取平均值，个体表现出的例外或特殊性被作为噪音过滤掉，现有理论的一些反面证据也就可能被忽略。而个案研究则重视个体的特殊性，对统一化数据的深度、全面分析也更容易发现一般趋势掩盖之下的例外或反面证据。"由于大多数科学研究致力于最终的理论或模型建立，以解释观察到的现象，反面证据必须也被考虑在内"（Duff，2008：45）。比如习得顺序假设声称所有的学习者都会通过顺序习得一组固定的语素，但如果有案例——哪怕只有一个——证明学习者违反或者越过了这样的顺序（Hakuta，1976；Tarone & Liu，1995），除非能就案例之间的不一致进行另外一种解释，否则就必须修改这种假设的表述。

最后，对独特或非典型案例的考察是有趣的，具有启发性。横向研究致力于寻找群体中的典型行为，并通过以平均值为基础的统计方法把有差异的个体抽象为理想的一般个体。个案研究关注的却可能是一些非典型个体，"这些个体的行为或背景看起来是非典型的，但在理论上却是有趣的"（Duff，2008：45）。比如对高度成功或高度不成功语言学习者的研究（Ioup，1989；Ioup、Boustagui、El Tigi & Moselle，1994；Ioup，1995），虽然不能轻易把其结论推广到其他学习者，但对于我们了解语言学习成功或不成功的条件却是有意义的。如果说横向研究中的随机群体反映的是一般、典型状态，极端的非典型案例则可以和典型案例一起构成一个连续统，"使得研究者能探索在一个特定领域（比如语言）人类可能性的限度"（Duff，2008：46）。对于读者来说，一些极端案例是平时难以接触的，了解这些案例本身就是有趣的，因为可以从其他人的极端经验中得到启示。比如在神经科学领域，Diamond、Scheibel、Murphy 和 Harvey（1985）对爱因斯坦大脑的解剖显示，爱因斯坦大脑的神经元树突很发达，可能和更高水平的认知功能相关。这一发现随之产生了有关人类大脑树突增长和密度的大规模横向研究。因此，"非典型案例经常能在相当程度上推进这个领域的知识"（Duff，2008：45）。

5.2.2 个案研究的弱点

如同一把双刃剑，个案研究的优点同时也构成了其弱点的来源。根据 Duff（2008）的论述，我们总结了个案研究以下三方面的弱点。

第一，关于个案研究的普遍性（generalizability）。这是个案研究最易被诟病的关键一点，长期以来争论不休。普遍性在实证主义（一般是量化的）的实验研究中是一个非常重要的概念，目的是确立对当前研究课题之上的情形或人群的相关性、显著性和外部效度。也就是说，普遍性是推理的可能性，这种推理是关于当前研究的结论"对更大人群、不同环境条件、更普遍理论的适用性"（Duff，2006；Duff，2008：48）。大规模横向研究一般通过随机取样、控制实验条件和统计学分析等手段来实现当前结论向更大规模群体推理的可行性，但个案研究的案例选择有时仅仅是一个"便利样本"（convenience sample），案例本身又可能是极端、非典型的，在考察过程中也常常不控制外部变量，这就导致对个案研究进行普遍化推理是"不明智或根本不可能的"（Duff，2008：48）。比如 Dobson 等（1981：32—33）认为，单个案研究"某种意义上并不是数量为一的样本，而只是人群中的一个：这个研究的描写和有效性仅适用于这个研究对象"。关于这一问题，个案研究的支持者有两种不同的辩护，可称为强势辩护和弱势辩护。强势辩护认为，"普遍化这个术语本身就是一种向研究的其他时代、范式、思潮和话语的回退"（Duff，2008：50）。Cronbach（1975，转引自 Merriam，1998：209）明确提出社会科学研究（不仅是质化研究）本来就不应该追求普遍化："当我们适当地重视局部条件，任何的普遍化都是一个工作假设，而不是一个结论。"有的研究者则认为，这种表述其实再次使用了和量化研究相联系的术语，无法反映质化研究的本质，建议用可转移性（transferbility）来代替普遍化（Lincoln & Guba，1985）。可转移性，有时又称作可比性（comparability），指假设、原理或发现的可转移性。量化研究的普遍化是研究者自己通过种种手段来给出结论，表明当前的研究结果是否能推理到更大群体中；而质化研究的可转移性则是把决定当前研究和其他语境之间是否存在一致、吻合或联系的责任交给读者（Gall 等，2003：466；Duff，2008：51），让读者自己来做出判断。这种"从研究者到读者的知识转移"（Stake，2005）是复杂、危险的，但却是有趣、具启发意义的。Stake（2000）把以这种方式进行的学习和丰富化称作"自然主义的普遍化"——从其他人的经验中学习。不过，仍然有一些研究者觉得可转移性的概念和普遍化太相似，而且对研究的相似性或一致性的需求太多（Donmoyer，1990）。他们认为，在相似性之外，"差异性有助于加强和丰富人们对普遍性原理如何在一种领域中运行的理解，而这超出了可转移性这一概念"；质化研究不是要寻求"正确的解释"，而是致力于"扩大对人类经验可能的解释和叙述的全部集合"（Duff，2008：52）。弱势辩护则认为，个案研究可以以自己的方式为普遍化做出贡献。Stake（2005：445—448）区分了内发性（intrinsic）和工具性（instrumental）个案研究：内发性个案研究不关心所研究的案例是否代表了其他案例或阐释了某个特定特征或问题，目的不是去理解一些抽象建构、某类现象或理论建设，而仅仅是因为案例本身是有趣的；工具性个案研究主要是为了提供有关某个议题的洞察或重塑某个普遍化推理，案例仍然会被深度观察，但它本身是次要的，仅仅是为了支撑、协助对相关议题的理解，可以被看作典型的，也可以被看作非典型的。工具性个案研究和分析性普遍化（analytic generalization）相关，这种普遍化不是朝向其他群体，而是朝向理论模型，经常体现为简单的图表，也会考虑学习的复杂性或其他现象，以及因素中存在的多种可能结果或关系（Duff，2008：50），必须以逻辑推理和能为推理做出担保的证据为依托（Bromley，1986）。多个案研究（也称作集合个案研究）本质上是工具性的，这些案例被选择是因为"研究者相信，理解它们将导致对更大数量案例的更好理解，也许还有更好的理论化"（Stake，2005：446）。不过，"即使内发性个案研究也可以看作朝向宏观普遍化推理的一小步……特别是当这个案例和某种规则相反时"

(Stake, 2005: 448)。总之，强势辩护建议应该彻底抛弃普遍性这一来自量化研究的概念，弱势辩护则认为相关批评并不公平，因为个案研究发现的理论有助于"把结果推理到其他案例"（Yin, 2003b: 5）。

第二，关于个案研究的客观性。一些研究者认为，个案研究常常缺乏客观性。其一，研究者选择案例时常常充满了主观性。有的研究者可能仅仅从自己的主观兴趣出发选择案例，"一个单一案例或非随机样本被选择恰恰是因为研究者希望能深度理解这特殊的一个，而不是找出多数人一般是怎样的"（Merriam, 1998: 208）；有的可能因为该案例是一个"便利样本"，比如个案研究的对象可能是研究者的孩子、亲戚、朋友，甚至可能是研究者本人。其二，在个案研究过程中，研究者常常和自己的研究对象太接近，"以至于失去了所有的角度"（Duff, 2008: 56）。比如 Duff（2008）在介绍自己有关一个柬埔寨英语学习者 Jim 的个案研究时，就明确表示自己和 Jim 在研究之外有非常好的私人关系，经常带给他的家庭一些日用品，在他遇到紧急状况时帮助他，为他提供兼职赚钱的机会等（Duff, 2008: 4）。而且，由于自然主义研究中的"研究工具"原理，研究者会通过他们自己的世界观、价值观和角度对研究对象进行访谈、观察，对相关数据进行过滤、分析和解释（同上: 56）。其三，研究对象的参与方式也是高度主观的。比如当被要求就自己的经验或感受提供内省或反溯式信息时，由于缺乏实验条件控制，研究对象提供的信息可能高度主观化、情绪化。对于这样的批评，个案研究的支持者一般承认"在一定程度上的确如此"，但认为这样的批评"也可以用来针对很多各种类型的研究"，因为"使用个人判断来做出研究决定、基于早期研究构建研究框架、得出解释和结论，这些现象在所有研究中都存在，虽然一些研究可能设置了更多的程序来确立可信性，比如评分的一致性或其他判断，或确立可重复性或观察的一致性"（同上）。另一方面，有些支持者认为，"不应把主观性看作一种需要消除的失败，而应看作理解的根本成分"（Stake, 1995: 45）。Hesse-Biber 和 Leavy（2006: 79）也同意这一观点，并指出"绝大多数质化研究范式都同意个体带到研究过程中的主观意义的重要性，并承认对现实进行社会建构的重要性"。因此，绝大多数质化研究者，"并不把主观性看作一个应该被消除的主要议题。

相反，他们认为这是参与这个意义和现实被建构（而不是被发现）的世界时不可避免的"。很多质化研究者质疑，"研究者在人文和社会科学中是否能真的客观"，而且，"提供有关作出决定、编码或分析、推理链或数据取样的充分细节，可以减轻对无原则主观性的忧虑"（Duff，2008：56）。当然，很多研究者都赞同应该使用一系列"检验或确认发现的策略"，比如检查数据的代表性和研究者效应、三角化数据来源和方式、检查例外的意义等（Miles & Huberman，1994：262），以避免"主观性误解"（Stake，1995：45）。

第三，关于个案研究的理论性。有些研究者批评个案研究"在理论上是无指导、无计划、无动机的，或者不产生理论洞察力"（Duff，2008：57）。也就是说，个案研究开展之初缺乏理论驱动，开展过程中缺乏以理论为基础的计划，对研究结果的报告则浮于经验性的主观描述。个案研究的辩护者则认为，个案研究虽然常常由研究者对案例的兴趣驱动，但其分析和理论框架其实植根于当前的语言和习得理论，有时体现在对相关文献的介绍中（同上）；由于个案研究一般只考察一个或几个研究对象，研究对象中途退出就会导致研究计划改变，但这是客观条件而非个案研究本身产生的结果；研究对象的发展状况可能和研究者的预期不同，但这种意外本身就可以构成一种有价值的发现，而且变化了的角度可能带来新的有意义的结果。比如 Huebner（1983）有关 Ge 英语发展的研究，一开始预计考察 Ge 英语时体系统的发展，但数据却显示 Ge 根本就没有这样的发展——这种发展缺失的发现本身就是有价值的信息；当研究者转而研究数据中的其他属性，也就自然地为 Ge 的英语发展提供了预期之外的新信息。因此，这些意外或改变在科学探索中是有意义的。此外，个案研究虽然常常以质化描述为主，但仍然能为理论发展做出贡献，比如前文提到的第二语言习得领域很多有影响的假设都是以 20 世纪 70、80 年代的少数个案研究为基础的。总之，作为数据驱动的个案研究，"有些风险必须得冒"（Duff，2008：57），这可以说是个案研究的弱点，但也是其灵活性、真实性甚至魅力的体现。

在传统语言学框架中，个案研究的支持者可以说为其弱点进行了最可能的有力辩护。作为和量化横向研究相对的一种研究方式，个案研究具备上述弱点也是正常的,因为"对特殊性(在一个案例或一个档案中)的探索和对普遍性的探索相冲突"(Stake,2000:439),横向研究也无法包含个案研究的优点,二者理应互相补充,共同存在。

5.3 DST 对个案研究的发展

虽然个案研究的支持者在传统语言学框架中为其弱点进行了最大可能的辩护,而且从逻辑上说,个案研究也理应和横向研究平等共存,互为补充,但事实上,质性研究和个案研究一直被看作是"更坚实的量化研究方法的幼稚前身"(Duff,2008:37),是社会科学研究中的"弱势兄弟"(Yin,2003a:xiii)或"最后手段"(Yin,1993:40)。之所以如此,是由于两个关键问题并未解决:一是进行个案研究的理论基础是什么?二是个案数据如何处理?前述有关个案研究理论问题的讨论,其实指的是具体的个案研究是否有相关理论指导,完全没有涉及个案研究本身存在的理论基础;个案研究这种研究方式之所以被采用,一直以来只是科学探索直觉产生的自然主义行为。而在有关个案研究方法的介绍中,也未见到系统的数据处理方法。这就导致个案研究缺乏科学性和规范性,从而被视为"幼稚"。DST 在这两点上为个案研究提供了全新的可能性。

5.3.1 个案研究的理论基础

DST 的倡导者明确提出把纵向个案研究作为实现 DST 理念的研究方法之一(Larsen-Freeman & Cameron,2008),纵向个案研究也是当前 DST 实践中最为活泼、最能体现其研究特色的研究成果之一(如 Larsen-Freeman,2006;Verspoor 等,2008;Spoelman & Verspoor,2010;Sun 等,2015 等)。之所以如此,是由于 DST 从理论和方法上都突破性地发展了变异研究。

所谓变异,是指"语言使用者(包括语言学习者)在使用他们的语言知识时表现出的变化"(Ellis,1986a:305—306)。"发展中的变异是二语习得中最大的议题之一"(Verspoor 等,2004)。传统语言学对语言变异的研究起源于美国社会语言学家 William Labov。Labov 的一系列研究表明，在某个范围内，英语母语者的发音和他们的社会阶层、话语情景、年龄等因素呈现出系统性的相关关系（Labov，1966、1972）。Labov 社会语言学变异的研究范式被应用于第二语言习得研究，使得第二语言习得中的变异现象成为研究者关注的焦点之一。但以 Labov 为代表的变异研究关注的仅仅是系统变异，即"两种或以上的语言形式作为变体出现，根据所出现的上下文，这些变体的使用是可以预测的"，而把自由变异或者"随机的"非系统变异（Ellis，1986a：305—306）排除在外。比如 Schachter（1986）认为自由变异是零星存在的，且没有任何意义，不过是像"机车起动之前发出的扑扑声"。DST 则认为自由变异和系统变异同样重要，并明确提出应该"把变异作为研究核心"（Larsen-Freeman & Cameron，2008）。

Verspoor et al.（2008）指出：以往的研究要么忽略语言中的变异，把变异看作发展中的噪音；要么就寻找变异原因，如把变异归因于第一语言的迁移、目的语泛化、社会语境、情景语境、任务、形式—功能关系的制约等，似乎"变异总是有一个具体的原因"。他们认为，这种途径的考察"太单向了"，忽视了"很多变异不仅来自学习者，而且来自和环境本身的交互作用。环境不是影响行为的独立因素，学习者也在积极地塑造和改变环境"。也就是说，是由于学习者和环境持续地影响和塑造着对方，而不是环境单方面的影响，最终才导致了观察到的变异。另一方面，Ellis 发现，在消除掉所有可能被归于"系统"的变异之后，仍然存在相当程度的"自由"变异，即"不能被归因于任何已知的语言、情景或心理因素的变异"，且这种自由变异"出现在发展的早期阶段，当学习者发展出组织更好的二语系统时，自由变异就会消失"（1994：137）。这意味着变异尤其是自由变异，是"自组织发展系统的内在属性"（de Bot 等，2005b），而不是某种外加于发展过程的东西。一系列研究已经显示，当系统重组时，自由变异和系统变异都会相对较高，而当系统稳定时则较低（Larsen-Freeman，2006；van Dijk & van Geert，2007；Verspoor 等，2008；Spoelman & Verspoor，2010）。因此，DST 角度的变异性研究考察的是包括传统研究所希望消除的自由变异在内的变异本身的模式，因为"学习者需要变异来探索和选择"，"变异的程度和模式能告诉我们更多有关发展过程的信息"（Verspoor 等，2008）。

因此，把变异包括进来也就意味着对传统研究方法的直接批判。遵循传统科学对简单性的追求，传统语言学的研究往往在去时间化、去语境化的理想状态下进行，把很多看起来扰乱系统本质的"多余"因素剔除出去，研究理想化的抽象语言系统。与这种理念相适应，在数据的收集和分析上是已经发展得相当成熟的"真分数"（true score）和平均数分析（means analysis）统计学。假设一个研究者想测量某些学习者的语言水平，典型的做法就是设计一种测试来收集数据。但语言水平是很复杂的概念，他知道收集到的数据永远不可能真正充分地反映出他寻找的概念，某些学习者由于测试本身或其他偶然因素会表现出个体差异，"这些不希望出现的差异即测量误差（measurement error）"（de Bot 等，2007）。为了找到隐藏在测量误差之下的真分数，他就对循环测试或者群体测试产生的原始数据进行平均数处理，因为大家相信"通过消除这些变异，他们就得到了被试的共同之处，也就达到了'真分数'"（de Bot 等，2007）。研究者们常用的 SPSS 软件中的各种分析方法都建立在平均数分析的基础上，并通过为研究者提供是否"显著"（significant）的清晰界限来解释因果关系。在这样的研究中，变异性被看作"噪音"或"误差"的来源。这种统计学分析在进行全局性研究，即对大量个体所表现出的一般模式进行研究时是有用的，因为它提供了一个实用的方法来确定某个人的大概水平（de Bot 等，2005a：24），但对于揭示真实的语言发展过程却不适用，因为相关研究表明，对一个群体进行平均分析所产生的描写可能和该群体中的任何一个个体都不一致（Larsen-Freeman，2006）。也就是说，经过平均计算之后的数值，其实不能代表任何一种真实存在的现象。要对真实的发展过程进行考察，就必须把看似随机的变异现象包括进来，而不只是根据"显著性"来判断某些现象是否具有意义。

可以说，如何看待、处理变异，是 DST 和传统语言学在理念和方法上的核心区别。从研究对象的角度来看，变异可以分为个体间变异和个体内变异。但不管哪种，其载体都是个体的语言学习者。因此，要考察变异现象，必须从个体学习者入手，采取纵向考察的方式："个体层面的变异程度和模式可以提供发展过程的信息"，纵向个案研究则可以"展现个体层面可能出现的变异以及策略在时间中如何变化"（Verspoor 等，2012）。总的来说，DST 的变异观为个案研究存在的必要性和重要性提供了坚实的理论支持，使得个案研究不再是一种自然主义的直觉选择；而 DST 要揭示变异在发展过程中的功能，必须以个案研究为依托。在 DST 理论建构的初期阶段，个案研究是最为合适的研究起点。

5.3.2 个案研究的数据处理工具

传统语言学中的个案研究基本上是自然主义的，一个重要特征就是缺乏系统的数据处理工具。DST 则发展出了专门适用于纵向个案研究的一系列数据处理工具，如增长轨迹平面图（growth trajectory plots）、消趋势（残差）数据值（de-trended data values（residuals））、移动相关性图（moving correlation）、移动极值图（moving min-max）和移动均值图（moving average）等（Verspoor 等，2011），以达到把变异性包含在数据分析中的目的。

第一，增长轨迹平面图。这是对纵向数据进行基本描述的第一步，是一种常用的传统方法，不再做详细介绍。值得一提的是原始数据中加入的多项式趋势线（polynomial trend）或者回归线（regression line）。回归线是线性趋势线；多项式趋势线则一般表现为曲线——多项式函数的选值越高，趋势线越能符合原始数据的曲线，但同时越不光滑（van Dijk 等，2011）。

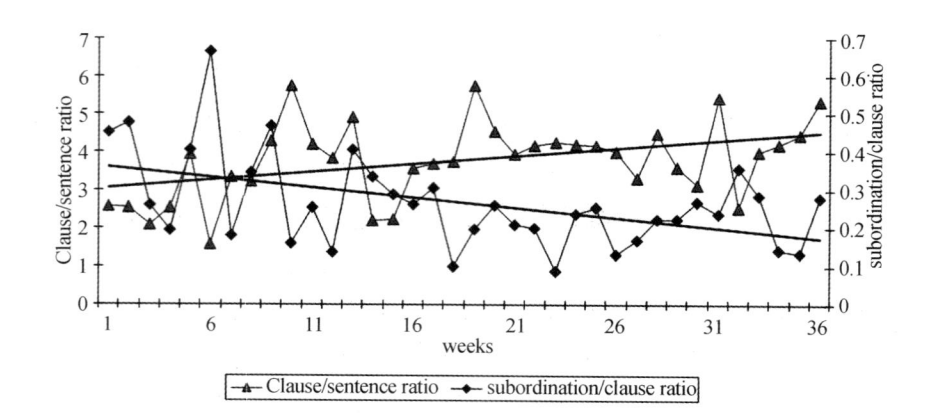

图 1 增长轨迹图示例

趋势线是对数据的一种粗略概括（van Dijk, Verspoor & Lowie, 2011），显示出数据的总体发展方向，并且把原始数据和其总趋势的差别可视化（Caspi, 2010）。但需要注意的是，不能用趋势线代替原始数据，否则就失去了在 DST 看来非常珍贵的反映发展过程的"根本元素"（van Dijk 等，2011）。如图 1（引用自 Caspi, 2010）包括两个变量的增长轨迹，一个增长，另一个下降。两种轨迹都在趋势线周围表现出不同程度的变异，变异模式有时是平行的，即同时出现高峰和低谷；有时却是一个轨迹中的高峰伴随着另一个轨迹中的低谷，比如在第 6 和第 10 个数据点。从 DST 的角度来看，趋势线反映出的一般走向固然重要，但围绕趋势线的变异模式是后续步骤更需要深度分析的。

第二，移动极值图。移动极值图是儿童发展领域的领军人物 van Geert 和 van Dijk（2002）发展出的具有显著 DST 风格的研究工具之一，Verspoor 等（2008）首次把它们借鉴到第二语言发展的研究中来。该图的绘制原理如下：假设在一个研究中共得出 50 次测量，那么就可以根据数据特征，划分为若干个移动的子系列或窗口。比如可以把每 5 次作为一个窗口，即 1—5 为窗口一，2—6 为窗口二，3—7 为窗口三，依此类推。然后，对每个窗口进行极小值、极大值计算，得出若干个极小值、极大值数据。把这样的数据绘制成图，就能把发展过程中杂乱无章的变异直观地呈现出来。

以该文为平均词长所绘的移动极值图为例（见图 2，引用自 Verspoor 等，2008），可以看到：这个学习者的分数带宽（bandwidth）在发展轨迹中是不稳定的——带宽即代表观测值的变异程度。开始时，带宽非常小（即前 5 个文本的平均词长非常接近），但从第 7 个文本开始增长。在第 7 和第 13 个文本之间，带宽最大。然后从第 13 个文本开始，再次出现一个更稳定的词长表现。可以说，该学习者的词长发展经历了三个阶段：首先是一个相对稳定的时期（伴有文本 6 和文本 7 的轻微下降），连续的数据点彼此之间平滑连接，几乎是线性的。然后是高度多变的时期，词长表现每天都在浮动，在数据点 10 附近出现了一个显著峰值，发展轨迹似乎跳跃到它的最高水平。最后，词长的表现再次稳定，几乎没有浮动，似乎停留在相同的水平。

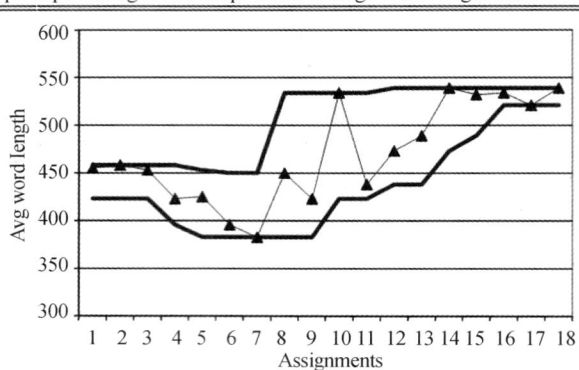

Min-Max Graph Representing the Development of Average Word Length of JtB's Writings

图 2　移动极小—极大值图示例

这是一个步进式发展过程的"经典"例子，即在两个阶段之间有一个变异幅度剧烈的转变期。这种在发展跳跃附近具有大量变异的发现和其他领域的研究结果一致（Siegler，2006）。

第三，移动均值图。所谓移动均值，就是以时间函数计算的平均值，这种图原理和移动极值图相同，不再赘述。

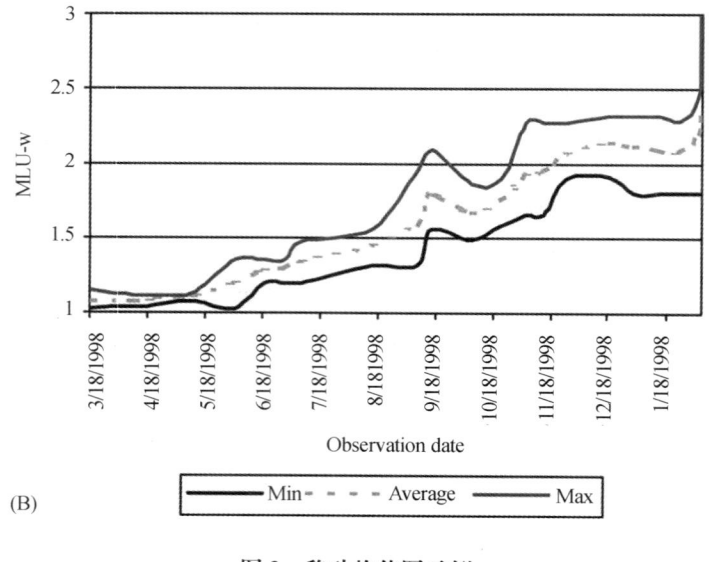

(B)

图 3　移动均值图示例

移动极值和移动均值可以综合在一个图中。通过对两类数据的综合考察，可以观察某个变量的发展过程，划分发展阶段。图3引用自 van Geert & van Dijk（2002），是一个学习者的平均句长在时间维度中的移动极值和移动均值。

第四，移动相关性图。移动相关性，是用时间函数表达的相关性（van Geert & van Dijk，2002）。第二语言习得研究中的一个常用程序是对两个变量的测量结果进行相关性计算，以得出两个变量的静态相关性。但是，"如果这两个变量之间的交互作用仅仅被总结为一个单个的系数值，某些转变就会被掩盖。而且，如果这种相关性没有统计学上的显著性，很可能就不会被注意到"，因此需要移动相关性来"显示在相关性之下可能有一种系统的模式"（Caspi，2010），以对两个变量在发展过程中的相关关系进行考察。移动相关性的原理和移动极值基本一致，只是包含两个变量，需要对每个变量进行移动窗口划分之后，再对相应的每个移动窗口进行相关性计算。图4（引用自 Caspi，2010）是以每5个数据点为一个窗口的26个数据点的移动相关性，显示出强正相关和弱负相关的反复交替。

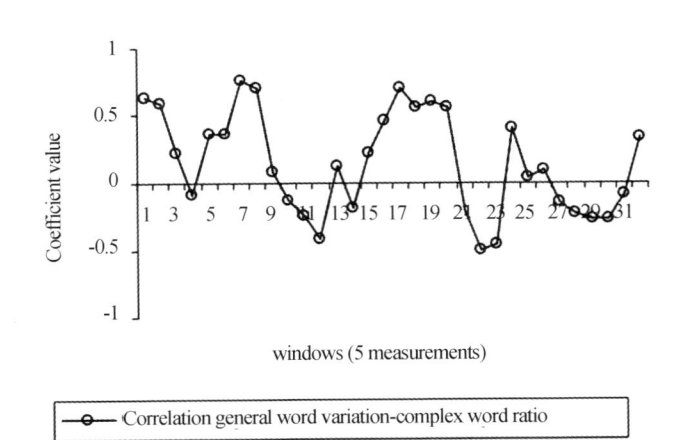

图4 移动相关性图示例

DST 发展出的这些数据处理工具，以可视化、立体化的方式呈现了纵向数据的动态性、多维性和连续性，使得个案研究摆脱了以往的主观、经验性描述，具备了更科学、更规范的量化特征。通过使用这样的工具，我们可以对大量混乱的细节信息进行整理和提取，可以对不同案例的不同发展路径进行抽象层面的对比，从而使得个案研究在普遍性和客观性上迈出了突破性的一步。

5.4 小结

综上所述，传统语言学一般把个案研究看作质化研究的一种，是进行量化研究之前的初步探索，常常带有弱势、幼稚色彩。DST 为个案研究开辟了新天地，有关变异的新观点为个案研究提供了理论基础，新型数据处理工具的应用则使得个案研究具有了量化性质，在一定程度上超越了单纯的质化研究。事实上，一些个案研究的支持者也已经注意到了 DST 对个案研究的可能发展，比如个案研究的代表性著作 Duff（2008），曾在讨论个案研究的系统观、语境和动态等问题时引用 Larsen-Freeman（1997）有关混沌和复杂性科学的观点。不过，当时的 DST 发展刚刚起步，尤其是相应的研究方法和数据处理工具还未形成，DST 特色的个案研究成果尚未或刚刚面世，Duff（2008）也就只是稍稍引用了一下相关观点。如果是在 DST 已经稳步成长的今天，个案研究的相关著作一定不会忽略这一具有历史意义的突破。

在接下来的实践篇，我们将以 DST 为理论框架，采用上述极具特色的数据处理工具，对一位荷兰学习者在 52 周时间中习得汉语体标记"了"的变异过程进行系统、整体的考察。我们希望，后文对这些工具的应用能为个案研究赋予新的生命，打开我们观察语言发展过程的新窗口。当然，虽然我们将尽量避免使用平均数分析的方法，探索真实数据中存在的变异模式，但不可能完全抛弃传统方法，尤其对整体数据进行宏观描写时，平均数仍然是我们目前所依赖的工具之一。

下 篇

实践篇

第 一 章

研究背景

1.1 选题缘起

2011年8月，美国ACC（美国各大学联合汉语中心）的11名汉语学习者来到北京大学，和北京大学对外汉语教育学院的师生进行了有关汉语学习和教学的座谈。这批学生都是经由福布莱特基金美国大学生教育实习项目选拔出来的成功的汉语学习者，不但在发音、语法上达到了相当高的准确度和流利度，而且刚刚成功地为中国的中小学生教授了一段时间的专业课程，包括生物、数学、地理、美术等多种科目。就是这样一批学生，当被问及汉语学习中的难点时，不约而同地给出了一个非常一致的答案："了"。

汉语和汉语习得的研究者也充分意识到了"了"的复杂性。早在1995年，吕必松先生就指出"了"是汉语语法教学"难点中的难点"（吕必松，1995）。进入20世纪，汉语本体和习得研究在很多方面都取得了显著进步，但宋绍年、李晓琪（2000）在谈及"了"时，仍然称之为"汉语语法研究里的哥德巴赫猜想"；吕文华（2010）也认为"了"是"教学中的难点和重点"。

有关"了"的定义、性质、用法，学者们已经做了大量研究，是汉语本体研究最为活跃的领域之一。但与此同时，汉语作为第二语言"了"的习得研究却非常有限，和其他语言尤其是英语时体习得的丰富成果差距较为明显，与对外汉语教学学科的蓬勃发展也不相称。本书将汉语第二语言①学习者习得"了"的过程作为研究课题,希望能对"了"的习得研究有所贡献。

1.2 "了"的习得研究

目前汉语界有关"了"的习得研究主要可以分为三大类:偏误考察、习得过程考察和动词情状体对学习者习得"了"的作用考察。

1.2.1 "了"的偏误

对学习者使用"了"所产生的偏误进行考察,往往是分国别进行的,这里选取较为典型的两项研究进行介绍。

崔立斌(2005)收集了100例韩国学生使用"了"的错句,发现共存在两类偏误:不该用而用和该用而不用。不该用而用"了"的错误达69例,占了所有错句的三分之二强,即泛化偏误为主要偏误;其中63例是"了$_2$",占泛化偏误的91%,只有9%是"了$_1$"(6例)。该用而不用"了"的错误为31例,其中67.7%是"了$_1$"(21例),32.3%是"了$_2$"(10例)。总而言之,韩国学生使用"了"的错误主要有两种:泛化使用"了$_2$"和少用"了$_1$"。崔立斌(2005)认为,学习者这两种完全不同的错误,"其实质都是一样的,主要都是韩国学生受自己母语影响的结果":韩语中有过去、现在、将来、进行等四种时态,无完成态②,对韩国学生学习"了"产生最大负迁移的应该是韩语动词的过去时,因此在"了"的教学中应该"向韩国学生反复强调汉语的'了'跟时间无关,尤其是跟过去时无关"。

---

① "第二语言"一般指在目的语环境中学习的母语之外的语言,在非目的语环境中学习的母语之外的语言称为外语。在这里我们不做区分。

② 关于英文术语 aspect,有人称为"态"(邓守信,1985;方霁,2000),有人译为"体"(刘勋宁,1988;戴耀晶,1997),还有人译为"情貌"(王力,1985)。本书用"体"指 aspect,用"时态"指 tense。这里崔立斌(2005)所说的"时态"包括时和体(tense and aspect),"完成态"指完成体。

郭春贵（2010）收集了近3000例初中级日本学习者使用"了"的病句，发现"了$_1$""了$_2$"的病句倾向都是缺漏、错用、多余。在所有的病句中，"了$_2$"的病句比"了$_1$"多得多；而"了$_2$"三种类型的病句中，多余的倾向最多，即"了$_2$"最容易泛化使用。和崔立斌（2005）相似，郭春贵也认为学生之所以出现大量"了$_2$"的偏误，是因为把"了$_2$""当成表示过去的标志"。他提出："究竟这个想法是从哪儿来的？为什么学生会把'了$_2$'当成过去的标志呢？这是我们当教师的必须深思的问题。"他认为一个非常重要的原因是日语过去式的影响，并认为学习者在形容词、感情动词、表示过去否定的动词之后以及其他很多过去时情况下用"了$_2$"，是因为日语中的这些情况都需要使用过去式。不过，郭春贵也同时强调了日本学习者出现病句的原因是多方面的，"除了受母语的影响以外，也可能受学生的第一外语英语的影响"，另外学生的学习能力、学习时间、学习方法、学习态度有问题，教师讲解与指导的方法不当，词典或教材的解释不清，都可能导致学生对"了"的误用。

上述两项研究虽然是对不同国籍学习者的考察，但却具有不少共同点。

首先，都发现"了$_2$"的偏误比"了$_1$"多，且"了$_2$"的偏误以泛化使用为最多。郭春贵（2010）没有给出近3000例偏误中上述偏误的数量，但给出了结论；根据崔立斌（2005）的统计，在所有100例偏误中，"了$_2$"的偏误共73例，泛化使用为63例。因此，从总的偏误趋势来看，日本、韩国学习者表现出很强的一致性。

其次，两项研究共有某些类型的错用。根据两篇文章所列举的例句，我们总结出了日本学习者、韩国学习者都出现的五种类型偏误：（1）在表示过去的动作与宾语之间，没有使用"了$_1$"；（2）在表示过去的感情动词之后用"了$_2$"；（3）在应该使用"是……的"的句式中使用"了$_2$"；（4）在表示过去状态的形容词之后使用"了$_2$"；（5）在"没有"否定句中使用"了$_2$"。这五种偏误占了崔立斌（2005）所列举的偏误类型的绝大部分。可见，虽然两种研究搜集的偏误数量差别很大（100例和3000例），学习者的水平也不太容易进行类比，但日本学习者、韩国学习者在"了"的偏误类型上还是表现出很大的共性。

除了上述两项研究，李大忠（1996）所归纳的"了"的偏误类型，也基本上都可以在崔立斌（2005）、郭春贵（2010）的偏误句中找到。

因此，虽然崔立斌（2005）、郭春贵（2010）都认为学习者把"了"当作表示过去时的标志，都强调母语中过去式的影响，但由于不同国籍的学习者在具体偏误类型上的一致性，我们认为，在对"了"的偏误进行考察时，需要避免轻易地把"了"的偏误归因于母语的影响，除非有特别充足、强大的证据可以排除其他因素的影响。

1.2.2 "了"的习得过程

偏误研究的一大弱点是只对偏误进行考察，这样我们就无法看到学习者生成的"了"的目的形式，无法知道学习者偏误的相对数量是否会随着水平提高而变化，变化趋势又是怎样的。邓守信（1999）指出，"正确使用和偏误一样对二语习得有意义"。因此，要了解学习者习得"了"的全貌，必须把正确形式包括在内，对整个习得过程进行考察。

目前有关"了"习得过程的考察还很少，大部分是群案研究，也包括少量个案研究，所调查的学习者母语都是英语。

在群案研究方面，Wen Xiaohong（1995）对 14 个学习汉语的美国学生使用"了"的情况进行了调查，发现动词后缀或完成体"了"的习得先于句末语气词"了"，句末语气词"了"的习得在早期阶段遇到了一些困难；两个"了"的语言形式虽然完全相同，却是以不同机制被习得的：句尾"了"在结构上标记得更明显，使用时需要依赖语境信息，具有多样的语用功能，学习者是以解决问题和基于意义的策略习得句尾"了"的；动词后缀"了"在语义和功能上较为简单，由于表达完成义，学习者在现在时和将来时中倾向于回避使用动词后缀"了"。Wen Xiaohong（1997）也发现学习者习得体标记的过程是基于意义的。邓守信（1999）通过对 9 个初级学习者在 9 个月时间内生成的书面语料的考察，发现"了$_2$"较早为学习者习得，"了$_1$"要经过数年并伴随一定错误比率的学习过程才能被习得，并且几乎没有人试图使用所谓的"双了"结构。因此，邓守信提出，在汉语教学中，"了$_2$"应该在课堂上尽可能早地展示，引起学生困难的可能性很少；"了$_1$"应该在"了$_2$"之后呈现，学生需要已经学习了一些基本的动作动词和过去时间表达。此外，Erbaugh（1985）调查了一组两岁的汉语母语儿童使用"了"的情况，发现他们使用的"了"都位于句尾。但仔细分析之后，作者认为这些"了"80%—90%是对刚刚发生的过去事件的描述，是对完成动作的标识，因此是完成体"了"。

孙德坤（1993）和赵立江（1996）是两项较为典型的个案研究。孙德坤（1993）对两名初级学习者进行追踪调查的结果显示：虽然两名学习者的母语相同，但习得"了"的过程有非常不同的轨迹。在学习者 L 的学习过程中，"了$_2$"先于"了$_1$"被使用，习得过程中出现了两个"了"之间、"了"同相关结构"是……的"和"过"的纠缠冲突；另一名学习者 W 则在考察的整个过程中没有使用真正意义上的"了"。赵立江（1996）对一名从初级向中级发展的学习者进行了考察，发现该学习者最初只使用"了$_1$"，排斥使用"了$_2$"；习得过程中的偏误为不该用而用"了"、"了$_1$"和"了$_2$"错位、"了$_1$"的位置错误、"了"与相关语法结构"是……的""着""过""正在……呢"以及结果补语和程度补语的混淆。这两个个案研究所使用的语料都是以对谈话进行录音的方式获得的。

可以发现，关于哪个"了"先被习得，有两种不同的观点：孙德坤（1993）、邓守信（1999）发现学习者先习得"了$_2$"，Wen Xiaohong（1995）、赵立江（1996）的考察结果则相反。

1.2.3　"了"的习得和情状体

情状体，英文有时借用德语词 aktionsart 来指称，有时也使用 lexical aspect、situational type、verb semantics 或 inherent verb meanings（Li Ping，1990：6）等术语。情状体和语法体（grammatical aspect）相对又相互联系、相互作用。根据《现代语言学词典》（2000）的定义，语法体指"语法所标记的由动词表示的时间活动的长短或类型"，比如完成体和未完成体、进行体和非进行体。情状体则是根据动词内在的时间图式（time schemata）划分出来的，用来区分动词本身的性质，比如状态（states）、活动（activities）、完结（accomplishments）、达成（achievements）［Vendler，1957（根据蔡金亭 2002 的译法）］，或者静态和动态（stative vs.

dynamic)、终结和非终结（telic vs. atelic）、瞬时和持续（punctual vs. durative）（Comrie，1976：41—51）等。郭锐（1993、1997）对动词过程结构的划分也属于情状体划分。在母语和第二语言习得过程中，情状体会影响语法体的使用。

迄今为止，对汉语体标记习得与情状体的关系进行研究的学者非常有限。Li Ping（1990）较早对情状体在儿童习得普通话体标记过程中的影响进行了考察，发现汉语母语儿童在习得体标记的过程中，对结果和过程这两种情状类型的区分敏感，但对瞬时—非瞬时（过程）、过程—状态的区分不敏感。Wen Xiaohong（1997）对英语母语者习得汉语体标记"了、着、过"考察发现，低水平学习者比高水平学习者更依赖情状体知识。对汉语第二语言习得中情状体和时体习得的关系进行专门研究的，目前所见只有杨素英、黄月圆、孙德金（1999a、1999b）、杨素英、黄月圆、曹秀玲（2000）。这里重点介绍讨论这两项研究。

（一）杨素英、黄月圆、孙德金（1999a、1999b）的研究

杨素英、黄月圆、孙德金（1999a、1999b）从北京语言大学130万字"留学生汉语中介语语料库"中提取了八个等级英语母语留学生的叙述体裁作文，共获得含有"了"的句子579个。研究把"了"限定为动词后"了"，不包括宾语或动量/时量/频率名词后出现的"了"，但包括不及物动词后的句尾"了"。根据句子的情状类型，579个使用"了"的句子分为状态（states）、活动（states）、终结（accomplishments）和强调结果（achievements）四种情状类型。作者认为，某些状态动词与"了"同现时不再表示状态，而是转类成了"表现有终结点并且强调终结点的情状"，比如"妈妈的脸突然老了很多"，归入强调结果情状。579个句子又分为正确形式和偏误形式，其中偏误形式分为情状错误句和句型错误句。"情状错误指体标记不合句子情状类型的要求"，如：

干部的创造力允许了和外国的公司合伙经营*。

"句型错误句指某些句型对'了'有限制，学生没有掌握这种限制，在这些句型中错用了'了'"，如：

他站起来了欢迎我*。

研究取得了非常有意义的发现。首先,"体标记'了'的习得受句子情状类型的影响,而且规律性很强",即汉语第二语言的学习者同样具有"情状优先"的普遍倾向:(1)学习者在状态句中用"了"最少,在终结和强调结果情状中用"了"最多,即学习者倾向于把"了"用于终结和强调结果句。(2)情状错误全部集中在状态和活动句中,强调结果和终结句中的错误均属于句型错误,即终结和强调结果情状句的完成体掌握得早,学得容易,又掌握得好,而状态和活动情状的完成体是学习的难点,掌握得迟,错误多。(3)学生对强调结果句中新增的小类——状态变化句——掌握最好,所生成的30个句子全部正确。

其次,汉语第二语言学习者在"了"的使用中的偏误现象,和普遍倾向所预示的非常不同。来自其他语言的证据显示,在时体习得中,第二语言学习者的主要错误是对状态和活动情状标注不足。比如英语第二语言学习者在习得过程中的常见错误是对应该使用过去式的动词不做标注,而汉语完成体"了"的习得恰恰相反,习得者对"了"过度泛化的现象在初级和中级阶段特别严重,直到高级阶段依然存在。

也就是说,杨素英、黄月圆、孙德金(1999a、1999b)的研究结果一方面和第二语言习得的普遍倾向一致,母语为英语的汉语学习者也倾向于在终结性和强调结果情状句中更多地使用完成体;另一方面,汉语第二语言学习者有关完成体"了"的偏误和普遍倾向不同,其他语言时体习得过程中的主要错误为标记不足,而汉语为过度泛化。

(二)杨素英、黄月圆、曹秀玲(2000)的研究

杨素英、黄月圆、孙德金(1999a、1999b)只考察了包含"了"的句子,偏误类型自然只有两种:错用和多用,不可能观察到学习者少用"了"的错误。杨素英、黄月圆、曹秀玲(2000)则专门研究了完成体"了"标记不足的现象。

该研究采用专题测试和自然语料收集相结合的方法,参与测试者为在延边大学学习汉语的不同汉语水平的日本和韩国留学生,自然语料来

自该大学日本和韩国留学生的作文（非参与测试者）。测试对象在初、中、高三个等级的分布数量差别不大，但在120篇自然语料中，只有2篇为初级水平，20篇为中级，98篇为高级以上水平。研究发现如下结果：

首先，在测试语料中，"了"的泛用和少用在各个等级都存在，每个等级泛用和少用的数量基本相当，但泛用的偏误数量从初级到高级减少幅度很大，少用的偏误数量则仅有轻微降低。在自然语料中，偏误形式以泛用为主，共67例，标注不足的句子只有20例。

其次，在测试语料中，"了"标注不足的情况主要出现在活动动词中，错误率在初级阶段高达41%，其次是终结动词，强调结果类型标记不足的错误较低，在状态句中则不存在标注不足现象。在自然语料中，"了"的错误和情状类型相关的不多，主要是句型和篇章引起的使用错误。作者认为，这可能是由于自然语料大部分为高级水平语料，这个阶段的学习者已经掌握了情状类型对体标记的限制，但句型和篇章结构的限制仍未掌握。

最后，作者认为，汉语完成体"了"的标注不足现象和普遍倾向不同：普遍倾向中过去时和完成体的标记不足都主要存在于状态和活动两类动词中，汉语完成体"了"的标记不足则存在于活动性和终结性动词中，这两类动词少用"了"的句式分别为动词后带时量、动量成分和带量化宾语。

以上我们对学习者"了"的习得研究进行了介绍，其中有关情状体的研究可能最容易和时体习得的普遍规律进行比较。从语言变异理论的角度看，情状体对体标记"了"的习得的影响属于语言语境（linguistic context）变异，以英语为主的其他语言已在该领域做出了非常有意义的发现。下面我们以变异研究的基本框架为主线，对变异尤其是时体习得的变异研究进行回顾，以期为"了"的习得研究提供更宏观、更具普遍意义的理论框架。

1.3 变异研究

所谓变异（variability），是指"语言使用者（包括语言学习者）在使用他们的语言知识时表现出的变化。这种变异可以是非系统的（即随机的），也可以是系统的（即两种或以上的语言形式作为变体出现，根据所出现的上下文，这些变体的使用是可以预测的）"（Ellis，1985a：305—306）。有关变异的传统研究以系统变异为主，DST 则认为自由变异与系统变异同等重要。

1.3.1 系统变异

在传统语言学框架的变异研究中，学者们一般只关注系统变异（systematic variability）。Tarone（1983）认为："任何第二语言习得理论必须考虑的一种现象是系统变异现象。当第二语言学习者尝试用目的语（target language）交流时，系统变异就会出现在他们生成的话语中。"根据可以对系统变异进行预测的条件，第二语言学习者在中介语（interlanguage）中生成的系统变异可分为以下两类。

1.3.1.1 风格变异

风格（style）和任务（task）紧密相关。任务，是指从学习者那里引发语料时所使用的方式，不同的引发任务（elicitation tasks）对学习者生成的句法、屈折形式和语音等都有不同的影响（Tarone，1983）。比如在句法变异方面，Schmidt（1980）发现在不同的任务中，第二语言学习者对第二个动词的省略有不同的处理方法：

Mary is eating an apple and Sue（ ） a pear.
玛丽在吃苹果，苏（在吃）梨。

在口头自由表达（free oral production）任务中，学习者从来不会省略第二个动词；在模仿（elicited imitation）任务中，对该动词的省略倾向为 11%；在要求学习者将两个子句组合成一个句子的书面练习（written sentence-combining）中，该动词的省略倾向为 25%；而在语法判断（grammatical judgement）任务中，50% 的学习者认为第二动词的省略是符合语法的。在屈折形式（morphology）变异研究中，Fairbanks（1982）发现学习英语的日本学习者在随意体谈话中从来不使用现在时动词第三人称单数-s，但在谨慎体风格中，却总是会使用该屈折形式。在语音变异方面，Dickerson 和 Dickerson（1977）发现学习英语的日本学习者在发/r/这个音时，其正确程度依赖于他们是在自由说话、朗读对话还是在朗读词表：/r/的正确形式最常出现在谨慎体中，最少出现在随意体中。

对于以上现象出现的原因，Tarone（1979、1982、1983）解释为：学习者在完成不同类型的任务时，给予某个语言形式的注意力不同，从而形成了不同的风格。这种风格可以根据投入的注意力程度的高低形成一个中介语风格连续统，不同的风格可以引发不同性质的话语，服务于不同目的的语言研究。处于这个连续统两端的，是对语言形式无注意力投入的随意体风格，以及对语言形式给予最大注意的谨慎体风格（Tarone，1983）：

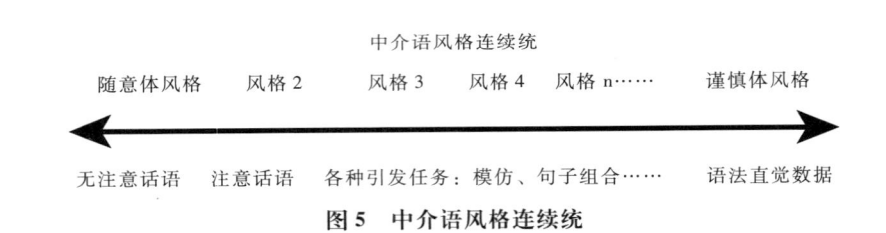

中介语风格连续统

随意体风格　风格2　风格3　风格4　风格n……　谨慎体风格

⟵─────────────────────────────────⟶

无注意话语　注意话语　各种引发任务：模仿、句子组合……　语法直觉数据

图 5　中介语风格连续统

前引文献似乎显示，对形式的注意度和语法准确度之间有直接关系，即对形式的注意度上升时，准确度亦会上升。但更多的研究则揭示出更复杂的情形。首先，并不是所有的语法形式都会在不同的风格中呈现出系统变异。Tarone（1985）的考察发现，在书面语法测试和口头交流任务中，日本学习者和阿拉伯学习者的冠词正确率表现出显著的风格变异，但英语复数标记的正确率在不同任务中基本上处于同一水平，日本学习者的动词第三人称单数的正确率也没有表现出风格变异。其次，谨慎体风格并不总是能产生更准确的语言形式，注意度和准确度之间不一定同升同降。比如在书面语法测试这种给予语法形式最大注意力的任务中，日本学习者和阿拉伯学习者生成的英语冠词和 it 作直接宾语的准确度都比在口头交流任务中低；但阿拉伯学习者的动词第三人称单数的准确度却在书面语法测试任务中最高，即注意度越高，准确度越高。

Krashen（1982）也注意到了这种复杂现象。他认为，并不是所有的语言形式都会在监控任务即注意度高的风格中获得更高的准确度，需要区分两种不同的语言形式：有些语言形式是被学得（learned）的，在监控任务中就会有更准确的输出；有些语言形式是被习得（acquired）的，监控机制并不能提高这类语言形式的准确度。Krashen认为，动词第三人称单数属于可以被学得的语言形式，所以在监控任务中准确度更高，而冠词刚好相反。从语言形式本身的特点来看，学得的语言形式一般使用规则较为简单，可以在课堂上教授，可以被有意识地记忆；而习得的语言形式，比如冠词，其使用规则相当复杂，不太可能保留在有意识的记忆中。

Tarone（1985）指出，Krashen（1982）的观点可以解释部分现象，但似乎并不能解释作为直接宾语的代词it在书面测试中准确度更低的现象，因为它的规则比较简单，可以比较容易地通过有意识的记忆来掌握。Tarone（1985）认为，要找到冠词和it在随意体风格的输出中准确度更高的原因，需要对它们出现的上下文分别进行具体考察。比如，it的错误省略可能和出现在它之前的动词有关，学习者可能会把目的语中的及物动词作为不及物动词来认知，从而影响it的使用。冠词的使用则可能和学习者在不同任务中使用的名词有关。学习者在面试（interview）任务中一般使用更熟悉的、与他们的学习有关的抽象名词，在对故事的叙述中却会使用更多的具体名词，这时冠词的使用对于清楚地引用故事中的不同角色具有非常关键的作用。

以上讨论说明，第二语言习得的复杂性并不能单纯地以注意力高低来解释，还存在其他可能引起变异的因素，比如该语言形式出现的语境（context）。

1.3.1.2 语境变异

武波（1997）、梅丽（2003）在谈到语境变异时，都分为情景语境（situational context）、心理语言语境（psycholinguistic context）和语言语境（linguistic context）三类。从其论述内容看，情景语境变异其实指上文所讨论的任务类型导致的风格变异，心理语言语境变异主要是指时间压力

(time pressure）或计划时间（planning time）、注意焦点（focus attention）和元语言知识（metalingual knowledge）等因素对语言输出的影响，比如对语言形式的注意力可以提高准确度；在学习者有计划的话语中，能更流利地使用目的语形式，较多地使用复杂的目的语形式。我们认为，所谓心理语言因素和情景语境的注意力程度本质上是一样的，而时间压力也往往和任务类型有关，两种分类有着内在的一致性。根据本书的研究目的，我们只对语言语境变异进行介绍和讨论。

语言语境变异存在于语音、屈折形式、句法甚至语篇等各个层面。比如 Dickerson（1975）考察了日本学习者英语/z/的发音情况，发现当/z/处于不同的语言语境时，学习者产生的语音变体不同：当/z/在元音前时，学习者能发出目的形式/z/；当/z/在辅音/m/、/b/前时，学习者使用四种变体［z］、［s］、［dz］、［z˘］（表示发音较短的［z］）；当/z/位于辅音/θ/、/t/前时，学习者使用［z］、［s］、［dz］、［z˘］、［Ø］（表示没有发音）五种变体；当/z/位于音节结尾，学习者使用［z］、［s］、［dz］三个变体（转引自梅丽，2003）。又比如 Bayley（1991）通过对 20 名在美国学习工作的中国学习者进行调查，发现学习者更容易对凸显度高的动词使用过去时标记（所谓动词凸显度，是指一般过去时形式和现在时形式差异的程度：英语动词的一般过去时分为规则形式和不规则形式，每种形式中又包含一些不同的变体，如使用-d、-ed、内部元音变化再加规则后缀、语素替换、完全替换等，有的和现在时形式差别很大，有的差别较小。差异程度越大，动词凸显度越高）。

本书主要关注句法、情状体和语篇等语言语境对时体习得的影响。下面进行重点介绍。

（一）句法和时体标记

英语作为第二语言的时体习得研究成果十分丰富，但有意思的是，目前所见只有杨素英、黄月圆（2009）对英语句法结构和时体习得的关系进行了研究。杨素英、黄月圆（2009）认为，这一研究在英语第二语言习得研究中缺失的原因，大概是"在以前研究的许多语言中，句法很少会影响时体标记的使用"。而在汉语和粤语方言中，体标记，尤其是完成体标记（perfective marking）是选择性使用的，受到句法制约。为了"更清楚地了解母语的内在属性在习得过程中的作用"，她们以使用粤语为口头语、现代汉语为书面语的香港学生为对象，探讨了句法制约条件对中国学习者习得英语时体系统的影响。

研究发现了一个明显的模式，即当出现两个动词时，第一动词的时体标记准确率要高于第二动词。比如当第一动词是主动词、第二动词是不定式时，中低程度的学生会对不该进行时体标注的不定式进行标注，而必须进行时体标注的主动词却可能不被标注，且不定式第二动词被错误标记的频率高于第一动词。当两个分句并列连接时，第二个分句的动词时体标注的错误至少不低于第一个分句中动词的时体标注错误。当两个分句一个是主句，一个是分句时，主句动词时体标注的正确率高于分句动词。总的来说，在包含不定式的句子中，不定式动词的主要错误是时体标记多余；在其他包含两个动词的句子中，第二动词的错误主要是缺乏时体标记。研究认为，以上现象出现的原因可能有来自母语的影响，比如汉语连动结构中常常是第二动词带有体标记，汉语状语从句通常不带体标记，这样的句法特点会迁移到英语第二语言时体系统的使用中；也可能是学生对语法的监控随着句子的增长而减弱，因此离句子开头越远的动词越容易被忽略。

（二）语篇和时体标记

对语篇和时体标记关系的考察主要在叙事体裁的语篇中进行。语篇结构的划分和界定是个非常复杂的问题，存在各种不同的观点。蔡金亭（2003）认为最有影响的一种语篇结构理论是把记叙文语篇结构定义为信息结构模式。信息结构模式把记叙文的语篇结构分为前景（foreground）和背景（background）两部分，前景小句一般具有时间顺序，对事件进行直接描述，推动事件往前发展；背景小句则不处于时间序列中，只是为事件的发生提供背景信息说明、评价等辅助性材料，不对事件的发展进行直接描述（Hopper，1979a、1979b；Dry，1981；Reinhart，1984；Fleischman，1985；Youssef & James，1999）。

儿童母语习得和第二语言习得的一些研究结果形成了语篇假设（discourse hypothesis），即语言使用者和学习者都会使用时体标记来区分语篇中的前景部分和背景部分（Bardovi-Harlig，1994），离开了语篇，就无法真正理解时体的运用（Hopper，1979b）。一般认为，学习者在对前景事件的描述中使用动词一般过去时，而在背景事件中使用动词原形或进行时（Flashner，1989；Bardovi-Harlig，1995），但也有少数相反的发现（Kumpf，1984）（以上转引自蔡金亭，2003）。蔡金亭（2003、2004a）和孙莉、蔡金亭（2005）对学习英语的中国学生生成的语篇进行考察后发现，前景部分的一般过去时比率高于背景部分，而一般现在时和动词原形出现在背景部分的比率高于前景部分，即该研究结果支持语篇假设。

（三）情状体和时体标记

Vendler（1957）从内在的时间图式（time schemata）出发，把英语动词划分成状态（states）、活动（activities）、完结（accomplishments）和达成（achivements）四类动词（根据蔡金亭 2002 的译法）。

（1）状态动词：不包含"在时间中持续进行的过程"，只"在给定的时间中为真或假"，如 knowing、having。

（2）活动动词：包含"在时间中持续进行的过程"，"由一个接一个的连续阶段组成"，没有终点，比如 runing、walking、writing、pushing a cart。

（3）完结动词：同时包含持续进程和"必须达到的高潮点"，比如 runing a mile、making a chair、building a house。

（4）达成动词：在"瞬间发生"，不能用 how long 提问，比如 recognizing、realizing、starting、stopping。

Vendler（1957）对动词时间图式的分类后来被称作动词情状体（aktionsart、lexical aspect）分类，体（aspect）的概念也就包含了语法体（grammatical aspect）和情状体两个互相联系和作用的方面。情状体除了上述四分法，还可以根据二分法分为三组：静态动词和动态动词（stative vs. dynamic）、终结动词和非终结动词（telic vs. atelic）、瞬时动词和持续动词（punctual vs. durative）（Comrie，1976：41—51）。四分法和二分法之间的对应关系如表 2（Anderson，1991：311）：

表 2　　　　　　　　　　　情状体分类的对应关系

	状态	活动	完结	达成
瞬时	—	—	—	+
终结	—	—	+	+
动态	—	+	+	+

情状体的提出对儿童母语和第二语言的时体习得研究产生了巨大影响。相关研究发现，英语母语儿童在早期阶段只对完结动词和达成动词标注一般过去式（英语的一般过去式同时涵盖过去时和完成体两种概念），随着语言能力提高，才把一般过去式用于活动动词，最后才对状态动词进行标注（Bronckart & Sinclair，1973；Bloom 等，1980；Harner，1981）；Slobin（1985）对各种跨语言研究结果进行考察之后发现，在习得一般过去式（包括完成体）的过程中，儿童对结果和过程的区分非常敏感；Robison（1990）对英语第二语言成人学习者习得时体的考察表明，学习者倾向于把进行体用于持续动词，而把完成体用于瞬时动词；Bardovi-Harlig（1992）发现学习者更常把一般过去式标注于瞬时和完结动词，Bardovi-Harlig 和 Reynolds（1995）的研究则表明达成和完结动词标注一般过去式的正确率高于活动动词和状态动词。

一系列有关情状体和时体习得的研究促成了"时态残缺假设"（The Defective Tense Hypothesis）（Slobin，1985）和"情状体优先假设"（Primacy of Aspect Hypothesis）（Robinson，1990；Shirai，1991）的产生。时态残缺假设的大意是：儿童在早期阶段只对包含结果的动词进行过去时标记，因此他们用过去时标记的不是时间关系，而只是动词情状；情状优先假设则认为学习者首先将一般过去式标记于达成动词和完结动词，在较高阶段才标记于活动动词和状态动词，非完成体标记的习得顺序则相反。Bickerson（1981、1984）用"语言生物程序假设"（Language Bioprogram Hypothesis）来解释上述现象，认为"状态和过程、瞬时和非瞬时的语义区分已经生物性地编码在人类大脑中。因为它们具有内在区分性，所以在语言发展过程中会进行不同的时体标记"（转引自 Li Ping，1990：53）。

大量研究对上述假设提供了正面支持，但是也有研究发现了相反的证据。比如 Weist 等（1984）对波兰儿童使用波兰语屈折形式的研究发现，所有的儿童都会对活动动词进行过去时标记，而这些活动动词并不包含明显的结果，因此，时态（tense）在波兰儿童所用波兰语中并不残缺。总之，关于上述假设还存在争论。

1.3.2 自由变异

有关语言变异的考察一般都集中于系统变异，自由变异长期以来被忽视。Schachter（1986）认为自由变异是零星存在的，且没有任何意义，不过是像"机车起动之前发出的扑扑声"。Ellis 是少数几个重视自由变异的学者。Ellis（1985b）的考察发现，一个 11 岁的葡萄牙男孩在学习英语时，会在前后仅间隔五秒的时间里使用两种不同的否定式表达同样的功能：

No look my card.
Don't look my card.

这两种否定式在相同的情景中交替出现，表达的功能也相同，出现时间又非常接近，如果不是不可能，至少也很难找出对这种变异进行预测的社会、情景、风格或者语言语境等方面的因素。Ellis 认为，这样的变异就是自由变异：要确定某些形式是自由变异，有必要表明没有语言、情景或者心理语言语境特征会对这些形式的使用产生可能的拉力，使得学习者倾向于使用其中的一种形式，而不使用另一种（Ellis，1994：136）。此外，Ellis（1985b）还提到在系动词 be 的使用过程中，缩写形式和零形式两种变体会在相同的情景、接近的时间段中交替出现，表达相同的语义和功能；Vogel 和 Bahns（1989）发现英语的动词原形会和进行体交替出现形成自由变异。

以上我们分别对系统变异和自由变异及其相关研究进行了介绍和评述。从这些研究可以看到，对系统变异的考察较为丰富，对自由变异的考察比较少，且大部分学者不重视自由变异现象。这种理论倾向在 DST

时代得到了改观。

1.3.3 DST 视域下变异研究的新形式

如前所述（见理论篇相关章节），DST 批评了传统研究对自由变异的忽视，认为自由变异是自组织系统的内在属性，与系统发展机制密切相关，开启了把变异作为研究核心的新阶段；并采用新的理念和数据处理工具，产生了一系列极具特色的变异研究成果。在 DST 时代，纵向个案研究是研究变异的典型方法。或者反过来说，DST 视域下纵向个案研究的研究核心就是通过揭示变异模式来探索传统研究无法识别的发展特质。

事实上，以变异性为核心的纵向个研究称得上是当前最能体现 DST 特色的研究成果之一，其中最具方法论意义的当数 Verspoor 等（2008）的研究。该研究追踪了一个高级英语水平的荷兰学生在三年时间里的英文学术写作情况，用词长、型频—例频比（type-token ratio）和学术词汇使用量来测量词语多样性，用句长、名词结构、单个句子中限定动词结构的词语数来测量句子复杂性，从而得出多组数据来描述学习者的英语发展。如何对各组数据中那些看似杂乱随意、毫无规律可言的变异性进行提炼分析，是 DST 研究者面对的一个重要技术性问题。在第二语言习得领域，Verspoor 等（2008）首次使用了一系列极具 DST 特色的数据处理工具（见理论篇第五章 5.3.2）。除此之外，该研究还对 Cancino 等（1978）的数据进行了重新分析，发现在开始阶段使用更多样否定式策略（包括偏误和目的形式）的学习者，在以后的阶段会发展出更高级、更符合目的语形式的否定式策略。这样的发现对语言教学将有极大的指导意义：鼓励学习者尝试更多样的语言形式并予以反馈，将可能促进学习者后来的语言发展；当一个学生表现出大量变异时，可能他即将经历阶段的转变。如何促进这种转变，将是很有意义的研究课题。

该文最后引用 Thelen 和 Smith（1994：341）的话呼吁读者打开他们的文件柜，找出他们弃之一旁、因没能发现显著效应而未发表的研究，"如果不是设计或者执行上的错误，动态地思考并使用变异性作为数据吧！"这种呼吁，以实际行动有力地说明了一点：DST 的确能在一些重要方面完成传统语言学方法无法完成的任务。

1.4 小结

　　以上分别回顾了"了"的习得研究和变异理论框架下的相关研究，最后介绍了 DST 视域下变异研究的新形式。我们认为，把"了"习得过程置入变异研究这种宏观框架中来考察，不但能更全面地对"了"的发展过程进行描写，而且有助于我们把汉语体标记和其他语言体标记的习得特点进行比较，进行更具普遍意义的讨论。

　　客观来说，DST 对自由变异的重新定性具有非常重要的意义，但传统变异研究中对系统变异的考察仍然至关重要，因为如果只关注自由变异，就无法从系统的层面来把握语言发展的过程，自由变异就会失去发展方向。因此，我们把传统变异研究和 DST 的变异观结合起来，"把变异性作为核心，同时考察稳定性和变异性，以理解发展中的系统"（Larsen-Freeman，2008）。也就是说，同时关注"了"习得过程中的系统变异和自由变异。同时，我们会尽量避免对"孤立的、零散的变异现象的分析"，去探索"变异如何改进语言的结构"这样一个更具整体性的目标（徐通锵，1987、1988）。

第 二 章

研究设计

2.1 数据收集

本书的调查对象是一位母语为荷兰语、在荷兰当地学习汉语的学习者。由于母亲为英国人,学习者的英语很接近母语水平,其实也可被看作荷兰—英语双语者。该学习者的基本情况如下:女,37 岁,受教育程度为大学;在荷兰的一所中文学校学习汉语,使用的教材主要是刘珣主编的《新实用汉语课本》,每周的上课时间为 2 小时,但学习者自己还会在家里复习、听录音等。当调查开始时,学习者刚好完成了《新实用汉语课本》的第一册,历时时间约为 1 年。到目前为止,学习者已经学习了约 2 年汉语,但由于每周上课时间较短,其汉语水平还处于初级向中级过渡的阶段。学习者学习汉语的动机非常单纯,只是因为"汉语很有意思"。从 2011 年 2 月 25 日开始,该学习者每周一次完成一个用书面形式表达的"小故事"。

通常用来测量学习者个体或群体语言状态的方法是限定某种具体任务,比如精心选择的看图说话、命题写作等。Schmid 等(2011:39)认为:"这些任务虽然能深入观察到某些具体特征的习得,但要真正全面地考察语言,必须以相对自然条件下产出的(口头或书面)数据为基础。也就是说,语言产出过程的所有方面(词汇选择,句子框架,语法方面如时态、情态和语态,正字法或者语音等)都应该尽可能地在学习者自己的控制之下。"这样,收集到的语料才具有"生态过程"(ecological process）的特征。因此，本书在收集材料时尽量保持学习者的自然状态，不进行过多的限定：

（1）语料定性：研究者的初衷是收集学习者的口头表达语料，提出的要求是自然地谈论她感兴趣的任何话题。但为了避免给学习者造成太多限制或压力，让她根据自身情况选择有准备或无准备的谈话。结果，学习者选择了在谈话之前写下所有的内容。因此，我们收集到的文本虽然以书面方式产生，并不是具有书面语色彩的作文。

（2）时间间隔：每周一次。研究者和学习者每周一次在 Skype 上会面。

（3）话题无限制。为了能让学习者根据自己的语言能力、兴趣爱好等进行尽可能自然的表达，鼓励学习者谈论任何想谈论的话题。迄今为止，学习者都在进行叙述性表达，讲述她自己生活中已经、正在或即将发生的事情。

（4）长度无限制。学习者每周的语言产出量由自己决定。目前收集到的数据显示，学习者每个文本的字数从最初的 150 字左右逐渐上升到 250 字左右，从第 16 周开始稳定在 300 字左右。

（5）时间无限制。学习者完成文本的时间由自己决定，并会标注在文本中。一般来说，学习者都会自己安排足够的时间来完成文本，只有两次因为工作的原因，该周的文本完成得比较匆忙。总的来看，学习者的文本质量非常稳定，每周投入的时间也很固定。虽然前十几周的文本较短，但学习者花费的时间并不比后来较长的文本少。

（6）反馈方式。反馈以口头纠正和书面修正两种方式传达给学习者。在 Skype 上会面之前，学习者会把文本发给研究者。会面时，学习者读出自己的文本，研究者在出现偏误的地方给予纠正，并回答她的问题，必要时也会使用例句进行解释；学习者同时在自己的文本上进行修改。修改之后，研究者还会就文本用汉语提问，学习者不看文本用汉语回答。Skype 会面一般在问答练习后结束。Skype 会面后，研究者把自己修改的文本发给学习者作为标准文本。在对学习者的偏误进行解释时，双方都使用英语交流。这里需要强调的一点是：研究者会对文本中出现的所有偏误提供反馈，而不是只针对"了"，因此学习者对"了"并没有特别关注。

（7）风格定性。学习者做事严谨，从不迟到，在完成文本过程中会查阅词典，写完之后还会对错别字以及文本内容进行检查。不过，学习者对文本输出给予的注意力虽然非常充分，注意力的焦点却是故事的表达，并不是语言形式，尤其不是文本中"了"的使用。因此，按照 Tarone（1983）对中介语风格连续统的划分，我们收集到的文本风格应该属于"有注意的话语"。由于时间充分，投入注意的程度比较高，但和模仿等高度关注语言形式的任务非常不同，仍然偏向于随意体一端。

到调查时间结束时，共收集到学习者在 52 周时间中所完成的 52 篇、14124 字的文本。在这 52 周的时间中，学习者曾遇到去国外参加婚礼、参加节日派对、解决家庭问题等可能导致她取消本周计划的事情，但她还是坚持每周完成一个文本，从无一次空缺，可见她的学习风格是非常严谨认真的。

从学习阶段来看，学习者在接受调查之前，已经在教材中学习过"了"的"实现或完成"的用法，但在文本 01 对过去事件的叙述中却完全没有使用"了"，从文本 02 开始才逐渐开始使用。因此，学习者接受调查时虽然不是完全的零起点学生，但她对"了"的使用基本上是从无到有的，为我们提供了初级学习者从最开始不使用"了"的比较完整的过程。此外，这 52 篇文本中，除了文本 05 是有关荷兰的一般性介绍而完全没出现"了"之外，其余文本都是对过去、现在、将来的事情的叙述，都或多或少地使用了"了"，或者该文本的过去时语境使学习者有使用"了"的可能性。因此，这 52 篇文本为考察"了"的纵向发展轨迹提供了很好的素材。

2.2 数据统计

语料的分类和统计对语料的最终分析结果具有决定性的影响，"错误导向的分类标准可能导致徒劳甚至无效的分析"（邓守信，1999）。因此，确定科学、客观的分类标准是语料统计中最关键的一步。我们将按照以下标准对"了"的语料进行提取和统计：

第一，本书考察的"了"包括一般所说的"了$_1$"和"了$_2$"（吕叔湘等，1999），但不包括学习者以固定格式习得的"了"。在学习者语料中，以固定格式习得的"了"只有"太……了"结构中的"了"。除了该格式中的"了"，学习者文本中生成的所有"了"都在我们的考察范围之内。

第二，由于"了"的两种位置为谓词后和句末，一个复句中可能包含若干个需要或者可能使用"了"的小句，因此，我们主要以小句为单位对有关"了"的条目进行统计。有时候，一个小句中又包含宾语从句，主句的谓语和宾语从句的谓语都有使用"了"的可能，我们把这样的句子计为2例。

第三，区分目的形式和偏误形式。以往的研究对学习者语料进行分类时，关注的焦点往往是偏误，但实际上"正确使用和偏误一样对二语习得有意义"（邓守信，1999）。结合相关研究的处理方法（孙德坤，1993；赵立江，1996；崔立斌，2005；郭春贵，2010），我们把偏误形式分为少用、多用、错用"了"。少用"了"，即在必须使用时没有使用"了"，用符号"－"表示；多用"了"，指在不能使用"了"时使用"了"，用"＋"表示；错用"了"包括两类，一类是"了"的位置错误，另一类是应该使用其他句法结构时错误地使用"了"，用符号"＊"表示。

第四，区分过去时和非过去时（现在时和将来时）。很多研究认为，外国学生往往把"了"等同于过去时标志，到处套用，造成泛化（孙德坤，1993；赵立江，1996；刘勋宁，1999；杨素英、黄月圆、孙德金，1999a、1999b；杨素英、黄月圆、曹秀玲，2000；叶南，2006；高顺全，2006）。虽然在对过去事件进行描述时，学习者的确会出现在包含谓词（动词和形容词）谓语的句子中泛用"了"的偏误，但实际上直到目前，并没有任何研究考察过学习者在讲述过去事件或动作行为的情况下使用或不使用"了"的比率有多大。因此，本书对"了"的统计区分过去时、现在时和将来时三种条件，并在过去时中统计学习者正确地不使用"了"的条目。由于汉语并不具有印欧语那样的表达时态的语法系统，这里的过去时是指学习者所描述的事件发生在说话时间以前，非过去时指学习者所描述的事件发生在说话时间或说话时间以后，以及和具体时间无关的经常性、一般性动作行为。所谓过去时正确地不使用"了",我们根据学习者的偏误情况界定为:对过去事件进行描述时,在包含谓词(动词和形容词)谓语的小句中,学习者正确地没有使用"了"。

我们认为,只有通过这样多角度的统计,才能全面地了解学习者对"了"的认知和使用,才能把汉语体标记"了"的习得和其他语言时体标记的习得进行对比讨论,揭示"了"的习得过程和普遍倾向的异同。这样,过去时目的形式就包括两种,一种是正确使用"了",以"+了"表示;一种是正确地不使用"了",以"-了"表示;现在时和将来时则只统计正确使用"了"和"了"的三种偏误形式。在学习者对过去事件的描述中,如果有直接引用的话语内容,则不包括在过去时语料的统计中。用变异的观点来看,以上两种目的形式和三种偏误形式都是学习者在使用"了"的过程中所产生的变体。

第五,区分单句层面和语篇层面。有关"了"的研究证明,"了"的使用受复句构成的句法语境和句子在语段中位置的影响,有些单句中必须使用的"了"在语篇中不能使用,有些单句中用在句尾的"了"在语篇中需要用在句中(李兴亚,1989;刘勋宁,1999;杨素英、黄月圆、曹秀玲,2000;叶南,2006)。因此,为考察学习者在不同层面使用"了"的能力,有必要区分单句和语篇两个不同层面。

根据上述分类标准,对学习者52周语料的统计结果如下:

表 3　　　　　　　　　　　**"了"变体汇总**

"了"的变体		过去时	现在时	将来时
正确不使用(-了)	单句缺少但语篇正确不使用	102	*	*
	单句和语篇都正确不使用	294		
正确使用(+了)	单句和语篇都正确使用	122	14	1
少用(-)	单句和语篇都缺少	70	11	1
多用(+)	单句正确但语篇多用	9	0	0
	单句和语篇都多用	40	3	0
错用(*)	单句正确但语篇错用	7	0	0
	单句和语篇都错用	21	0	0

表 4　　　　　　　　语篇层面"了"变体汇总

-了	+了	过去时			非过去时			+了
		-	+	*	-	+	*	
102			9	7		0		0
		总计（16）			总计（0）			
		总计（16）						
		总计（16）						

表 5　　　　　　　　单句层面"了"变体汇总

-了	+了	过去时			非过去时			+了
		-	+	*	-	+	*	
294	122	70	40	21	12	3	0	15
		总计（131）			总计（15）			
		总计（146）						
		总计（283）						

由于篇幅所限，本书将只对"了"在单句层面的变异现象进行考察。所使用的数据处理方法见理论篇第五章 5.3.2，此处不再赘述。

2.3　研究问题

总的来说，本书是对荷兰学习者习得"了"过程中的变异现象进行考察。该问题又可以分解为以下几个方面。

第一，对"-了""+了""-""+""*"五种变体形式在 52 周时间中的发展过程进行描写，探索每种变体的发展模式。

第二，考察句中"了"和句尾"了"的习得过程。在语言的自然运用中，语法形式为说话者的意图服务，而不是相反，Wen Xiaohong（1995、1997）的研究也表明学习者对体标记"了"的习得是基于意义的。因此，本书对句中"了"和句尾"了"习得过程的考察，将包括学习者习得了句中"了"和句尾"了"的哪种意义。

"了"到底表达怎样的意义，又直接涉及"了"如何分类，在汉语本体研究中存在众多争论。比较主流的观点是区分为"了$_1$"和"了$_2$"。表6和表7分别总结了有关两个"了"定义的代表性观点。

表 6　　　　　　　　　　　　"了$_1$"的定义

出处	观点	
吕叔湘等（1999）	动态助词。用在动词后；主要表示动作的完成。	实现、完成
朱德熙（1982）	动词后缀。表示动作的完成。	
孙德坤（1993）	用在动词后，主要表示动作的完成。	
赵立江（1996）		
《现代汉语词典》（2005）	助词。用在动词或形容词后面，表示动作或变化已经完成。	
北京大学《现代汉语》（1993）	动态助词。主要附在动词之后，有时也能附着在形容词的后面；表示行为动作的实现；从意义上看，表示完成。	
刘勋宁（1988、2002）	实现体标记。附在动词、形容词以及其他谓词形式之后，表明该词词义所指处于事实的状态下；其语法意义可以概括为"实现"。	
黄伯荣、廖旭东《现代汉语》（1991）	动态助词。可以处于句中，用在动词、形容词后面；表示动作或性状的实现，即已经成为事实。	
竟成（1993）	"实现说"远比"完成说"来得合理。	
陈小红（2007）	表"实现"。	
方霁（2000）	是说汉语的人从内部将事件视作可分解的来观察时得到的态范畴，其语法意义为：事件的终点及终点状态可延续到参照时间点，但不可延续到参照时间点之后。	终点
金立鑫（2002）	1. "状态延续"体：处所主语/非持续性动词/形容词＋了； 2. "结束"体：弱持续性动词施事主语句/动词后时段成分＋了； 3. "行为延续"体：强持续性动词施事主语句＋了。	延续、结束

从表6可以看到，有关"了$_1$"定义的分歧主要在"实现"还是"完成"。我们认为，金立鑫（2002）的论述最为全面且沟通了两种分歧："了$_1$"在不同性质的谓词后能表达不同的意义，一种是完成或结束，另

一种是状态或动作行为的延续,而这两种意义都可以通过"实现"联系起来:结束是终点的实现,延续是起点的实现。金立鑫(2002)的这种观点其实建立在马庆株(1981)和郭锐(1993)的研究结果之上,并非一家之言。郭锐(1993)在对动词的过程结构进行划分时,把动词加"了"之后表达的意义分为两种,一种表示"开始",说明这个动词的过程结构有起点;另一种表示"结束",说明这个动词的过程结构有终点。因此,我们认为"了$_1$"有两个义项,一是"完成结束",二是"起始持续"。

表7　　　　　　　　　　　　"了$_2$"的定义

出处	观点	
吕叔湘等(1999)	动态助词。用在句末;主要肯定事态出现了变化或即将出现变化;有成句的作用。	变化或新情况出现
朱德熙(1982)	表示时态的语气词。表示新情况的出现。	
北京大学《现代汉语》(1993)	语气词。只在句尾出现;表示变化,即一种新的情况的发生或出现。	
《现代汉语词典》(2005)	助词。用在句子的末尾或句中停顿的地方,表示变化或出现新的情况。	
孙德坤(1993)	用在句末,主要表示某件事情或者某个情况肯定已经发生。	已经发生或实现
赵立江(1996)	用于句尾,主要表示某件事情或情况已经发生或实现。在语义上,表示事件的完成和实现,而在语用上,用来指示话语单位(话题链、段落或者更长的单位)的结束。	
黄伯荣、廖旭东《现代汉语》(1991)	语气词。只能附着于句尾,位于名词性成分后面;主要表示时态变化的实现。有些句末的"了"兼有语气词和动态助词两种作用。	变化的实现
刘勋宁(1988、2002)	过去时标志。描写为"表示变化"过于简单化;所表示的变化,并不是它前面的动词或者形容词所指示的状态发生变化,而是变到了动词或者形容词所指示的状态。	
竟成(1993)	动态助词,表示"实现—延续",其中"延续"是与语法意义范畴里的时间系统有关的概念;有成句功能。	实现、延续
陈小红(2007)	凸显"现在"时点并有"延续"义。	

续表

出处	观点	
方霁（2000）	起始态。事件被注意、被感知的方式是被视为一个完整事件，这个完整事件形成的状态从参照时间点开始（在这个时间点之前，状态不存在），在时轴上往后均质分布，没有终点。（方霁，2000）	起始态
Li, Charles. N. 等（1982）	已然体，表示一种"当前相关状态"。	肯定、当前相关
彭小川、周芍（2005）	一是表达一种肯定的语气，二是所肯定的事态是跟当前相关的。	

从表 7 可以看到，对"了₂"的定义分歧较多。此外，"了₂"的情况还有复杂的一面：有学者认为，当句尾"了"之前是名词时，是单个的"了₂"；当句尾"了"之前是形容词或动词时，是"了₁₊₂"（吕叔湘，1999：353；朱德熙，1982：209—210）；但也有学者认为，句尾"了"永远只是"了₂"（刘月华等，2003；吕文华，2010），或者不管句尾"了"之前是否是动词，都永远是"了₁₊₂"（黄伯荣、廖旭东，1990：48—49）。

虽然对句尾"了"到底是哪个"了"存在诸多争论，但根据上述研究，句尾"了"的意义基本可以归纳为"实现、完成、延续、起始、肯定语气"等几个关键词。这些意义之间不具有重合性，很难用一方的观点否定或涵盖另一方，而不同的意义又都真实存在。比如，"他笑了"中的"了"，如果表示原来没有笑，现在开始笑了，那就是"了₂"；如果表示"他刚才笑了，笑的动作现在已经完成"，那就是"了₁₊₂"（朱德熙，1982：209—210）。很显然，前一种情况对应于"了₂"的起始持续义，同时有肯定的语气；后一种情况，"了₁"表达完成结束义，"了₂"肯定该情况出现的语气。总之，不管是哪种情况，在句尾使用的"了"一定包含"了₂"，分别表达【完成结束】【肯定语气】和【起始持续】【肯定语气】两种意义。因此，我们把上述两个义项简写为【完成结束＊】和【起始持续＊】，其中的＊表示总是存在的"肯定语气"。

本书不打算对句尾"了"到底是哪个"了"进行讨论。因此，为简化对句尾"了"定性的过程，避免可能的误解或者混淆，本书直接用位置对两个"了"进行指称，即句中"了"和句尾"了"。实际上，本书所说的句中"了"和句尾"了"分别等同于孙德坤（1993）、赵立江（1996）研究中所使用的"了$_1$"和"了$_2$"。

第三，确定每种变体发展过程中出现的句法语境系统变异和自由变异。如前文所述，系统变异包括语言语境、情景语境和心理语言语境变异。这就意味着，当判断某种变异为系统变异时，需要确定某种能对某个变体形式的出现进行预测的语言、情景或者心理语言条件；在不同的条件下，学习者会使用不同的变体形式，如学习者在习得/z/的过程中，会根据与/z/共现的不同元音、辅音而使用不同的变体。

上述有关系统变异的研究都是横向研究，而本书属于纵向研究，必须把时间维度包括进来。据此，本书把句法语境系统变异定义为：在某种句法语境条件 X 下，学习者在最后时间点之前的一段时间内稳定地使用"了"的某种变体形式 Y，便形成"了"的变体 Y 在句法语境 X 中的系统变异。对于怎样才能算得上"稳定"，没有相关数据可以参考。从实际操作的角度，本书把"稳定"的最低标准设定为：在最后时间点之前的一段时间内，变体 Y 的使用达到 3 例以上（在最小聚合所要求的数量 2 之上加 1）。比如说，在 52 周之前的一段时期内，变体"-了"的使用在程度补语这种句法语境中达到 3 例，便形成了变体"-了"在程度补语中的系统变异。

梅丽（2003）根据 Ellis（1985b）的论述，把自由变异定义为：①两种形式出现在相同的情景语境中；②两种形式表达相同的含义；③两种形式出现在相同的上下文语境中；④两种形式出现在相同话语语境中；⑤学习者对两种形式的注意程度没有差别。也就是说，自由变异是指两种不同的语言形式出现在完全相同的语境；DST 则把自由变异定义为"某个语言行为在不同时间点的各种表现"（Verspoor 等，2008），突出了纵向过程包含的时间性。综合以上观点，本书把句法语境自由变异定义为：在某种句法语境条件 X 下，两种或两种以上的变体形式 Y$_1$、Y$_2$……在某时期的不同时间点交替出现，且这些变体都表达相同的语义功能，

则变体 Y_1、Y_2……构成句法语境 X 的自由变异。

第四，确定每种变体发展过程中出现的词汇语境系统变异和自由变异。类似地，我们把词汇语境系统变异定义为：在某种词汇语境条件 X 下，学习者在最后时间点之前的一段时间内稳定地使用"了"的某种变体形式 Y，便形成"了"的变体 Y 在词汇语境 X 中的系统变异；把词汇语境自由变异定义为：在某种词汇语境条件 X 下，两种或两种以上的变体形式 Y_1、Y_2……在某时期的不同时间点交替出现，且这些变体都表达相同的语义功能，则变体 Y_1、Y_2……构成词汇语境 X 的自由变异。

第五，纵向系统变异和自由变异的确定程序，以及在第二语言发展过程中的作用。这个问题其实和第三、第四两个问题密不可分，为了阐述得更清楚，这里单独进行说明。

蔡金亭、朱立霞（2004）认为，Labov 范式的一大缺陷是只研究系统变异，且其工作假设是把所有变异都视为系统变异，除非有语料分析证明是自由的，而"这种假定在逻辑上是错误的"。他们认为，一方面，变异是否具有系统性是一个实证问题，需要通过语料探索来论证变异的性质；另一方面，即使某个研究已经证明某种变异在某种条件下是系统的，也不能必然推导出在另一个研究中具有系统性（Ellis，1999）。因此，蔡金亭、朱立霞（2004）提出应借鉴统计学建立零假设的思想，"把变异的默认值定义为自由变异"。本书支持这一观点，把系统变异或自由变异的确定分两步进行。第一步对"了"的五种变体进行分别考察。在这一步，我们把所有变异都假定为自由变异，只有当某种语言语境对某个变体的出现显示出预测作用时，才初步确定为系统变异。第二步综合五种变体的表现，对初步确定的系统变异进行全面考察，确定某个变体在不同阶段的变异情况。如果某个变体在最后时间点之前的时期形成系统变异，则确定为系统变异，反之则确定为自由变异。

以上述句法语境和词汇语境的变异情况为基础，本书将在结语部分对系统变异和自由变异分别在第二语言发展过程中起到怎样的作用进行讨论总结。

第 三 章

过去时目的形式变体"－了"

3.1 数据描写

学习者在单句和语篇层次都正确地不使用"了"的语料共294例，是"了"的所有变体中数量最大的一类。首先，我们绘制出了这类变体在52周时间中的发展轨迹图：

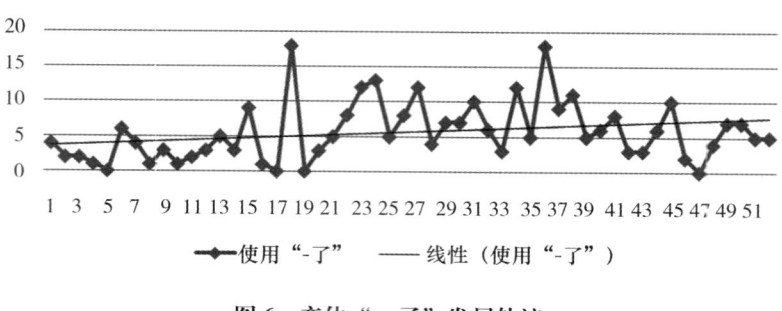

图 6 变体"－了"发展轨迹

从图6可以看到：（1）变体"－了"的使用在52周时间内整体上呈现出较为快速的增长趋势。（2）在这段时期内，出现了两个明显的峰值，即第18周和第36周的数值18；整个数据的分布模式是中间高，两侧低，但后段数值高于前段。（3）除了第47周之外，从第20周开始，学习者正确使用"－了"的变异再没达到0这样的谷底，都保持在2以上。

从上述分析中我们可以得出一个初步的结论，即学习者使用"－了"

变体的频率或者能力是随着语言水平提高而增长的。

经过多次尝试，我们发现如果以每 6 个数据点为一个窗口，绘出的移动极值—均值图会太杂乱；以每 10 个数据点为一个窗口，则不能反映某些数据的特征。最后，我们选择以每 8 个数据点为一个窗口绘制变体"－了"的移动极值—均值图（见图 7）。

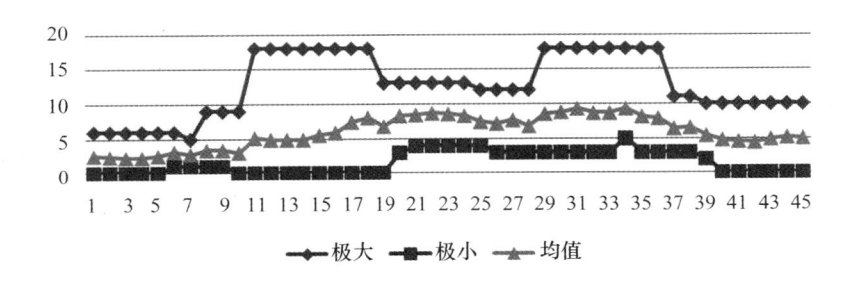

图 7　变体"－了"移动均值—极值

根据图 7，学习者使用变体"－了"的过程可以分为五个较为明显的阶段：

（1） 1—10 周为阶段 1。该阶段变异幅度较小（5—8），均值水平较为稳定，一直维持在较低的刻度上（2—3.5）。

（2） 11—19 周为阶段 2。非常明显，这是一个变异幅度剧烈（13—15）、均值水平迅速攀升的阶段（5—8）。

（3） 20—28 周为阶段 3。在上一阶段的剧烈变异之后，本阶段的变异幅度显著降低（8—9），进入了又一个相对平稳的时期。同时，均值在轻微波动中一直维持在较高水平（6.5—8.5），曲线较为平滑。

（4） 29—36 周为阶段 4。变异幅度再次增大（13—15），均值水平相对于前一阶段稍高（7.8—9.5），曲线也和上一阶段相似：有轻微波动，但较为平滑。

（5） 37—52 周为阶段 5。这一阶段，变异幅度再次缩小（8—10），均值水平相对于前一阶段出现了明显下降，之后一直保持在一个非常平稳的水平（5）。虽然这一阶段相对于阶段 3、阶段 4 出现了回落，仍然比阶段 1 有明显提高。

综而观之，学习者使用目的形式"-了"的过程可以描述为低—高—中这样一种趋势，其变异情况则是一个典型的动静交替模式，稳定阶段之后继之以剧烈变异。阶段 2 的剧烈变异发生在阶段 3 的明显增长之前，阶段 4 的较剧烈变异则发生在阶段 5 的明显下降之前，刚好支持了动态系统理论的观点：大量变异是跳跃性发展的前兆（Verspoor 等，2008）。

接下来，我们从表层句法形式上对变体"-了"的语料进行分类，以初步考察学习者使用变体"-了"的过程是否具有系统性。

3.2　数据探索

3.2.1　句法分类

在使用"-了"的 294 例语料中，有 2 例小句缺少谓语动词，排除这 2 例之后还剩 292 例。按照每个小句谓语结构的特点，所有语料可分为六种谓语结构：动词谓语、动宾谓语、动补谓语、助动词谓语、连谓谓语和形容词谓语。需要说明的是，这里的分类只是为了揭示出学习者使用"-了"的句法特点，不一定完全按照本体标准分类。比如，"看见"本来属于动补结构，但是由于学习者在学习过程中一直把这个词作为单个动词整体使用，就划为动词谓语。各分类的标准及例句如下：

（1）动词谓语，指动词单独做谓语，不带宾语、补语或和其他动词处于同一句法层次。如：

我爷爷看见这个树的时候不是高兴的。（31[①]）

[①]　引用例句后的括号中数字表示该例句出现的文本号暨 52 周中的某周。下同。

（2）动宾谓语，宾语可能是体词性，也可能是谓词性。如：

大家爱我的中餐。（26）
可是这个星期我妹妹开始出去工作。（36）

文本36的句子中，"出去工作"本身是一个连谓结构，但在这里作为"开始"的宾语出现，因此整体上仍然属于动宾结构。

（3）动补谓语，包括带"得"的程度补语和不带"得"的趋向补语：

去年我们也玩儿得非常好。（20）
星期天我父母从法国回家来。（26）

（4）助动词谓语，指谓语部分包含助动词"要、想、得"等（朱德熙，1982：61）。如果该助动词结构中还包括其他结构，比如动补或连谓结构，则以整个谓语结构的特点为准，划入助动词谓语这个类别。如：

好在我能走回家去。（44）

（5）连谓谓语，指"谓词或谓词结构连用的格式"（朱德熙，1982：160—173）。如：

他上个星期回去工作。（36）

（6）形容词谓语，指谓语由形容词构成的句子：

我儿子肩疼。（01）

如果该句子中包含两个并列的形容词，则计为两条语料；如果形容词之前错误地使用了系动词"是"，仍然归类为形容词谓语。如：

这是又很难又很长。（18）

根据以上标准，得出分类结果如下：

表 8　　　　　　　变体"-了"句法分类

动词					形容词	总计
动词	动宾	动补	助动	连谓		
22	135	20	33	5	77	292

在这个初步分出的句法类别中，动宾结构数量最多，是学习者使用最为广泛的谓语结构，其次是形容词谓语，最少的是连谓谓语结构，只有5例。

3.2.2　阶段探索

根据3.1中对习得过程的阶段划分，我们统计出了上述六种谓语结构在五个阶段出现的频率：

表 9　　　　　　　变体"-了"谓语结构分布频率

阶段	动词	动宾	动补	助动	形容	连谓	总计
阶段 1（01—10）	1	8	0	1	14	0	24
阶段 2（11—19）	3	19	4	4	10	0	40
阶段 3（20—28）	8	28	7	11	16	0	70
阶段 4（29—36）	6	27	3	8	19	3	66
阶段 5（37—52）	3	53	6	6	18	2	92
总计	21	135	20	34	77	5	292

因为每个阶段的长短不一，出现的变体的总量也有很大差别，无法用频率大小比较各个阶段不同谓语结构的活跃情况。因此，我们计算出了每种谓语结构在不同阶段的百分比，得出结果如表10。

表 10　　　　　　　变体"-了"谓语结构分布百分比

阶段	动词	动宾	动补	助动	形容	连谓	总计
阶段 1（01—10）	4.2%	33.3%	0	4.2%	58.3%	0	100%
阶段 2（11—19）	7.5%	47.5%	10%	10%	25%	0	100%

续表

阶段	动词	动宾	动补	助动	形容	连谓	总计
阶段 3（20—28）	11.4%	40%	10%	15.7%	22.9%	0	100%
阶段 4（29—36）	9.1%	40.9%	4.5%	12.1%	28.8%	4.5%	100%
阶段 5（37—52）	3.3%	57.6%	6.5%	10.8%	19.6%	2.2%	100%

根据上面的数据，可以绘制出每种谓语结构在不同阶段的分布图：

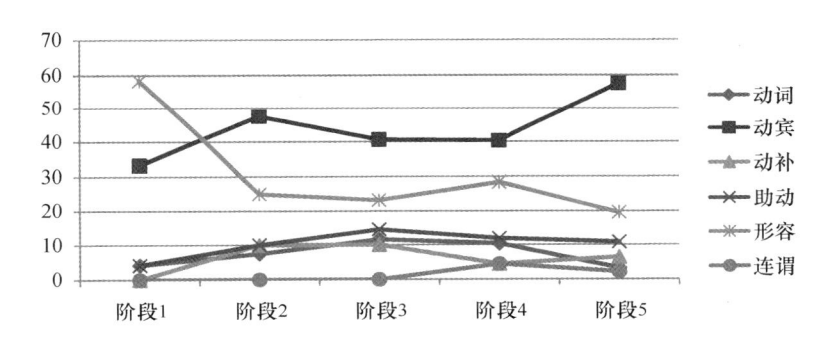

图8 变体"-了"谓语结构发展曲线

从图8可以看到，六种谓语结构的发展过程是不平衡的，在每个阶段的表现也非常不同：

阶段1有四种谓语结构出现，按照出现频率高低，依次是形容词、动宾、动词/助动词谓语，其中形容词谓语占到该阶段的近60%，动宾谓语约30%，动词谓语和助动词结构谓语分别只有1例。

阶段2新出现了动补结构做谓语，且达到了该阶段所有语料的10%。阶段1已经出现的四种结构中，三种都在阶段2出现了增长，尤其是动宾结构，从阶段1的约30%增加到了近50%；但形容词谓语的比例却出现了急剧下降，从阶段1的近60%下降到了25%。

根据3.1中的分析，阶段1是变异幅度稳定的低值区，阶段2则是变异幅度剧烈的增长区。上面的分析显示，阶段2的增长和剧烈变异主要来自两个方面：一是动宾结构的爆发性发展，二是多种谓语结构的出现。

阶段3中，动词谓语、助动词谓语、动补谓语继续增长，达到了最高峰值，而动宾谓语、形容词谓语则出现了一定程度的回落。阶段 3 是五个阶段中第二个相对稳定的阶段，且均值维持在较高水平。现在可以看到，这种状态的出现和五种谓语结构在朝着较为平衡的方向发展有关，虽然形容词谓语和动宾谓语所占的比例仍然远远高于其他三种结构。

阶段 4，形容词谓语再次呈现增长趋势，动宾谓语基本保持平衡，其发展曲线几乎与横坐标轴平行，其他三种结构则出现了回落。但这一阶段第一次出现了 2 例连谓结构，也就是说，直到阶段 4，所有六种谓语结构才全部出现。

阶段 5，动宾结构再次出现了较为急剧的增长，动补结构有轻微增长，其余四种结构则都出现了回落，其中动词谓语和形容词谓语的回落幅度最为明显。

根据每种结构所占的百分比，借鉴王建勤（1996）的做法，以上六种结构可以划分为不同的发展水平：（1）20% 以上为一级发展水平，包括形容词和动宾谓语。在阶段 1 结束之后，这两种谓语结构又分成了两个不同的区间，形容词谓语结构一直在 20% 到 30% 之间，动宾谓语结构则一直在 40% 以上。（2）20% 以下区间为二级发展水平，其中连谓谓语一直在 10% 之下，动词、动补、助动词谓语结构都达到了 10% 以上。

王建勤（1996）对否定词"不"和"没"的习得考察发现："分布在不同习得水平区域中的否定结构隐含着某种顺序。习得水平的区域越低，否定结构也就越复杂。习得水平的区域越高，否定结构也趋于简单。"本书的发现和上述观察部分一致：处于一级发展水平的形容词谓语结构比较简单，而处于二级发展水平的动补谓语、助动词谓语、连谓谓语则比较复杂。不一致的地方在于：仅从句法结构上看，动词谓语结构比动宾谓语结构要简单，但前者的发展水平一直很低，后者则是所有结构中发展水平最高的。为何会出现这样的现象，本书将在 3.2.3 探索其中的原因。

在对习得过程进行考察时，王建勤（1996）把某个语言形式的习得分为发生期、高涨期和稳定期。发生期是指"习得过程的开始阶段，或者说习得过程被激活……习得过程被激活得越早，这一过程的发生期就早。反之亦然。"高涨期则是指"习得过程最活跃的阶段"，往往表现为大量使用刚刚学得的规则。稳定期，"也可以称作习得过程的成熟期。高涨期过后紧接着便是稳定期，标志着习得过程告一段落"。王建勤认为，"稳定期出现得越早，习得过程就越短；出现得越晚，习得过程就越长"。从六种谓语结构在各个阶段的发展趋势来看，形容词谓语句在第一阶段已经达到了高涨期，之后四个阶段一直维持稳定的发展，可以说是各种谓语结构中成熟最早的；动宾谓语句则在阶段2和阶段5出现了两个峰值，在两个峰值之间的阶段3、阶段4呈稳定状态，再加上动宾谓语句所占比率一直保持在较高水平，我们认为动宾谓语句的使用也达到了一定的成熟度，但在未来还有很大的发展空间。另外四种谓语结构数量较低，变化幅度相对较小，比较大的可能是仍处于发生期，其中动补谓语和连谓谓语都没在阶段1出现，是进入发生期比较晚的两类谓语结构。

3.2.3 分类探索

下面我们以六种谓语结构为框架，对所有语料进行穷尽性分析，寻找这些句子是否包含某些能对变体"-了"的出现进行预测的句法语义特征。

根据上一章确定的标准，如果某种句法语义特征能对变体"-了"的使用进行预测，且其成员达到了3例以上，就初步确定为变体"-了"的一类系统变异。在寻找这些句法语义特征时，我们主要依据汉语中已经确认的不能使用"了"的句法语义条件，比如谓语前出现"没/有"否定副词的句子不使用"了"，谓语前出现"不"否定副词的句子不使用表完成结束义的"了"，引述动词一般不使用"了"（刘月华等，2003）等。不过如果学习者根据某个明显的句法特征多次选择使用"-了"变体，即使该句法特征对变体"-了"的选择没有确定的预测作用，我们也仍然初步确定为一类系统变异，因为我们是对学习者语料进行分析，而不是单纯对汉语本体进行讨论。

3.2.3.1 动词谓语

动词谓语句共21例。总体来看，动词谓语句所占的比率一直都比较低，其发展曲线基本上是一条抛物线，从阶段1到阶段3不断升高，阶段

4 开始回落，并在阶段 5 回落到比率较之于阶段 1 更低的水平。对语料进行穷尽性检查之后，我们发现单个动词做谓语使用"－了"时，还受到其他句法、语义因素的制约。下面根据某些表层句法特征对使用"－了"的动词谓语句进行聚合分析。借鉴蔡金亭、朱立霞（2004）的做法，如果某个句子同时满足两种以上的句法、语义条件，则分别归入不同的类别，即某个句子可能被重复分类，比如文本 29 的 1 例句子同时归入（1）和（4）两种聚合类。

（1）动词谓语结构出现在"……的时候"结构中，共 3 例，都出现在阶段 4：

我在那儿工作的时候我的办公室＊[①]**。（阶段 4：29）**——……有一个自己的办公室。

我和我的女朋友唤醒的时候，……（阶段 4：31）

他们出生的时候，……（阶段 4：33）

（2）动词属于心理动词，共 5 例，分别分布在阶段 2、阶段 3、阶段 5：

他也很担心。（阶段 2：13）

我妹妹的医生也担心。（阶段 2：13）

他非常生气。（阶段 3：23）

我儿子很生气。（阶段 3：27）

我儿子很生气。（阶段 5：40）

（3）动词表示对说话内容的引用，共 5 例，分别分布在阶段 3、阶段 4：

售货员回答："对不起，我不卖胡萝卜蛋糕。"（阶段 3：24）

他回答："对不起，我不有胡萝卜蛋糕。"（阶段 3：24）

他问答："我卖胡萝卜蛋糕。"（阶段 3：24）

[①] 例句后出现的"＊"表示句中有偏误。对学习者一些难以理解的句子，本书会在句后注明学习者想表达的意义；对于不影响理解的偏误，则不加注明。

我的英国家人给我讲，……（阶段 4：35）
他们也给我讲，……（阶段 4：35）

（4）动词谓语前后有"在"引导的介宾结构，共 4 例，分别分布在阶段 1、阶段 4、阶段 5：

昨天早上我工作在我爸爸的办公室。（阶段 1：7）
十年前，我在大学工作。（阶段 4：29）
我在那儿工作的时候我的办公室*。（阶段 4：29）——……我有一个自己的办公室。
在学校他的女朋友等着。（阶段 5：40）

文本 29 的句子同时也满足（1）类的句法条件，由于我们很难离析出到底是哪个因素影响了学习者对"-了"的选择，因此分别划入两个不同的聚合类。

（5）另外一些语料则没有围绕某个特定的句法特点形成三个以上的聚合，我们称之为离散类，共 5 例：

这两天我学习很长时间。（阶段 2：18）
我妹妹一九七五年七月二十日出生。（阶段 3：22）
（每天我读了）他睡以前。（阶段 3：25）
我一个想法也没写。（阶段 3：27）
上个星期我有点儿感冒。（阶段 5：37）

以上是对所有动词谓语句的穷尽性分析。由于前四个小类已经形成了 3 个成员以上的聚合，我们初步判断为变体"-了"的四类系统变异。

3.2.3.2 动宾谓语

动宾谓语句是所有语料中数量最大的一类，共 135 例，其发展曲线基本呈现上升—平稳—上升的趋势。对这部分语料的考察也表明可能有其他的句法语义因素制约着"-了"的使用：

（1）出现在"……的时候"结构中，共 11 例，只出现在阶段 4 和阶段 5，分别是 6 例和 5 例。如：

我们说汉语的时候我们家庭不懂了。（阶段4：30）

我今天上午起床的时候我看了外边。（阶段5：49）

另外，还有1例使用了"……期间"这样一种结构，由于该结构可以替换成"……的时候"，我们也归入这个类别：

开车期间，我们听音乐呢。（阶段5：38）

这样，"……的时候"聚合小类在本部分就达到了12例。

（2）属于心理动词，共22例，在五个阶段都有分布，如：

可是我想我儿子。（阶段1：09）

可以他们很怕考试。（阶段2：18）

我儿子很想她。（阶段3：23）

她想念她的两个婴儿。（阶段4：36）

我们喜欢一起做一个雪人。（阶段5：49）

（3）动词表示对说话内容的引用，共31例，除了阶段4之外，每个阶段都出现了这种用法。如：

医生说：你不去锻炼。（阶段1：01）

医生告诉我儿子：……（阶段1：2）

可是我妹妹的医生说我妹妹：……（阶段2：13）

我不告诉我的老师你也看我的故事。（阶段2：18）

以上四种聚合类在动词谓语句中也有分布，后文将对它们进行总结。其中1例包含了表经常性动作行为的时间词"每天"：

每天我儿子问我什么时候我们去看哈利·波特吗？（阶段3：25）

该句子也可归入第（10）类。

（4）动词为系动词"是"，共14例。除了阶段3，其他阶段都有分布：

上个周末是嘉年华。（阶段1：03）

每个学生不是在学校。（阶段2：18）
我奶奶年轻的时候她爱好是画画儿。（阶段4：34）
上个星期天是一个好天。（阶段5：38）

在形容词谓语句中，学习者有时候会错误地在形容词前使用"是"（8例），有时候还会在"是"之后使用"了"（属于多用"了"偏误形式）。由于我们还会在最后对所有变体形式进行综合考察，为了不漏掉一些语料，我们把形容词前使用的"是"也计为系动词"是"的成员。这样，以系动词"是"为谓语形成的聚合共22例。

（5）动词为"有/没有"，共18例，在五个阶段都有分布：

这个星期我没有空。（阶段1：06）
第一只有六小鸭。（阶段2：12）
因为她有一个小聚会，……（阶段3：22）
我没有气在我的空气床垫里。（阶段4：31）
商店只有很小的溜冰鞋和很大的。（阶段5：50）

（6）句中有否定词"不"，共29例，在每个阶段都曾出现。如：

我不买书。（阶段1：02）
我不知道很多汉字。（阶段2：18）

（7）句中有否定词"没（有）"，共9例，只出现在阶段2、阶段3、阶段5，如：

我没去中文学校。（阶段2：11）
因为她的荷兰家庭没去美国。（阶段3：21）
我儿子还没有起床。（阶段5：38）

在3.2.1小节的离散类中也包括1例使用否定词"没"的句子，在最后的总结时，该句子会从离散类移入否定形式这个聚合类。

（8）出现在"以前/以后"引导的从句中，共4例，其中3例分布在阶段5：

到家后我很累。（阶段 2：18）
以前见我妹妹我烤了很多饼干。（阶段 5：阶段 5：38）
吃大餐以后我们喝咖啡，还吃巧克力。（阶段 5：44）
考试以后，……（阶段 5：48）

在动词谓语句的离散类中，也有这样 1 例这样的句子：

每天我读了他睡以前。（阶段 3：25）

当进行整体统计时，该句子会归入本聚合类。
（9）表示经常性动作或行为，句中有"每天、常常"等词，共 3 例（文本 34 的句子包括 2 例）：

每天他给她打一个电话。（阶段 3：23）
常常我们也参观美术馆，我奶奶给我讲一下方法的画。（阶段 4：34）

加上动词、助动词、引述性动词、"的时候"等结构中包含的共 4 例类似用法，该聚合共达到 7 例。
（10）当谓语动词是"开始"时，共 4 例：

六十五前，四十个公司开始大学。（阶段 4：29）
欧洲开始欧元的时候，……（阶段 4：35）
可是这个星期我妹妹开始出去工作。（阶段 4：36）
上星期五下午我开始照看。（阶段 4：36）

（11）动词前后有"在"介词结构，共 8 例，除了阶段 1 都有分布：

他们还没有住在新房子。（阶段 2：16）
他 16 岁的时候他住在法国。（阶段 2：20）
（他们住在新房子以前，）① 没玩儿在花园里。（阶段 3：22）
昨天我坐在我的桌子*，……（阶段 3：23）——……坐在我的桌

---

① 括号中的内容只是为了使得这里的句子更完整，不是本部分的分析对象。下同。

子前。

在那儿我睡上空气床垫*。（阶段4：31）——……睡在空气床垫上。

我没有气在我的空气床垫里。（阶段4：31）

我很高兴我留在家里。（阶段5：37）

上个星期我工作在我爸爸的办公室。（阶段5：39）

加上动词谓语中的4例和助动词谓语中的1例，共达到13例。

（12）动词为"在"，共6例，分布在阶段2、阶段4、阶段5：

我不知道他们在哪儿。（阶段2：18）

我的女朋友的爱人跟他的两个孩子在下楼*。（阶段4：31）——……在楼下。

去年你在荷兰的时候，……（阶段5：42）

四点我都在我妹妹家。（阶段5：44）

可是她和她爱人不在家里。（阶段5：45）

她不知道他们在哪儿。（阶段5：50）

（13）学习者要表达"正在进行"义，比如使用"正在、呢、着"等词，共2例：

开车期间，我们听音乐呢。（阶段5：38）

我写了故事的时候天气正在下雨。（阶段5：45）

包含"着"的语料来自动词谓语句类别：

在学校他的女朋友等着。（阶段5：40）

（14）离散类，共8例：

大学成立于1946年。（阶段4：29）

这是先次我自己照看我妹妹的孩子。（阶段4：36）

（我妹妹教育我）做婴儿的瓶子、什么时候换尿布，还同时喂两个婴儿。（阶段4：36）

整个的周末我上床一边看电视（一边喝很多茶）。（阶段5：37）
（我们喜欢）一起做一个雪人。（阶段5：49）
可是一个小时以后她给我打电话。（阶段5：50）

在动宾谓语句中，我们初步确定1—14的小类为变体"－了"的系统变异，其中有些小类和动词谓语句重合，在最后会进行合并。

3.2.3.3 动补谓语

动补谓语句共20例，最早出现的是阶段2的程度补语：

前天我睡得晚，所以早上我起得不早。（阶段2：15）

阶段3出现了趋向补语，同时程度补语继续出现：

去年我们玩儿得非常好。（阶段3：20）
一个小白兔走进蛋糕店里。（阶段3：24）

阶段4则只有程度补语：

一开始我妹妹的婴儿都喝牛奶得很常＊。（阶段4：33）——……都常喝牛奶。

阶段5再次出现两种补语结构共存的现象，并且在文本48出现了1例结果补语：

上个月他和他爱人回家去。（阶段5：43）
所以每个同学讲好他们的故事的时候，……（阶段5：48）
我很惊喜，因为我考真得很好＊。（阶段5：49）

结果补语"讲好"和"看见"的不同在于，前者不是作为整词习得的，是学习者自己生成的动补结构，因此这里归入动补结构。

总的来说，学习者使用的程度补语共12例，趋向补语9例，可以初步确定为变体"－了"的两类系统变异；结果补语1例，不能构成系统变异。7例趋向补语中，有2例出现在"……的时候"结构中：

我儿子回家来的时候他很高兴。（阶段3：26）
时间的回家去的时候他问我的电话号码。（阶段5：52）

1例结果补语也出现在"……的时候"结构中。这样，动补谓语中也出现了3例"……的时候"聚合，也初步确定为变体"-了"的一类系统变异。总的来说，在动补谓语句中，我们初步确定了程度补语（12例）、趋向补语（9例）、"的时候"（3例）为变体"-了"的三类系统变异。

3.2.3.4 助动词谓语

助动词谓语句共34例，在阶段1已经出现，但只有1例否定形式，且助动词后缺少动词：

他不能他的臂*。（阶段1：06）

阶段2出现了4例，其中3例是带否定词"不"的否定形式，使用的助动词都是"能"，只有1例肯定形式开始使用新的助动词"得"：

它不能飞行。（阶段2：15）
然后每个学生得告诉一个故事。（阶段2：18）

在阶段3，助动词谓语的使用共11例，达到了五个阶段中的最高峰，且出现了新的助动词"要、想"：

我要写我的故事。（阶段3：23）
他跟他的朋友们想要一起去游泳，还打球。（阶段3：27）

其中6例为肯定形式（如上），5例带有否定词"不"，如：

因为我不要停车在阿姆斯特丹。（阶段3：25）

阶段4共8例，都为肯定形式，如：

我和我弟弟想要一起庆祝我们的生日。（阶段4：33）
所有的欧洲国家得交很多表。（阶段4：35）

阶段 5 的助动词谓语句比例虽然下降，但仍然有 10 例，其中 2 例带有否定词"不"，1 例带有否定词"没"，7 例为肯定形式：

我上个周末没想要去一个生日的聚会*。（阶段 5：37）
他不愿意去公司。（阶段 5：37）
不好在上个星期一我应该去我爸爸的公司。（阶段 5：37）

学习者在阶段 5 开始使用更多类型的助动词，出现了"应该、愿意、可能"等，显示出助动词谓语的使用在进一步多样化。

助动词谓语句中，有 1 例使用了表经常性动作行为的时间词"每"：

每个晚上他们想要两瓶的牛奶。（阶段 4：33）

总的来看，学习者一开始使用的助动词谓语中都为带"不"的否定形式，在阶段 2 开始使用肯定形式，并且在此后的阶段中不断扩大，肯定形式的总量在 34 例助动词谓语中达到了 19 例。从本体的角度来说，助动词谓语的肯定形式和否定形式对"了"的使用没有影响，因此我们把这 34 例助动词谓语句都初步确定为变体"-了"的一类系统变异。

3.2.3.5　形容词谓语

"-了"用于形容词谓语句在文本 1 已经出现，且在阶段 1 达到了 14 例，占该阶段的 58.3%，是五个阶段中的最高峰值，其中既有肯定形式（12 例），也有否定形式（2 例），如：

我儿子肩疼。（阶段 1：01）
我儿子不高兴。（阶段 1：01）

在阶段 2，形容词谓语的比率出现大幅度下降，仅占该阶段所有语料的 25%，大部分是肯定形式，如：

也你的语法很好。（阶段 2：18）

之后，形容词谓语句的比率在阶段 4 达到了另一个较高峰值，接近

30%，在阶段 5 则降到最低值 19.6%。3、4、5 三个阶段中，每个阶段都主要为肯定形式，同时伴有有少量否定形式出现，如：

我的上个星期很有意思。（阶段 3：26）
我全身不舒服。（阶段 4：31）
我太年轻。（阶段 4：34）
我一点紧张。（阶段 5：39）
可是外边天气不好。（阶段 5：45）

同样地，由于形容词的肯定形式和否定形式对变体"－了"的预测作用一样，我们不进行区分，把 77 例形容词谓语句都初步确定为变体"－了"的一类系统变异。

另外，如前面提到的，形容词谓语句中有些错误地使用了系动词"是"（8 例），如：

那是很好。（阶段 1：06）
我的生日是非常好。（阶段 4：30）

由于这里我们只关注"了"的使用是否正确，不统计其他句法偏误，因此也都归入了正确不使用"了"的类别。由于系动词"是"和形容词谓语一样对"－了"的使用有预测作用，我们很难判断是哪种形式在起作用，因此和之前的做法一样，将在形容词前使用系动词"是"的句子分别归入形容词谓语和系动词"是"谓语。

3.2.3.6 连谓结构

连谓结构是六种谓语结构中数量最少、出现时间最晚的一种，处于习得水平的最低区间，一共只有 5 例，其中 2 例是递系结构：

大学问我找这些公司*。（阶段 4：29）——大学让我找这些公司。
可是夜间我没有人帮助我。（阶段 4：36）

其余 3 例都是连动结构，其中 1 例的第一项动词为趋向补语：

他上个星期已经回去工作。（阶段 4：36）

1 例表示过去的经常性动作行为：

（我妹妹没有两个女儿的时候，）我跟我妹妹常一起去买东西。（阶段 5：39）

1 例使用了"过"：

我去过滑冰 *。（阶段 5：52）

这些连谓结构的内部构成没能形成成员 3 以上的聚合，因此不确定为系统变异。

3.3 小结

在之前的小节中，我们首先对学习者正确地不使用"了"即变体"－了"的发展过程进行了描写，发现变体"－了"在52周的时间中呈快速增长趋势，发展过程是典型的动静交替型；利用移动极值—均值数据处理工具，我们把变体"－了"的发展过程分为五个阶段。从句法形式来看，变体"－了"出现的谓语结构可以分为动词谓语、动宾谓语、动补谓语、连谓谓语、助动词谓语和形容词谓语等六种，其中动宾谓语占据绝对优势，其次是形容词谓语。六种谓语结构在五个阶段的发展很不平衡，比如动补、连谓结构并没有在开始阶段就出现，到观察结束时仍处于发生期；而形容词谓语已经达到了高涨期之后的稳定期，动宾谓语则在阶段 2 达到第一次高涨期，并在经历了阶段 3、阶段 4 的稳定期之后，在阶段 5 达到第二次高涨期。

通过讨论分析，我们以六种谓语结构为大框架，对学习者使用变体"－了"的 294 例语料进行穷尽性分析，初步确定了变体"－了"的一些系统变异。由于某些谓语结构形成的系统变异共享某种能对"－了"的使用进行预测的句法语义形式，我们在这里进行了合并。合并之后，初步得到变体"－了"的 17 类系统变异。根据这些形式所属的语言层面，8 类属于词汇语境变异，7 类属于句法语境变异：

表 11　　　　　　　　　变体"－了"系统变异

序号	词汇语境变异		句法语境变异	
	类别	成员数	类别	成员数
1	形容词	77	不/没（有）	39
2	引述动词	36	……的时候	22
3	助动词谓语	34	介词"在"	13
4	心理动词	27	程度补语	12
5	有/没（有）	18	趋向补语	7
6	是	22	经常性动作行为	5
7	动词"在"	5	以前/以后	5
8	开始	4	正在进行	3

在以上系统变异之外，还剩余一些无法归类的离散类，共 11 例：

这两天我学习很长时间。（阶段 2：18）

我妹妹一九七五年七月二十日出生。（阶段 3：22）

大学成立于 1946 年。（阶段 4：29）

这是先次我自己照看我妹妹的孩子。（阶段 4：36）

（我妹妹教育我）做婴儿的瓶子、什么时候换尿布，还同时喂两个婴儿。（阶段 4：36）

上个星期我有点儿感冒。（阶段 5：37）

整个的周末我上床一边看电视（一边喝很多茶）。（阶段 5：37）

（我们喜欢）一起做一个雪人。（阶段 5：49）

可是一个小时以后她给我打电话。（阶段 5：50）

把各部分剩余的离散类综合起来看，也可以找到一些共同点，比如包含明确提示过去时间的名词。但是由于表示过去时间的名词在叙述过去事件时出现得过于广泛，在我们初步确定的"－了"的系统变异以及正确用"了"、多用"了"等类别的语料中都大量存在，而且从本体上来说，该句法信息并不能预测"-了"的使用，因此我们不把这个类别判断为一个系统，仍作为离散类处理。

虽然只是初步确定了若干种系统变异，但对于本部分语料具有重要意义。综合所有语料来看，在我们所区分的五种"了"的变体中，过去时使用变体"-了"的成员数量最大（294），再加上70例过去时少用"了"变体"-"，过去时不使用"了"的小句数量达到364例，远远超过了183例使用"了"的小句数量之和（正确使用122例，多用40例，错用21例）。这说明，以往有关学习者总是在过去时条件下使用"了"的印象是错误的。恰恰相反，学习者在过去时条件下不使用"了"的频率远远高于使用"了"。如果学习者的这种表现只是偶然、随机的话，所生成的语料应该是杂乱、不具有系统性的，因此这种系统性体现出学习者在过去时时态下不使用"了"的表现并不是一种无意识行为，而是主动选择的结果。

当然，如果我们确定的这些系统变异达到了真正意义上的系统稳定性，才能说明学习者确实掌握了过去时时态下使用变体"-了"的用法。由于本章只是对部分语料的分析，目前我们还不能下这样的结论。在对各个变体的语料进行分析之后，我们会对本章初步确定的系统变异进行全面分析，进一步考察这些系统变异的真实性和变异过程。

第 四 章

过去时目的形式变体"＋了"

4.1 数据描写

变体"＋了"代表学习者在单句和语境层面都正确使用"了",共 122 例,在 52 周中的发展轨迹如下:

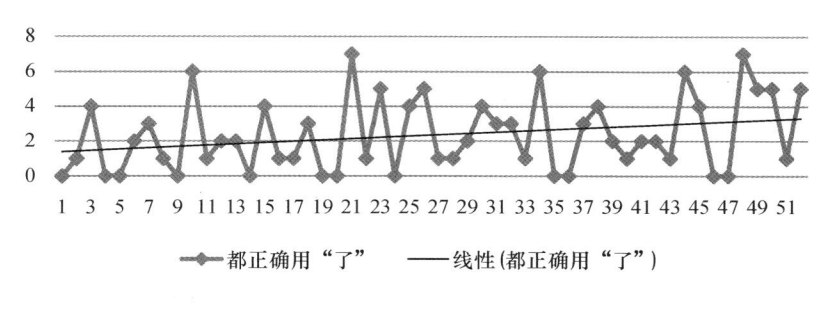

图 9 变体"＋了"发展轨迹

上图表明:(1)学习者对变体"＋了"的使用整体呈现不断增长的趋势,从第 1 周的数值 0 开始,在最后的第 52 周达到了 5。(2)第 21 周和第 48 周分别达到了整个过程的最高峰值 7。(3)从第 25 周开始,"＋了"的使用为数值 0 的数据点明显减少:第 25 周之前有 7 次,之后只有 4 次。

与学习者过去时使用变体"－了"的情况相比,使用变体"＋了"的语料不但总量少很多,而且每个数据点(每周生成的文本)之间的变异幅度也小很多:变体"＋了"最大差幅为 7－0＝7,变体"－了"则达到了 18 - 0 = 18，后者的变异幅度显然更大。

正是由于这部分语料的数值浮动幅度远较变体"-了"小，如果像第三章那样采取每 8 个数据点为一个窗口的话，绘制出的移动极值-均值图很难捕捉到数据的特点。经过对不同大小窗口的多次尝试，我们发现以 4 个数据点为一个窗口既不会过于杂乱，又不会掩盖某些重要数据。图 10 是以每 4 个数据点为一个窗口绘制的变体"+了"的移动极值-均值图：

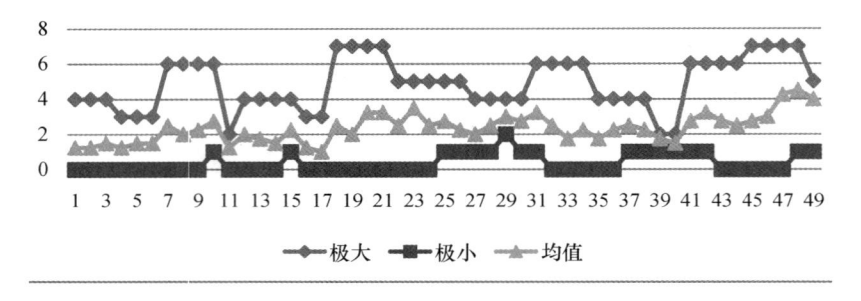

图 10　变体"+了"移动极值—均值

不过，虽然我们已经尝试了以多种大小的窗口对数据进行展示，变体"+了"的阶段性看起来仍不像"-了"那么明显，尤其是变异幅度。因此，这里主要以均值水平为标准、以变异幅度为参考进行阶段划分：

（1）1—6 周为阶段 1。在这个阶段，均值水平一直在 1—2，变异幅度较后续阶段小（3—4），是所有阶段中均值和变异幅度对应比较整齐的一个阶段。

（2）7—19 周为阶段 2。在这个阶段，均值水平第一次上升到 2 以上，最高接近 3，但最低仍达到 1，均值水平区间在 1—3。本阶段的变异幅度在起始和结尾处都比较剧烈，最高达到 7，但中间的一段比较平稳。

（3）20—32 周为阶段 3。在这个阶段，均值水平第一次上升到 3 以上，最低点则为 2，均值区间为 2—3.5。这一阶段的变异幅度也是首尾剧烈，中间较为平稳。

（4）33—41 周为阶段 4。在这个阶段，均值水平忽然降落到 2 以下，最高值也不超过 3，均值区间为 1.5—2.75。本阶段的变异幅度也和前两个阶段相似：首尾的较大幅度变异之间存在一个较稳定时期。

（5）41—52 周为阶段 5。在这个阶段，均值水平再度上升到 3 以上，稍后回落到最低点 2.5，但在最后三周内冲到了 4 以上，最高达到 4.5。本阶段的变异幅度虽然在最后一周出现了较为明显的回落，仍然是所有阶段中最剧烈的（4—7），也是除阶段 1 之外均值和变异幅度的阶段性对应较为整齐的一个阶段。

更宏观地看，学习者使用变体"＋了"的表现也可以分为三个大阶段：阶段 1 的低值平稳，阶段 2、阶段 3 的均值缓慢波动并伴随时大时小的变异幅度，阶段 5 的均值急剧攀升以及较大变异。下表总结出了五个阶段的特点和均值区间：

表 12　　　　　　　　变体"＋了"的阶段性特征

阶段	特征	均值区间		变异幅度
1（01—06）	低值平稳	1—1.5	0.5	3—4
2（07—19）	波动增长	1—3	2	2—6
3（20—32）	波动增长	2—3.5	1.5	2—7
4（33—41）	波动下降	1.5—2.75	1.25	1.5—6
5（42—52）	快速增长	2.5—4.5	2	4—7

根据前文提到的王建勤（1996）对习得过程发生期、高涨期、稳定期的划分，学习者使用"＋了"的发生周期是比较长的，贯穿了阶段 1—阶段 4：阶段 1 是发生期的初期，阶段 2—阶段 4 呈现缓慢增长并伴随明显回落，直到阶段 5 才出现较大幅度的增长。也就是说，在 52 周时间的最后 10 周，学习者刚开始经历变体"＋了"的爆发，爆发期后的稳定期还没有出现。

在接下来的讨论中我们将考察这样几个问题：其一，学习者在阶段 1 的稳定低值是由哪些因素导致的？其二，哪些方面构成了阶段 2、阶段 3、阶段 4 的波动性升降？其三，爆发期发生了什么重要的语言现象？

4.2 数据探索

4.2.1 句法分类

学习者对变体"+了"的使用既包括句中"+了",也包括句尾"+了"。因此,我们从两个角度对本部分语料进行句法分类:一是谓语结构;二是"+了"的位置。分类统计结果如下:

表 13　　　　　　　　变体"+了"句法分类

	动词	动宾	动补	助动	连谓	形容	总计
句中"+了"	0	86	8	0	1	0	95(77.9%)
句尾"+了"	9	9	6	1	1	1	27(22.1%)
总计	9	95	14	1	2	1	122(100%)

从上表可以看到,在学习者使用变体"+了"的所有语料中,动宾结构占绝对多数(77.9%),其次是动补结构。而从"+了"在句中出现的位置来看,句中"+了"又占绝对多数(77.9%),其中"动+了+宾"结构86例,占句中"+了"所有95例语料的90.5%,余下的8例动补结构和1例连谓结构共占8.4%。句尾"+了"的数量虽然少,谓语结构类型却比句中"+了"多样,其中动词谓语和动宾谓语分别占句尾"+了"所有27例语料的33.3%,然后是动补谓语约占22.2%,最后助动词、连谓和形容词谓语各占约3.7%。

下面我们分别对每个阶段出现的谓语结构进行统计分析。

4.2.2 阶段探索

下表统计出了句中"+了"和句尾"+了"在不同阶段的使用情况(括号中为所占比率):

表 14　　　　　句中"＋了"和句尾"＋了"百分比分布

阶段	句中"＋了"	句尾"＋了"	总计
阶段 1（01—06）	7（100%）	0（0%）	7（100%）
阶段 2（07—19）	18（75%）	6（25%）	24（100%）
阶段 3（20—32）	27（75%）	9（25%）	36（100%）
阶段 4（33—41）	13（68.4%）	6（31.6%）	19（100%）
阶段 5（42—52）	30（83.3%）	6（16.7%）	36（100%）
总计	95（77.9%）	27（22.1%）	122（100%）

根据上表中的百分比，我们绘制出了句中"＋了"、句尾"＋了"在五个阶段的发展曲线：

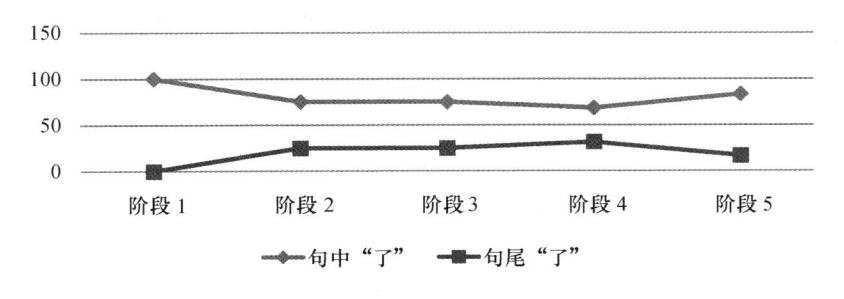

图 11　句中"＋了"和句尾"＋了"发展曲线

可以看到，句中"＋了"、句尾"＋了"在五个阶段的习得情况有以下几方面的特点：

（1）句中"＋了"的出现早于句尾"＋了"。在前 6 周构成的整个阶段 1，学习者完全没有使用句尾"＋了"，所有的"＋了"都是句中"＋了"。也就是说，学习者对句中"＋了"的习得远远早于句尾"＋了"，阶段 1 的低值平稳只与句中"＋了"相关，而与句尾"＋了"无关。

（2）在五个阶段的任一阶段，句中"＋了"的使用频率都远远高于句尾"＋了"，形成两个明显区别的层次。从频率上看，句中"＋了"的习得水平远远高于句尾"＋了"。

（3）句尾"＋了"在阶段 2 出现之后，在阶段 3、阶段 4 都呈现上升趋势，但在阶段 5 出现了较为明显的下降。句中"＋了"的情况则刚好相反。这意味着前文所描写的阶段 2、阶段 3、阶段 4 的波动升降都有句尾"＋了"的贡献，阶段 5 的爆发则和句尾"＋了"关系不大。

根据上述信息，下面主要讨论两个问题：

（一）句中"了"和句尾"了"的习得顺序

学习者首先使用并大量使用句中"＋了"这样一种考察结果使得原本有关"了"的研究结果呈现更均衡的对立现象。根据孙德坤（1993）的个案考察、邓守信（1999）的群案考察，学习者对句尾"了"的习得早于句中"了"；赵立江（1996）和 Wen Xiaohong（1995）的研究则显示学习者使用句中"了"早于句尾"了"。上述研究的考察对象都是英语母语学习者，因此我们可以排除母语影响而导致的不一致现象。再从语料性质来看，孙德坤（1993）、赵立江（1996）、Wen Xiaohong（1995）都是通过录音的方式来收集口头语料，邓守信（1999）使用的则是书面语料。如果是语料性质不同导致的考察结果不同，则孙德坤（1993）的考察结果应和赵立江（1996）、Wen Xiaohong（1995）一致，而不是相反，因此语料性质的影响也可以排除。再从学习者的习得水平来看，孙德坤（1993）和赵立江（1996）的考察对象都是在北京语言大学从零起点班开始学习汉语，前者在考察对象完成了语音阶段的学习后开始，后者则从考察对象学习汉语的第四个月开始；邓守信（1999）的 9 个考察对象都在台湾师范大学学习汉语，也都是零起点学生（beginning level）——这说明三项研究中的学习者水平基本处于同一阶段，且学习者的语言环境也都是目的语环境。可以说，上述影响学习者习得结果的几种重大因素都不能解释"了"在习得顺序方面的矛盾结果。

但是就本研究而言，学习者对句中"了"的习得先于句尾"了"，可能是由于课堂教学和教材的影响。当我们开始对学习者进行追踪时，学习者刚完成《新实用汉语课本》（刘珣主编）第一册的学习，对第二册的学习刚刚开始。对该教材进行检查发现，第一册 13 课第一次介绍"了"的用法，为"动＋了＋定语＋宾语"结构，即学习者大量使用的句中

"+了"结构；14课为第一册最后一课，没再介绍"了"的新用法。直到第二册第一课（15课），才开始介绍句尾"了"。由于学习者一直使用《新实用汉语课本》系列的教材，并且一直生活在非目的语环境中，从其他渠道接触汉语的机会非常有限，在教材中首先出现的句中"了"的使用也就得到了强化和巩固。

上述原因只适于解释本研究，并不能解释其他研究中两个"了"习得顺序的矛盾现象，比如赵立江（1996）清楚地说明：学习者M最初使用句中"了"而排斥句尾"了"，尽管两个"了"的用法在课本注释中已相继出现。因此，我们很难下结论说两个"了"哪个更易于习得。

（二）句中"了"和句尾"了"的使用频率

本研究的学习者对句中"+了"的使用频率远远高于句尾"+了"，句中"+了"的总量占全部语料的77.9%，句尾"+了"仅占22.1%。对邓守信（1999）的数据进行重新计算显示，该研究中的学习者正确使用句中"了"的句子约占所有"了"的30%，而句尾"了"则占70%，即邓守信（1999）的考察结果和本研究刚好相反。由于对学习者使用两个"了"的频率进行总体描写的相关研究较少，我们很难在"了"的二语习得中进行横向比较。那么，哪种比率更接近母语者使用两种"了"的情况呢？

我们从北大现代汉语CCL语料库中随机抽取了两页母语者使用"了"的共142条语料。这部分语料来自老舍的《骆驼祥子》，与本研究考察的语料一样，都属于记叙文体裁。统计显示，母语者在142例使用"了"的语料中，句尾"了"58例，占40.8%；句中"了"84例，占59.2%。这个小样本的统计显示，相对于母语者，本研究的学习者使用句尾"了"的比例偏低，而邓守信（1999）考察的学习者使用句尾"了"的比率则偏高，都和母语者数据有相当大差距。

邓守信（1999）的研究中句尾"了"高频使用的原因，我们很难进行推测。但如前所述，本研究的学习者对句尾"+了"的过低使用和教材中的引入时间较晚直接相关，由于句尾"了"的引入时间晚于句中"了"，句尾"+了"的发生、发展都比较晚，再加上学习者处于非目的语环境中，没有机会接触到句尾"了"的使用，其发展自然也就不充分。

4.2.3 句中"+了"

句中"+了"在不同阶段使用的不同谓语结构分布如下：

表 15　　　　　　　句中"+了"阶段分布

阶段	动宾	动补	连谓	动词	助动	形容	总计
阶段 1（01—06）	6（85.7%）	1（14.3%）	0		0		7（100%）
阶段 2（07—19）	17（94.4%）	1（5.6%）	0		0		18（100%）
阶段 3（20—32）	26（96.3%）	1（3.7%）	0		0		27（100%）
阶段 4（33—41）	13（100%）	0（0%）	0		0		13（100%）
阶段 5（42—52）	24（80%）	5（16.7%）	1（3.3%）		0		30（100%）
总计	86（90.5%）	8（8.4%）	1（1.1%）		0		95（100%）

从上表中可以看出，每个阶段使用最多的谓语结构都是"动+了+宾"；动补谓语句虽然数量较少，但除了阶段 4 外都有分布，且在阶段 5 出现了明显的增加；连谓谓语句只有 1 例，出现在最后的阶段 5；在阶段 5，动宾谓语句所占比率出现了大幅度下降，句中"+了"的谓语类型第一次达到三种。下面分别对不同的谓语结构进行分析。

（一）连谓谓语

共 1 例，直到最后的阶段 5 才出现

今天我和我妹妹去买了东西。（阶段 5：45）

这例语料中的动词"买"加"了"表达该事件的结束，即表达"完成结束"义。

由于连谓谓语句只有 1 例，不判断为系统变异。

（二）动补谓语

动补结构在前三个阶段的每个阶段都只使用了 1 例：

星期二我和我儿子回了医院去。（阶段 1：02）
我爱上了上海。（阶段 2：10）
我写完了我的故事。（阶段 3：23）

阶段 4 没有任何动补结构出现，但阶段 5 却出现了 5 例，超过了前四个阶段之和：

我妹妹的两个女儿收到了很多礼物。（阶段 5：44）
我收到了红色手套。（阶段 5：44）
好在两个小时以后她找到了一件外衣。（阶段 5：45）
我真希望我找到了一个双溜冰鞋。（阶段 5：50）
好在上星期五下午我买到了一双二手的滑冰鞋。（阶段 5：51）

在学习者使用句中"＋了"的所有 8 例动补谓语句中，除了文本 2 的 1 例，其余都是动结式，使用的结果补语主要是"到"（5 例）、"上"（1 例）、"完"（1 例）等三种。这些语料的动词或动结式加"了"之后表达的意义主要是【完成结束】，如"回了医院去"、"收到了很多礼物"等，都表示事件的完成。"爱上了"的情况则较为复杂：一方面表示"上"这个结果的完成，另一方面却表示进入"爱（上海）"这种心理状态。我们认为，有必要对动结式加"了"之后所表达的不同意义进行区分，因为被称为复合动词的动结式同时包括"动"和"补"两个部分，每个部分都在句子中有自己的作用。因此，我们认为"爱上了"兼表【完成结束】【起始持续】两种意义。

由于"动结 ＋ 了 ＋ 宾"的聚合达到了 7 例，可以初步确定为变体"＋了"的一类系统变异；"动 ＋ 了 ＋ 宾语 ＋ 趋向补语"谓语结构句则未能形成系统变异。

（三）动宾谓语

"动 ＋ 了 ＋ 宾"的用法在句中"＋了"的使用中占绝对多数，直到阶段 5 才出现了明显下降。这部分语料从句法结构上又可分成以下几类：

（1）动词前或后使用介词结构，共 6 例，分布在阶段 1—阶段 4，阶段 5 没有出现。在这 6 例介词结构中，1 例使用了介词"给"：

（医生）给我们介绍了手术。（阶段1：06）

其余5例都使用介词"在"：

在餐馆，我练习了我的汉语。（阶段1：03）
所以她买了在马尔森 一个大房子。（阶段2：17）——所以她在马尔森买了……
上月在荷兰到了一个新哈利波特的电影*。（阶段3：25）——上月荷兰到了……
所以我们去了在那儿*。（阶段3：30）——所以我们去了那儿。
在大学我打算了两个聚会*。（阶段4：39）——……筹划了两个晚会。

在第三章对变体"−了"的讨论中，我们初步确定了句中出现"在"介词结构为一种系统变异。这样一来，如果我们把上述5例包含"在"介词结构但使用变体"＋了"的语料确定为系统变异的话，从逻辑上就是矛盾的。不过，这种矛盾是我们最后阶段需要解决的问题。在本章的分析中，只要某些语料已经满足了对系统变异的要求，就初步确定为一种系统变异。因此，我们把使用"在"介词结构的5例句子初步确定为变体"＋了"的一类系统变异。

上述6例语料，动词加"了"之后，表达的都是【完成结束】义，动作行为本身不再持续。

（2）"动＋了＋宾"出现在"以后"引导的状语从句中，共4例，都出现在阶段5：

然后买了树我们装饰树*。（阶段5：42）——买了树以后我们装饰树。
听了光盘以后我们都读汉字。（阶段5：48）
喝了咖啡以后我们回教室去。（阶段5：48）
到了家以后我给我妈妈打电话。（阶段5：52）

这 4 例用法初步确定为系统变异。

上述 4 例语料的动词加"了"之后，表达的语义是【完成结束】义。

（3）宾语为时量词、动量词，共 2 例。其中 1 例的宾语为时段词，另 1 例为动量词，都出现在阶段 5：

我等了太长了*。（阶段 5：50）——我等了太长时间了。

我们是累跳舞的时候我们坐了一下*。（阶段 5：52）——我们跳舞累的时候……

这 2 例用法都没能形成成员 3 以上的聚合，因此不确定为系统变异。这 2 例语料的动词加"了"之后，都表示【完成结束】义。

虽然数量很少，但上述 2 例用法反映了学习者在"动 + 了 + 宾"结构上的新发展：学习者开始使用动量宾语。

（4）一般的动宾结构。除去上述 11 例语料，我们把其他 76 例语料都归为一般的动宾谓语句。这些句子的宾语都是名词或名词性宾语，普遍地分布在每个阶段：

我今天打扫了我的房子。（阶段 1：03）

上月我妹妹和他的爱人买了一个新房子。（阶段 2：16）

上个周末我和我儿子装修了他的卧室。（阶段 3：23）

已经我们买了影片的票。（阶段 4：38）

好在上星期五下午我买到了一双二手的滑冰鞋。（阶段 5：51）

这一类动宾谓语的发展体现在双宾结构的出现。首先，在阶段 4 出现了 2 例双宾结构：

上个课我们的老师送了我们很多家庭作业*。（阶段 4：34）——……给了我们……

这个星期我发了你和我的老师故事一样*。（阶段 4：34）——……发给了你和我的老师一样的故事。

在阶段 5，双宾结构又出现了 1 例：

我知道你的教帮助了我很多。（阶段5：49）

双宾结构的出现说明，虽然句中"+了"的谓语结构比较单调，但动宾谓语结构内部还是出现了复杂化的趋势。

在这76例语料中，绝大部分动词加"了"之后表达【完成结束】义，共68例。但也有一些句子的动词加"了"之后表达的是【起始延续】义，这些句子使用的动词是"租"和"懂"，加"了"之后表示进入"租、懂、忘"的状态，共8例：

我们租了自行车。（阶段2：10）
昨天我和我儿子租了一个电影。（阶段2：12）
那儿我们租了一个大汽车。（阶段3：32）
可是我忘了我一个电脑，（阶段2：15）
对不起，我忘了我的东西。（阶段3：21）
他忘了他的外套，护照，还钱！（阶段3：21）
我忘了他们去滑雪。（阶段5：45）
因为我懂了所有的问题，（所以能力部分的考好。）（阶段5：48）

这种分析是一种从汉语本体出发的客观分析。如果是在现在时状态下，上述动词加"了"之后一定表示该动作或状态仍在持续，但上述句子描述的都是过去的事情，【起始持续】义的特征可能被【完成结束】义掩盖或代替，而不会对表达和理解形成障碍：动词加"了"之后持续的续段或者已经在过去的某个时间点之前结束，比如文本10的"我们租了自行车"发生在学习者在杭州游玩期间，当她离开杭州时，"租自行车"的持续行为已经结束；或者虽然没有结束，但对现在事件的发展已经不产生直接影响，比如文本48的"我懂了所有的问题"是导致"考好"这个事件结果的原因，但由于"考试"这个事件已经结束，所以"懂了"的状态对现在不再有直接影响。学习者在现在时状态下少用"了"的现象充分说明了过去时状态对【起始持续】义的掩盖：

他们租一间新房子*。（12）

我和我儿子一起住在马尔森，在那儿我租一间房子＊。（47）

在这 2 例句子中，学习者都使用了动词"租"，是她在之前的文本中已多次正确加"了"的动词。但在现在时状态下，一直到文本 47，学习者仍然少用"了"。当被纠正需要在"租"之后加"了"时，学习者的提问显示她完全没有意识到某些动词加"了"之后所包含的延续义：

"Why 'le' is used here? We are still renting the house."（为什么这里要用"了"？我们还租着这个房子。）

因此，虽然某些动词加"了"之后的意义是【起始持续】，但对学习者来说，由于过去时因素掩盖了续段的存在，却可以理解为【完成结束】义。

总的来说，以客观分析为依据的话，在过去时状态下句中"＋了"的使用中，学习者所使用的谓语动词加"了"之后主要表达【完成结束】义，达 86 例；加"了"之后表达或兼具【起始持续】义的有 9 例。从学习者主观表达的语义来看，95 例动词加"了"之后可能都表达【完成结束】义。在对数据进行统计时，我们以客观分析的结果为标准。

根据上述讨论，可初步确定学习者使用句中"＋了"的四类句法语境系统变异：

表 16　　　　　句中"＋了"句法语境系统变异

序号	类别	意义	成员数
1	一般动＋了＋宾	【完成结束】	68
		【起始持续】	8
2	动结＋了＋宾语	全表或兼表【完成结束】	7
3	包含介词"在"结构	【完成结束】	5
4	"以后"引导的状语从句	【完成结束】	4

4.2.4　句尾"＋了"

学习者正确使用句尾"＋了"的句子共 27 例，不同谓语结构在各阶段的分布如下：

表 17　　　　　　　　　句尾"＋了"阶段分布

阶段	动宾	动补	连谓	动词	助动	形容	总计
阶段 1（01—06）	0						0
阶段 2（07—19）	1（16.7%）	2（33.3%）	0	2（33.3%）	0	1（16.7%）	6（100%）
阶段 3（20—32）	2（22.2%）	2（22.2%）	1（11.1%）	3（33.3%）	1（11.1%）	0	9（100%）
阶段 4（33—41）	2（33.3%）	0	0	4（66.7%）	0	0	6（100%）
阶段 5（42—52）	4（66.7%）	2（33.3%）	0	0	0	0	6（100%）
总计	9（33.3%）	6（22.2%）	1（3.4%）	9（33.3%）	1（3.4%）	1（3.4%）	27（100%）

上述统计显示，虽然学习者使用句尾"＋了"的语料总量很少，出现时间较晚，但所使用的谓语结构比句中"＋了"丰富，五种谓语结构都已经出现。整体看来，阶段 2、阶段 3 是句尾"＋了"发展最为活跃的阶段。在阶段 1 的完全空白之后，阶段 2 出现了动宾、动补、动词、形容词四种不同类型的谓语结构；阶段 3 则出现了连谓和助动词谓语两种新的类型。但从阶段 4 开始，不同类型的谓语结构缩减到两种，阶段 4 只保持了动宾、动词谓语句，阶段 5 只保持了动宾和动补谓语句；形容词则仅仅在阶段 1 出现了 1 例。

下面以谓语结构的分类为框架，对学习者正确使用句尾"＋了"的用法进行分析。

（1）助动词谓语句。只有 1 例，出现在阶段 3：

下早上我和我儿子想开车回家去了*。（阶段 3：21）——第二天早上……

在这例句子中，加"了"之后表达"想开车回家去"这种心理状态的【起始持续*】。

（2）连谓谓语句。只有 1 例，也出现在阶段 3：

我们和她的六女朋友们去吃了*。（阶段 3：31）——……去饭馆吃饭了。

这例句子加"了"之后，表达"去（饭馆）吃（饭）"事件的【完成结束＊】。

（3）动补谓语句。共6例，分布在2、3、5三个阶段。其中1例动词前使用了"在"介词短语：

在办公室我来晚了＊。（阶段2：15）——我来办公室来晚了。

上述句子和下面5例句子加"了"之后都兼表【完成结束＊】和【起始持续＊】，【完成结束＊】由动词加"了"表达，【起始持续＊】由表示结果的补语加"了"之后表达，即"完了""晚了""懂了""对了""光了"的状态开始出现并持续：

我写完了。（阶段3：28）
我很高兴我所有公司找完了。（阶段3：29）
大家我的故事听懂了＊。（阶段2：18）——我的故事大家听懂了。
他们说对了。（阶段5：49）
第一个商店所有的溜冰鞋卖光了。（阶段5：50）

我们初步判断这6例动结式为变体"＋了"的一类句法语境变异。

（4）所有谓语句中，动宾谓语句是使用频率最高的两种结构之一，共9例，除了阶段1，其他四个阶段都有分布。其中在文本37出现的2例都使用动词"有"，加"了"之后表达【起始持续＊】义：

因为我有感冒了＊，（所以我上个周末没想要去一个生日的聚会。）（阶段4：37）
好在我爸爸也有感冒了＊。（阶段4：37）——好在我爸爸也感冒了。

如前所述，这里包含句法偏误，正确的表达应该是"感冒了"，但我们只关注"了"的使用是否正确，因此这里认为学习者使用了目的形式变体"＋了"。

文本52的句子使用了动词"开始"：

几分钟以后我和这个男人开始聊天了。（阶段5：52）

这个句子比较特殊。"开始"加"了"表示"开始"这个动作在瞬间完成，并没有动作本身或遗留状态的持续，但"开始"的事件（这里是"聊天"）却会持续。据此，我们认为这例句子中的"了"表达的意义为【起始持续*】。3 例都表达【起始持续*】义的句子可初步确定为句尾"＋了"的一类系统变异。这类系统变异的形成与所使用的谓语动词"有""开始"的属性有关，因此将在后文归入词汇语境变异。

除了上述 3 例句子，其他 6 例都表示【完成结束*】义：

上星期二我中文考试了。（阶段 2：18）
经过一个长暑假他开学了。（阶段 3：27）
我们吃，喝，笑，还跳舞了。（阶段 3：32）
上个星期二晚上我考试了。（阶段 5：48）
我告诉你，上个星期我考试了。（阶段 5：48）
那星期我们一起去饭馆了。（阶段 5：52）

这 6 例动宾谓语句使用句尾"＋了"的句子中，有 5 例为离合词，其中 3 例为"考试"，另外 2 例为"开学"和"跳舞"。从这些词语的使用情况来看，学习者并没有把这几例离合词分开使用过，因此不是真正的动宾结构。只有最后的 1 例"去饭馆了"显示出学习者开始在动宾谓语句中使用表达【完成结束*】义的句尾"＋了"。因此，我们把离合词使用【完成结束*】义句尾"＋了"初步判断为一类系统变异，共 5 例。

（5）使用动词谓语的有 9 例，分布在 2、3、4 三个阶段，其中 2 例在动词前使用了介词"在"，"了"表达【完成结束】义：

上星期一，我在荷兰到了。（阶段 2：10）
好在我们在电影院到了。（阶段 4：38）

加上动补谓语句中 1 例使用介词"在"结构的句子，学习者生成的句尾"＋了"语料中，动词前使用介词"在"结构的句子达到了 3 例，可以初步判断为一种系统变异。

其余 7 例中，还有 2 例也表达【完成结束】义，其中 1 例使用了介词"把"：

我们把家庭邀请了。（阶段3：30）

另外1例则使用简单动词：

昨天他英语的考了。（阶段2：13）

另外使用简单动词的5例加"了"之后都表示【起始持续*】义，可初步确定为变体"＋了"的一类系统变异。

因为一些公司站了*。（阶段3：29）——因为一些公司停了。
所以我旁我的女朋友睡了*。（阶段3：31）——所以我在我的女朋友旁边睡了。
但是我所有的忘了。（阶段4：34）
可是我也忘了。（阶段4：34）
好在她懂了。（阶段4：37）

这样，在动词谓语句使用句尾"＋了"的9例句子中，动词加"了"表达【完成结束*】义的4例，表达【起始持续*】义的5例。

总的来说，在学习者使用句尾"＋了"的27例用法中，完全表达【完成结束*】义的有11例，完全表达或兼有【起始持续*】义的16例；形成了以下句法语境变异：

表18　　　　　　　　句尾"＋了"系统变异

序号	类别	意义	成员数
1	离合词＋了	【完成结束*】	5
2	一般动词＋了	【起始持续*】	5
3	动结＋了	兼表两种意义	6
4	动宾＋了（动词"有"、"开始"）	【起始持续*】	3
5	"在"结构＋动＋了	【完成结束*】	3

4.3 讨论

本部分从句中"+了"、句尾"+了"两个角度对学习者在过去时条件下正确使用"了"的用法进行了分析,初步得出了以下正确使用"了"的句法语境变异:

表19　　　　　　　变体"+了"句法语境系统变异

序号	句法语境	句中"了"	句尾"了"	宾语
1	一般动+宾	76	3	有宾语
2	动结+宾	7	0	有宾语
3	介词"在"结构修饰动宾谓语	5		有宾语
4	动宾谓语在"以后"状语从句中	4		有宾语
	合计	92	3	
5	离合词	—	5	无宾语
6	动	—	9	无宾语
7	动结	—	5	无宾语
8	介词"在"结构修饰动词谓语	—	3	无宾语
	合计		20	

以上8类句法语境变异可以分成两个大类,一是带宾语的前4类,二是不带宾语的后4类。可以看到,这两大类在"了"的使用上有显著差异。当动词性谓语后带宾语时,"了"虽然在理论上既可以出现在句中,也可以出现在句尾,但学习者却显示出强烈的使用句中"+了"的倾向:使用句中"+了"的用法高达92例,使用句尾"+了"的仅3例(还有1例不形成系统变异);而且,当谓语为动结式带宾语、介词"在"结构做状语、动宾谓语在"以后"引导的状语从句中时,学习者都只使用句中"+了",不使用句尾"+了"。那么,学习者为何倾向于在带有宾语的句子中使用句中"了"而不是句尾"了"呢?当使用句尾"了"时,学习者又发展出了怎样的有关"了"的意识?下面分别进行探讨。

(一) 带宾语句使用句中"了"

我们认为，学习者之所以倾向于在带宾语的句子中使用句中"了"，主要原因可能是教材的影响。根据相关研究，当"了"用于"V + 了 + O"的结构构成的单句时，O 不能为简单宾语（吕文华，1983；赵立江，1996；刘月华等，2003），否则句子不完整：

他看了电影。 ＊——他看了一场电影。

也就是说，句尾"了"出现在动宾谓语句中是不自由的。这样一种规则在学习者使用的教材《新使用汉语课本》中得到了强调，该教材对"了"的最早引入即是"V + 了 + Nu – M/A/Pr + O"结构，编者不仅以英语解释了宾语前一般需要有数量词、形容词或者代词修饰，而且以图表的形式进行了强化。教学中的强调可能对学习者使用"V + 了 + O"结构产生了很大影响：在学习者使用的动宾谓语句中，绝大部分宾语前都有各种修饰语，从阶段 1 即是如此：

她拍了很多照片。（阶段 1：03）
我写了两个段课文。（阶段 1：06）

可见，学习者首先建立的是在动宾谓语句中使用复杂宾语和句中"了"的意识；当学习者对该结构反复使用时，例频（token）的增加又会进一步强化该结构在学习者心中的显著性（Leech，2011），使得没有机会接触其他汉语信息的学习者继续大量使用该结构。

(二) 无宾语句使用句尾"了"

谓语结构不带宾语的语料包括了上述 5、6、7、8 四种变异。对语料检查后发现，一部分句尾"了"虽然和之前谓词的共现是正确的，但整个句子却存在偏误。对这些偏误进行修正一般有两种方法，一是加入其他句法成分，二是调整语序，把句尾"了"移到句中。在 9 例动词谓语句中，4 例需要做以上修正：

昨天他英语的考了。（阶段 2：13）——昨天他考了英语/昨天他的英语考完了。

  我们把家庭邀请了。（阶段 3：30）——我们邀请了我们的家人/我们把家人邀请过来了。

  上星期一，我在荷兰到了＊。（阶段 2：10）——……我到了荷兰。

  好在我们在电影院到了＊。（阶段 4：38）——好在我们到了电影院。

这 4 例需要修改的句子中，"了"不管在句中还是句尾，都表达【完成结束】义。而不需要修改的 5 例句子，句尾"了"都表达【起始持续】义：

  因为一些公司站了＊。（阶段 3：29）——因为一些公司停了。

  所以我旁我的女朋友睡了＊。（阶段 3：31）——所以我在我的女朋友旁边睡了。

  但是我所有的忘了。（阶段 4：34）

  可是我也忘了。（阶段 4：34）

  好在她懂了。（阶段 4：37）

  以上情况说明，并不是所有的动词都可以自由地出现在句尾"了"之前，邓守信（1999）把"Verb＋了"（如：他已经睡了）认定为"任何情状类型的动词都可以出现"的句式，但这可能并不符合汉语实际。恰恰相反，这个类型的句式对动词有较多限制。如果不是在对话中进行问题回答，加"了"后表【起始持续】义的动词比表【完成结束】义的动词、离合词能更自由地出现（如上所述），另外带有结果或趋向补语的结构也可以自由出现：在动结谓语句中，学习者生成了 5 例使用句尾"了"的目的形式，也生成了 7 例使用句中"了"的目的形式，两种用法的频率基本相当，且不存在类似以上动词谓语句使用句尾"了"的句法偏误。

  句尾"了"对动词的限制同时解释了两方面的现象：一是为何学习者使用句尾"＋了"的数量比句中"＋了"要少得多；二是为何句尾"＋了"表达【起始持续＊】义比【完成结束＊】义要多。

4.4 小结

本书通过对学习者正确使用"了"的考察,发现:

(1) 从发展过程来看,阶段 1 的低值平稳期一方面是因为对句中"+了"的使用频率不高,另一方面是因为句尾"+了"完全没有出现;阶段 2—阶段 4 是"了"的逐渐发展期,句尾"+了"在这三个阶段的发展最为活跃,开始出现各种谓语结构,虽然总频率较句中"了"低很多,但所使用的谓语结构却比句中"了"丰富;在阶段 5,学习者最后使用"+了"的爆发主要和句中"+了"有关,句尾"+了"的贡献不大。总的来说,句中"+了"先于句尾"+了"进入发生期,也先于句尾"+了"进入了一个可能的爆发期。换言之,本研究的学习者对句中"了"的习得早于句尾"了",且使用频率也远远高于句尾"了"。这样一种倾向和学习者所处语言环境、所获得的语言输入以及"了"的句法限制都有关。

(2) 本研究的学习者使用句中"了"时,主要表达【完成结束】义;即使某种类型的动词加句中"了"之后表达【起始持续】义,其中的续段也可能因为事件发生在过去而被掩盖,学习者对持续义的理解缺失有可能不影响"了"的使用;使用句尾"了"时,完全表达或兼表【起始持续＊】义的比完全表达【完成结束＊】义的要高。可表示如下:

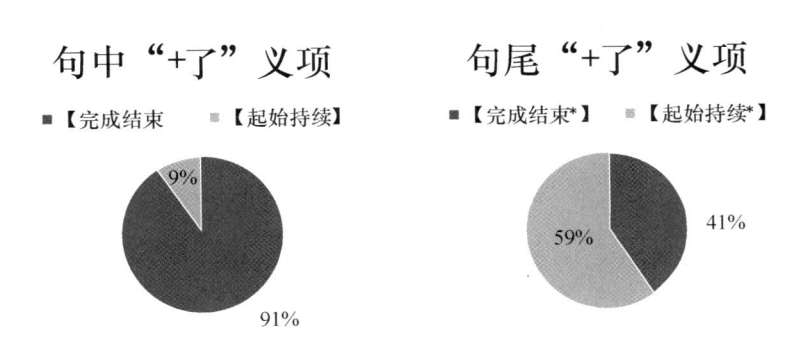

图 12 过去时句中"+了"、句尾"+了"义项分布

综合来看，过去时时态下 122 例正确使用"了"的用法中，完全表达【完成结束】义的达 97 例（79.5%），完全表达或兼表【起始持续】义的 25 例（20.5%）。可表示如下：

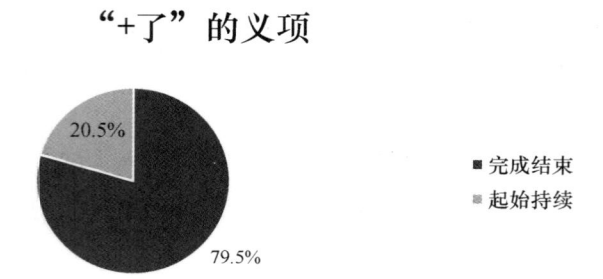

"+了"的义项

图 13　过去时"+了"的义项分布

总之，从学习者使用变体"+了"的情况来看，"了"的义项分布并不平衡，【完成结束】义的使用频率远远高于【起始持续】义。

根据我们的观察，在 52 周时间的最后三周，学习者正确使用"了"的用法刚刚开始出现一定程度的高涨，但这种高涨的规模、持续时间都属未知，之后是否会出现代表成熟期的稳定期也取决于很多因素。

第 五 章

过去时偏误形式变体

5.1 数据描写

"了"的偏误形式共分三种，即少用（-）、多用（+）、错用（*），每种偏误形式的统计结果分别如下：

表20　　　　　　　"了"偏误形式变体汇总

少用	多用	错用	合计
70	40	21	131

首先，可以把上述三种偏误变体合并在一起观察整体偏误的发展趋势，其发展轨迹如下：

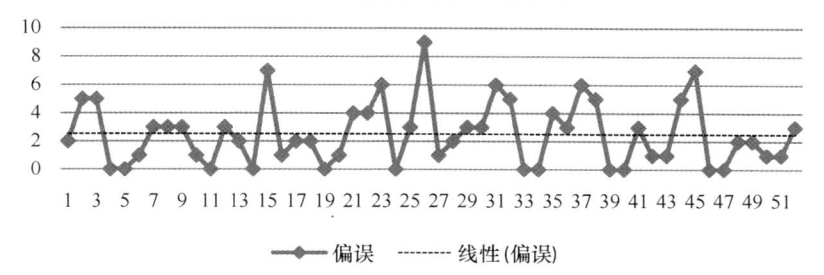

图14　"了"过去时偏误形式变体发展轨迹

从图 14 可以看出：（1）偏误形式变体的发展趋势线和前述目的形式变体"－了""＋了"非常不同，并没有呈现出明显的增长趋势，而是几乎和横坐标轴平行。这意味着就整体来说，学习者使用"了"所产生的偏误在 52 周的时间中并没有增多或减少，一直保持非常稳定的数量。（2）在第 20 周之前，除了一个数据点达到 7、两个数据点达到 5 之外，"了"的偏误数量一直在 3 以下，是偏误量较少的一段时期。（3）从第 21 周到第 45 周，偏误量出现了明显的增长，最高达到了 9，近一半的数据点在 4 以上。（4）从第 46 周到第 52 周，偏误量又降到 3 以下，出现了明显的回落。所以，总的来看，偏误变体的发展过程是两端低，中间高。

"了"的偏误在整体上没有增长并不代表每种类型的偏误都以相同的轨迹发展。以下分别绘制出了不同类型偏误的发展轨迹图。少用"了"偏误的发展轨迹如下：

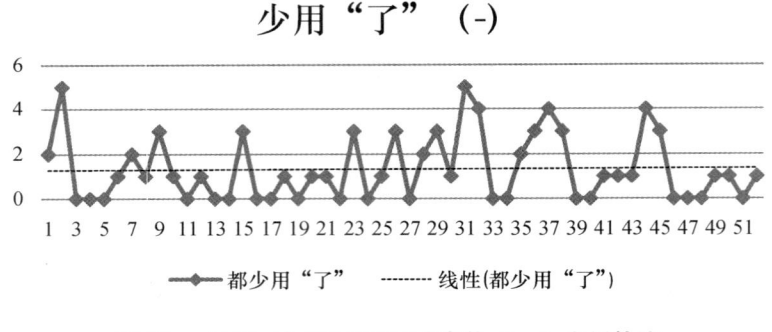

图 15　"了"过去时偏误形式变体"－"发展轨迹

从图 15 可以看到，少用偏误变体"－"和总偏误变体的发展趋势一致，都几乎和横坐标轴平行，没有表现出明显的增长或下降，说明少用"了"偏误在 52 周的时间中一直在数量上保持平稳的发展。

多用"了"偏误的发展轨迹如下：

多用"了"（+）

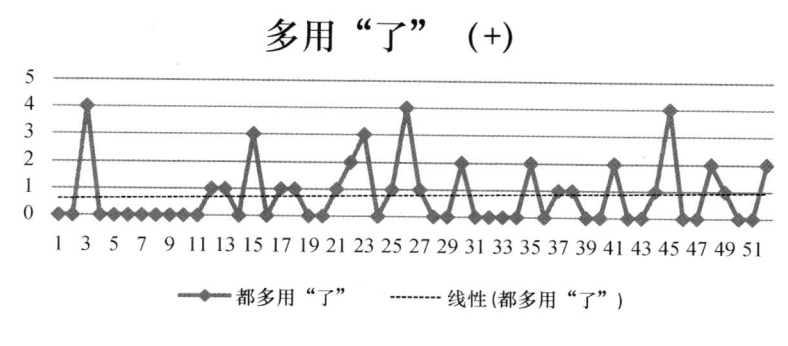

图16 "了"过去时偏误形式变体"+"发展轨迹

从图16可以看到，多用偏误变体"+"的发展趋势线呈现较明显的增长，说明随着初级学习者汉语水平的提高，"了"的泛化使用在增加。

错用"了"的发展轨迹如下：

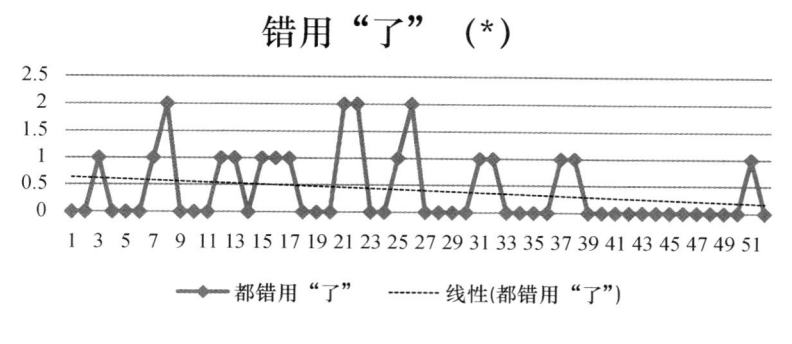

错用"了"（*）

图17 "了"过去时偏误形式变体"*"发展轨迹

从图17可以看到，错用偏误变体的发展趋势线和多用刚好相反，呈较明显的下降趋势。不过，错用"了"的偏误数量很少，远没达到平均每周1例的密度，因此在统计学上的可靠性比较差。

如果把上述三种偏误类型的少用偏误看作隐性偏误，把多用、错用看作显性偏误的话，则两种偏误类型在52周的时间中都保持基本稳定的数量，没有明显的增长或下降。

由于每种偏误的密集度太小，很难使用移动极值—均值图来呈现其数据特征，我们只绘制了全部偏误类型的移动极值—均值图。多次尝试表明,以每八个数据点为一个窗口最适合本部分数据的呈现。

偏误形式变体

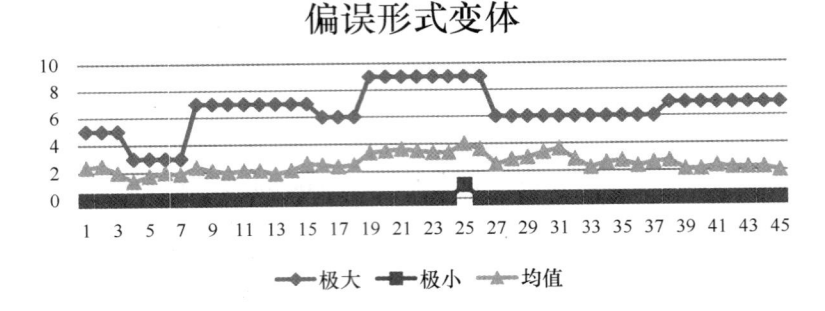

图18 "了"过去时偏误形式变体移动极值—均值

图18显示,"了"偏误形式的均值在前期较低,中间部分有显著上升,后期则出现了明显回落。因此,虽然总体偏误的发展趋势线无升无降,但其发展过程却是低—高—低的动态过程。从变异幅度来看,除了开始的几周,各时期的变异幅度差距不是很大。以均值为主要标准,参照变异幅度,我们把"了"偏误形式的发展分为以下几个阶段:

(1)1—7周为阶段1。在这个阶段,除了前两个数据点的均值在2以上之外,其他数据点的均值都在2以下,同时变异幅度较小(3—5),说明这个时期"了"的偏误量不高且每周的表现比较稳定。

(2)8—18周为阶段2。在这个阶段,均值出现了轻微增长,除了数据点13之外,其他数据点的均值都在2以上3以下;变异幅度较前一阶段明显增大(6—7)。这说明在阶段2,学习者使用"了"所产生的偏误数量增加,但不太稳定,数量时多时少,差距较大。

(3)19—26周为阶段3。阶段3是52周时间中变异幅度最剧烈的时期(8—9),同时均值也出现了明显增长,除了数据点25达到了4以上之外,其他数据点也都在3以上。也就是说,该阶段是所有时期偏误量均值最高、但不同数据点之间差距最大的时期。

(4)27—38周为阶段4。在本阶段,均值先回落到3以下,之后出现了短暂上升(有3个数据点均值在3以上4以下),从32周起一直保持在3以下,变异幅度(6—7)则比上一阶段有明显减小,但和阶段2的差距不大。

（5）39—52周为阶段5。在这个阶段，偏误均值继续回落，并始终稳定地保持在2—2.4，浮动非常小；变异幅度（7）比前一阶段略有增加，但增加量非常小。

以上各个阶段的均值水平和变异幅度总结如下：

表21　　　　　　　　"了"偏误变体阶段特征

阶段	特征	均值区间		变异幅度
阶段1（01—07）	低值起伏	1.4—2.5	1.1	3—5
阶段2（08—18）	轻微增长	1.9—2.6	0.7	7—8
阶段3（19—26）	明显增长	3.4—4.1	0.8	8—9
阶段4（27—38）	起伏下降	2.4—3.8	1.4	6—7
阶段5（39—52）	低值平稳	2—2.4	0.4	7

从更宏观的范围来看，学习者使用"了"的偏误形式可以分为三个大的阶段：阶段1的偏误量较少，变异幅度也较小；阶段2—4变异幅度较大，均值较高，且在阶段3出现了明显增长；阶段5均值较低且非常稳定，但变异幅度仍较阶段1大。

5.2　阶段探索

下表统计出了每种偏误变体在不同阶段的分布量以及在该阶段所占的百分比：

表22　　　　　　　"了"偏误形式变体阶段分布

阶段	少用	多用	错用	总计
阶段1（01—07）	10（62.5%）	4（25%）	2（12.5%）	16（100%）
阶段2（08—18）	10（41.6%）	7（29.2%）	7（29.2%）	24（100%）
阶段3（19—26）	9（33.3%）	11（40.7%）	7（26%）	27（100%）
阶段4（27—38）	27（71.1%）	7（18.4%）	4（10.5%）	38（100%）
阶段5（39—52）	13（50%）	12（46.2%）	1（3.8%）	26（100%）
总计	69（52.7%）	41（31.3%）	21（16%）	131（100%）

根据每种偏误在不同阶段所占的百分比，我们绘制出了三类偏误变体在五个阶段中的发展情况：

偏误形式变体

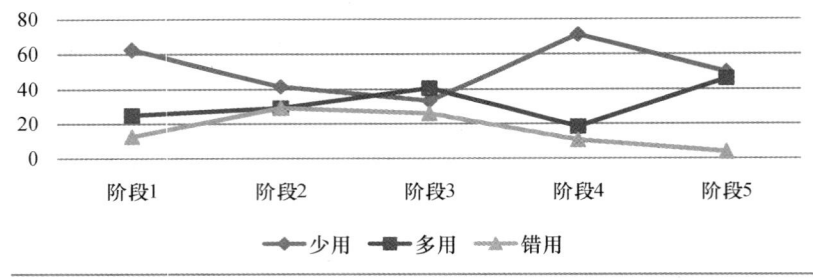

图19　"了"过去时偏误形式变体发展曲线

上图显示，每类偏误变体在五个阶段的发展是动态不平衡的：

（1）少用"了"偏误基本上处于所有偏误形式的最高层级，所占比率除了在阶段3接近30%以外，其余阶段都在40%以上，阶段4甚至达到了70%，阶段5回落之后也还高达50%。其总体发展趋势可以描述为：降（阶段1—3）—升（阶段4）—降（阶段5）。

（2）多用"了"偏误处于三种偏误形式的中级水平，除了阶段4下降到20%之下以外，其余阶段都在20%之上。非常有意思的一点是，多用"了"和少用"了"偏误的发展过程曲线刚好相反，可以描述为：升（阶段1—3）—降（阶段4）—升（阶段5）。在阶段3，多用"了"超越少用"了"成为该阶段比率最大的偏误,阶段4回落之后,在阶段5又上升到近50%,与少用"了"在该阶段的比率已经非常接近。

(3)错用"了"偏误量最低。在阶段2,错用"了"上升到五个阶段中最高的29.2%,之后不断回落,在阶段5仅占该阶段所有偏误的3.8%。

总的来看,学习者少用"了"偏误可能已经通过了高涨期并开始进入稳定阶段;错用"了"虽然出现过高峰和回落,且总体上处于下降趋势,但从理论上推测,由于其目前阶段的总量很少,随着学习者开始接触和使用更多样的语言形式,后续阶段有可能会出现增长趋势;多用"了"在最后阶段的高峰不但代表着该类型偏误高峰期的到来,而且可能预示着"了"的习得进入了一个质变阶段。王建勤(1996)认为,学习者在习得某一规则之后,会在某一特定时期表现出大量使用该规则的基本"性向"(disposition),导致高涨期的产生,"目的语规则泛化就是这种性向的极端表现"。结合正确用"了"的过程来看,多用"了"在最后阶段的大幅上涨(39—52周)刚好发生在正确使用"了"最后阶段的高涨(42—52周)之前,并在之后同步发展,可能证明了泛化使用对习得的预示和促进作用。

另一方面,少用"了"偏误的大量存在可能预示着学习者对"了"的习得还处于高涨期之前的缓慢发展阶段。从本书的考察结果来看,少用"了"虽然整体无增长趋势,但其总量仍然是最大的,比多用和错用之和还稍高;同时,前文对学习者正确使用"了"的考察表明,除了42—52周构成的最后阶段,学习者对"了"的正确使用一直处于缓慢增长的阶段,与少用"了"偏误的存在刚好相对应。

5.3 分类探索

5.3.1 少用"了"

学习者少用"了"偏误共70例,根据谓语结构和少用位置统计如下:

下篇 实践篇

表 23 过去时少用"了"偏误句法分类

句法位置	动宾	动词	动补	连谓	助动	总计
少句中"了"	59	—	4	4	1	68（97.1%）
少句尾"了"	0	1	0	1	0	2（2.9%）
总计	59（84.3%）	1（1.4%）	4（5.7%）	5（7.2%）	1（1.4%）	70（100%）

上述统计显示，学习者少用"了"的 70 例偏误中，只有 2 例是句尾"了"，其他都是句中"了"；所使用的谓语结构中，84.3% 是动宾结构，另外有少量连谓（5 例）、动补（4 例）和助动词（1 例）谓语结构。分阶段来看，上述偏误的分布如下：

表 24 过去时少用"了"偏误阶段分布

阶段	动宾	动词	动补	连谓	助动	总计
阶段 1（01—07）	10（100%）	0	0	0	0	10
阶段 2（08—18）	7（63.6%）	0	2	2	0	11
阶段 3（19—26）	8（88.9%）	0	0	1	0	9
阶段 4（27—38）	23（85.2%）	1（句尾）	2	0	1	27
阶段 5（39—52）	11（84.6%）	0	0	2（1 例句尾）	0	13
总计	59（84.3%）	1	4	5	1	70

可见，学习者少用"了"偏误在每个阶段使用的谓语都主要是动宾结构。由于动补和连谓结构的出现，动宾结构所占比率在阶段 2 达到了最低点，但之后开始回升；阶段 5 虽然出现了一定下降，比率仍然高达 84.6%。

由于少用句尾"了"的数量非常少，下面仅从谓语结构的角度进行讨论。

（一）动词谓语

动词谓语句共 1 例，缺少的"了"为表达【起始持续*】义的句尾"了"，出现在阶段 4：

在我的女朋友睡*。（阶段4：31）——在我的女朋友旁边睡了。

（二）助动词谓语

助动词谓语句共1例，出现在阶段4，缺少的是表达【完成结束】的句中"了"：

星期二我得去办公室*。（阶段4：37）——星期二我不得不去了办公室。

这是一个比较特殊的例子，与助动词谓语不能使用句中"了"的规律刚好相反。要表达学习者"had to"的原意，必须使用助动词"不得不"，同时动词后必须使用"了"。这样的表达显然超出了学习者现阶段的语言能力，因此她选择了已经掌握的助动词"得"，且没有使用"了"。

（三）动补谓语

动补谓语共4例，其中1例应该使用表【完成结束】的"了"，但错误地使用了带"得"补语：

我妹妹的爱人先装修得很多*。（阶段2：16）——……先装修了很多。

另外3例分别出现在阶段2和阶段4：

最后我做完作业*。（阶段2：15）——最后我做完了作业。
早餐的时候其中一个孩子唤醒我和我女朋友*。（阶段4：31）——……唤醒了我和我女朋友。
这个问题是希腊交出错表。（阶段4：35）——这个问题是希腊交出了错表。

这3例动补结构都是动结式，缺少的"了"都是表示【完成结束】义的句中"了"，初步确定为少用偏误变体"–"的一类系统变异。

（四）连谓谓语

连谓谓语句共5例，其中1例缺少的是句尾"了"，出现在阶段5：

我忘了他们去滑雪＊。（阶段5：45）——我忘了他们去滑雪了。

这例句子的连谓谓语在"忘了"的宾语从句中出现，所缺少的句尾"了"表达【起始持续＊】义："滑雪"行为并没有结束，而是开始以后仍在持续。

其余4例连谓谓语句缺少的都是表达【完成结束】义的句中"了"，分别分布在阶段2、阶段3、阶段5：

星期天我们去南京坐火车＊。（阶段2：08）——……坐火车去了南京。

上星期六我跟我弟弟从上海去杭州坐火车＊。（阶段2：10）——……坐火车去了杭州。

很快我开车去医院＊。（阶段3：26）——……开车去了医院。

我们和一行圣诞树坐电梯上楼＊。（阶段5：41）——……坐电梯上了楼。

这4例缺少句中"了"的连谓谓语句的语义结构都属于"方式＋动作"，可初步确定为一类系统变异。

（五）动宾谓语

动宾谓语结构根据其内部句法特点又可以分为以下几类：

（1）宾语为时量宾语，主要是"一下"或者动词重叠形式，如"看看"。动词重叠形式并不属于动宾结构，不过由于动词重叠式和动词后加"一下"的用法意义都很接近，而且在学习者的语料中也出现了二者混合在一起使用的现象，这里划为一类。这两种结构共4例，分别分布在阶段1和阶段2：

医生做照片，看一下＊。（阶段1：01）——……看了一下。

然后我去书店，我看看一下＊。（阶段1：02）——我看了一下/我看了看。

在这儿鸟医生看看小鸟＊。（阶段2：15）——……看了看小鸟。

我给我的朋友打电话，讲一下＊。（阶段4：37）——……讲了一下。

以上所有句子所缺失的"了"都是表【完成结束】义的句中"了"，初步判断为少用变体"－"的一种系统变异。

（2）宾语为表示动词延续时间的时段词，共 4 例，分别分布在阶段 1、阶段 3、阶段 4，所缺失的"了"为表示【完成结束】义的句中"了"。

在医院我们等很多时间∗。（阶段 1：02）——……等了很长时间。
我们在他的卧室一共工作三个天∗。（阶段 3：23）——……工作了三天。
我儿子等四个星期她回来荷兰∗。（阶段 3：23）——我儿子等了四个星期……
他笑很多，我们也笑很多∗。（阶段 4：31）——他笑了很久，我们也笑了很久。

上述 4 例初步确定为少用"了"偏误变体的一类系统变异。

（3）动词前后有介词结构引导的状语或宾语，共 11 例。其中介词"从"3 例，动词后缺少的"了"为表达【完成结束】义的句中"了"，初步确定为一类系统变异：

上星期六我跟我弟弟从上海去杭州坐火车∗。（阶段 2：10）——……坐火车去了杭州。
我另外的弟弟从上海回家∗。（阶段 2：12）——……从上海回了家。
他从看朋友回家来∗。（阶段 4：28）——他看了朋友回家来。

使用介词"给"3 例，动词后缺少的"了"都为表达【完成结束】义的句中"了"，初步确定为一类系统变异：

我查因特网，还给很多公司打一个电话∗。（阶段 4：29）——……打了电话。
所以我给医生打一个电话∗。（阶段 4：37）——……打了一个电话。
这个星期我的老师回给我的考∗。（阶段 5：49）——……给回了我的试卷。

使用介词"在"的5例,所缺少的"了"为表达【完成结束】义的句中"了":

我和小鸟在那儿开车*。(阶段2:15)——我和小鸟开车去了那儿。
在这儿鸟医生看看小鸟儿*。(阶段2:15)——……看了看小鸟儿。
我们在他的卧室一共工作三个天*。(阶段3:23)——……工作了三天。
除我爸爸我们都睡在汽车里*。(阶段4:32)——除了我爸爸,我们都睡在了汽车里。
在家我换衣服*。(阶段5:44)——在家我换了衣服。

以上5例初步确定为一类系统变异。

(4)一般动宾谓语句。这里指宾语为名词性词语或从句,且句中不包含上述句法结构的动宾谓语句,共42例,分别分布在五个阶段,所缺少的都是表【完成结束】义的句中"了":

我买牛奶和面包*。(阶段1:02)——我买了牛奶和面包。
我吃很多中国饭*。(阶段2:09)——我吃了很多中国饭。
她和她爱人来荷兰*。(阶段3:21)——她和她爱人来了荷兰。
我查因特网*。(阶段4:29)——我查了因特网。
她试很多外衣。(阶段5:45)——她试了很多外衣。

因此,我们把一般动宾谓语结构也初步确定为少用"了"变体的一类系统变异。

总的来说,过去时少用"了"70例偏误中,97.1%(68例)缺少的都是表【完成结束】义的句中"了",只有2.9%(2例)为表【起始持续*】义的句尾"了"。初步确定的少用偏误变体"–"系统变异共8类,按照成员数排列如下:

表25　　　　　过去时少用"了"偏误变体"-"系统变异

序号	类型	成员数	语义
1	一般动宾谓语句	42	完成结束
2	包含"在"介词结构	5	完成结束
3	时段宾语	4	完成结束
4	连谓结构"方式+动作"	4	完成结束
5	包含动量宾语"一下"或动词重叠形式	4	完成结束
6	动结式带宾语	3	完成结束
7	包含"从"介词结构	3	完成结束
8	包含"给"介词结构	3	完成结束

5.3.2　多用"了"

学习者多用"了"偏误共40例，根据其谓语结构和出现位置统计如下：

表26　　　　　过去时多用"了"偏误句法分类

	动宾	动词	动补	助动	形容	总计
多句中"了"	17	-	1	6	2	26（65%）
多句尾"了"	1	8	2	2	1	14（35%）
总计	18（45%）	8（20%）	3（7.5%）	8（20%）	3（7.5%）	40（100%）

把学习者多用"了"和少用"了"两种偏误进行对比，可以看到非常显著的差异：在少用"了"偏误中，少用的"了"几乎全部为句中"了"（97.1%）；在多用"了"偏误中，句中"了"虽然占大多数（65%），但句尾"了"的比例大幅度提升，达到35%。这意味着，对于句中"了"，缺失和泛化两种情况同时存在，但缺失的情况更严重；而对于句尾"了"，初级学习者更容易泛化而不是缺失。

为考察多用句中"了"、句尾"了"在时间维度中的发展方向，我们绘出了两种偏误的发展轨迹图：

多用句中"了"

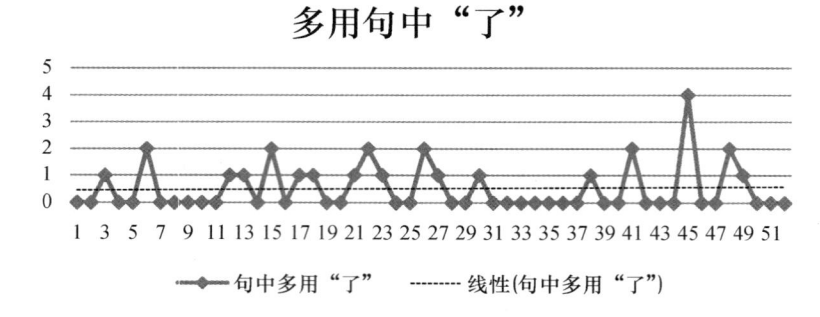

图20 过去时多用句中"了"偏误发展轨迹

多用句尾"了"

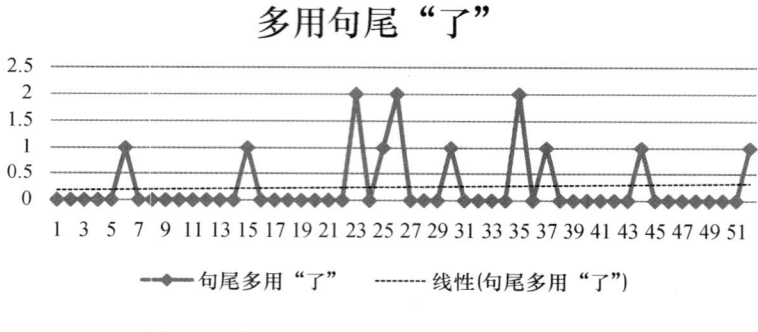

图21 过去时多用句尾"了"偏误发展轨迹

多用句中"了"、句尾"了"的发展轨迹图表明：多用句中"了"在52周的时间中呈现轻微的增长趋势，多用句尾"了"则呈现较为快速的增长趋势。这两种不同的增长曲线意味着多用句尾"了"在后期阶段有可能超出多用句中"了"。下表对多用句中"了"、句尾"了"的分阶段统计部分支持了我们的预测：

表27   过去时多用句中"了"、句尾"了"偏误阶段分布

阶段	句中 " + "	句尾 " + "	总计
阶段1（01—07）	3（75%）	1（25%）	4（100%）
阶段2（08—18）	6（85.7%）	1（14.3%）	7（100%）

续表

阶段	句中"+"	句尾"+"	总计
阶段 3（19—26）	6（54.5%）	5（45.5%）	11（100%）
阶段 4（27—38）	3（42.9%）	4（57.1%）	7（100%）
阶段 5（39—52）	9（81.8%）	2（18.2%）	11（100%）
总计	27（67.5%）	13（32.5%）	40（100%）

根据上表统计的百分比，绘制出多用句中"了"和句尾"了"在五个阶段的发展趋势如下：

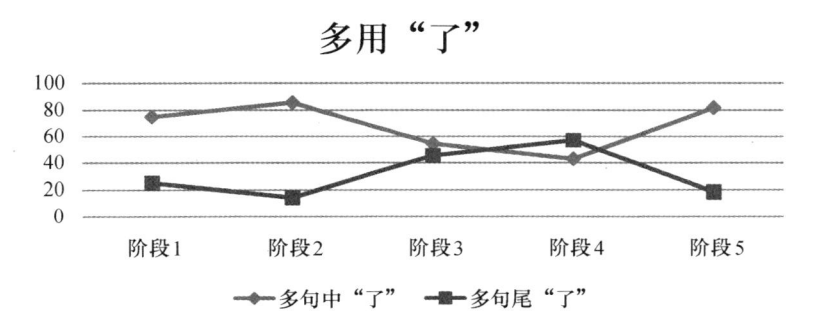

多用"了"

图 22　过去时多用句中"了"、句尾"了"发展曲线

可以看到，在阶段 1、阶段 2，多用句中"了"的比率远远超出多用句尾"了"；在阶段 3，两者的比率趋于接近；在阶段 4，多用句尾"了"的比率则超越了多用句中"了"；但在阶段 5，多用句中"了"的比率再次占据了绝大多数。总的来看，虽然多用句尾"了"在整体上呈增长趋势，但这种增长时有波动，并没能在每个阶段都保持增长势头。

5.3.2.1　多用句中"了"

表 28 分阶段统计出了多用句中"了"偏误所使用的谓语结构在每个阶段的数量。数据显示，多用句中"了"的谓语结构以动宾谓语为主（63%），助动词谓语次之（22.2%），另外还有少量动补谓语和形容词谓语。我们从数量最少的谓语结构开始分析。

表 28　　　　　　过去时多用句中"了"偏误句法分布

阶段	动宾	动补	助动	形容	总计
阶段 1（01—07）	1	0	0	2	3
阶段 2（08—18）	3		3		6
阶段 3（19—26）	6		0	0	6
阶段 4（27—38）	3				3
阶段 5（39—52）	4	2	3		9
总计	17（63%）	2（7.4%）	6（22.2%）	2（7.4%）	27（100%）

（一）形容词谓语句

形容词谓语多用句中"了"的 2 例偏误都出现在阶段 1，且都是在形容词谓语前错误地使用了系动词"是"并同时使用了"了"：

我儿子的卧室是了很多脏。（阶段 1：02）
他的医生是了很高兴。（阶段 1：06）

这样的偏误只出现在阶段 1，并没有在后续阶段出现。由于这类偏误仅 2 例，我们不判断为多用"了"的系统变异。

（二）助动词谓语句

助动词谓语句多用句中"了"的偏误共 3 例，都出现在阶段 2。1 例在助动词后多用"了"：

昨天晚上我要了做作业。（阶段 2：15）

另外 2 例都是在助动词后的动词后、宾语前多用"了"：

我要帮助了小鸟。（阶段 2：15）
我不能做了多问题。（阶段 2：18）

总的来说，这类偏误都和助动词的使用有关，且达到了 3 例，因此初步判断为一类系统变异。

（三）动补谓语句

多用句中"了"的动补谓语句仅 1 例，出现在阶段 5：

所以我没带来了都饼干。（阶段 5：41）

这类偏误也不判断为系统变异。

（四）动宾谓语句

动宾谓语句是多用句中"了"谓语结构中数量最多的一类，在五个阶段都有分布。从所使用的动词看，可以分成以下几类：

（1）所用动词是心理动词，共 5 例，分别分布在阶段 1（1 例）、阶段 2（2 例）、阶段 3（1 例）、阶段 4（1 例），如：

因为我儿子需要了手术，（所以他害怕了。）（阶段 1：06）
我不知道了电影的名字。（阶段 2：12）
她担心了她的两个婴儿的舒服。（阶段 2：13）
我妹妹觉得了现在她是妈妈。（阶段 3：22）
他很怕了他不认识一个人。（阶段 4：27）

我们把这类偏误初步判断为多用"了"变体的系统变异。

（2）动词为系动词"是"，共 1 例，分布在阶段 2：

我们爸爸是荷兰人，我们妈妈是了英国人。（阶段 2：17）

这里的 1 例偏误虽然是动宾谓语句，但和形容词谓语句中的 2 例偏误形式一样，都是在系动词"是"后使用"了"。因此，我们把这 3 例初步确定为多用"了"的一类系统变异。

（3）动词为"有"，共 2 例，分布在阶段 3、阶段 5，不判断为系统变异：

因为她不是妈妈，所以这个星期她有了一个生日聚会。（阶段 3：22）
我们有了一个大桌子。（阶段 4：30）

（4）动词为引述动词，共 2 例，不判断为系统变异：

我问了我儿子，你有你的每个东西？（阶段 3：21）
然后她说了：你两个婴儿不要生了。（阶段 3：26）

（5）句中使用了序数词"第一次"，1 例，不判断为系统变异：

我第一次做了烤鸭。（阶段 3：26）

（6）句中使用"……的时候"状语结构，共 5 例，判断为系统变异：

我到了我妹妹的房子的时候，……（阶段 4：38）
我们到了的时候，我们和一行圣诞树坐电梯上楼。（阶段 5：41）
我写了故事的时候天气正在下雨。（阶段 5：45）
昨天我看了电视的时候看见我姑母的房子。（阶段 5：45）
我们回小车走了的时候不能聊天。（阶段 5：45）

（7）句中使用了否定副词"不"，共 5 例，判断为系统变异：

我不知道了电影的名字，（阶段 2：12）
我不能做了多问题。（阶段 2：18）
上个星期我妹妹不做了妈妈，（阶段 3：23）
我不能了开车。（阶段 5：45）
我妈妈不找到了她的溜冰鞋，（阶段 5：49）

（8）句中使用了否定副词"没"，共 6 例，不判断为系统变异：

……，所以我没带来了都饼干。（阶段 5：41）

根据上述分析，我们初步确定了 5 类多用"了"变体"＋"的系统变异：

表 29　　　　　　　　过去时多用句中"了"偏误系统变异

序号	类型	成员数	位置
1	否定结构"不"	6	句中
2	心理动词	5	句中
3	的时候	5	句中
4	助动词谓语	3	句中
5	系动词"是"	3	句中

5.3.2.2 多用句尾"了"

表 29 分阶段统计出了多用句尾"了"偏误的分布情况。可以看到：

第一，学习者多用句尾"了"在阶段 1、阶段 2 数量既少，谓语类型也非常有限，在每个阶段仅有一类。

第二，在阶段 3、阶段 4、阶段 5，新的谓语类型相继出现，阶段 5 的成员数量虽然少，但谓语类型达到了 3 类。

第三，综合来看，虽然多用句尾"了"的总体数量低于多用句中"了"，但多用句尾"了"的谓语结构类型（5 类）比多用句中"了"（3 类）多样；多用句中"了"的谓语类型以动宾谓语（63%）为主，多用句尾"了"则以动词谓语（61.5%）为主。

表 30　　　　　　过去时多用句尾"了"偏误阶段分布

阶段	动宾	动词	动补	助动	形容	总计
阶段 1（01—07）	0	1	0	0	0	1
阶段 2（08—18）	1	0		0		1
阶段 3（19—26）	0	4		1	0	5
阶段 4（27—38）		3		0	1	4
阶段 5（39—52）	0	0	1	1	0	3
总计	1（7.7%）	8（61.5%）	1（7.7%）	2（15.4%）	1（7.7%）	13（100%）

下面从数量最少的谓语结构类型开始分析。

（一）形容词谓语句

形容词谓语句共 1 例，出现在阶段 4：

上个星期我有点儿感冒，我头疼和嗓子疼了。（阶段 4：37）

虽然只有 1 例，我们仍可以从中看到一些隐藏的信息：这例形容词多用句尾"了"偏误和形容词多用句中"了"偏误非常不同。多用句中"了"是由于在形容词前使用"是了"这样一种形式，该形式可以直接对应于英语中的"was/were + adj."结构，考虑到这种类型的偏误只出现在阶段 1，后来没再出现，基本上可判断为是英语负迁移导致的偏误；而多用句尾"了"则是在形容词后直接加"了"，且出现在阶段 4，较合理的推测是由于学习者开始接触形容词后加句尾"了"表示新状态出现的用法，导致了句尾"了"的泛化。

（二）动补谓语句

动补谓语句只有 1 例，出现在阶段 5：

我爷爷笑得很大了。（阶段 5：44）

这例偏误的程度补语为形容词，与学习者在阶段 4 开始在形容词谓语句句尾使用"了"的偏误原因可能有共同之处。

（三）动宾谓语句

只有 1 例，出现在阶段 2：

它不能飞行，也怕很大猫了。（阶段 2：15）

这例动宾谓语句的动词属于心理动词。

（四）助动词谓语句

共 2 例：

你两个婴儿不要生了。（阶段 3：26）
一半年以前我和我的朋友们想要去跳舞了。（阶段 5：52）

助动词谓语句在表示新状态的【起始持续*】义时，是可以使用句尾"了"的，但这里学习者想要表达的并不是该语义，因此为偏误用法。

（五）动词谓语句

动词谓语句是多用句尾"了"偏误中最大的一类，分别分布在阶段 1（1 例）、阶段 3（4 例）、阶段 4（3 例）。可以分为三类：

（1）所使用的动词为心理动词，共 6 例，如：

所以他害怕了。（阶段 1：06）
我不懂了，我儿子也不懂了。（阶段 3：23）

加上动宾谓语句中的 1 例偏误,则心理动词句出现的多用句尾"了"偏误达 3 例,判断为多用"了"的一类系统变异。

(2)"不"否定结构带"了"的 6 例偏误,如:

星期三因为我不睡了,所以我很累。(阶段 3:26)
我们说汉语的时候我们家庭不懂了。(阶段 4:30)
欧盟不知道了。(阶段 4:35)
这个一个难故事,我不知道了。(阶段 4:35)

如果加上助动词谓语句中出现的 1 例"不"否定结构,则"不"否定结构多用句尾"了"的偏误达 7 例,确定为多用"了"的一类系统变异。

(3)描述过去发生的经常性动作,共 1 例:

我儿子年轻的时候,每天我读了他睡以前。(阶段 3:25)

综上所述,我们初步得出了学习者多用句尾"了"系统变异 2 类:

表 31 　　　　　过去时多用句尾"了"偏误系统变异

序号	类型	成员数	位置
1	否定结构"不"	7	句尾
2	心理动词	3	句尾

5.3.3 错用"了"

学习者错用"了"偏误在各阶段的分布统计如表 32 所示。可以看到,学习者错用"了"的 21 例偏误中,数量最大的是连谓谓语句(8 例,38.1%),其次是动宾谓语句(7 例,33.3%),另外还有 4 例动词谓语句(19%)、1 例动补谓语句、1 例形容词谓语句。与少用"了"、多用"了"两类偏误相比,连谓谓语句的高比例是错用"了"偏误的一大特点。

表32　　　　　　　　过去时错用"了"偏误阶段分布

阶段	动宾	动词	动补	形容	连谓	总计
阶段1（01—07）	1	0			1	2
阶段2（08—18）	1	1	1	0	3	6
阶段3（19—26）	3	2	0		2	7
阶段4（27—38）	1	1		1	1	4
阶段5（39—52）	1	0			1	2
总计	7（33.3%）	4（19%）	1（4.8%）	1（4.8%）	8（38.1%）	21（100%）

根据前文我们对错用"了"的定义，错用"了"偏误可以分为两大类。

（一）"了"在句中的位置错误，但"了"本身的使用是必需的，共11例。这类偏误出现在以下三种谓语结构中：

（1）动宾谓语句，因为宾语前有数量词修饰而不能使用表【完成结束*】义的句尾"了"，共1例：

（我们吃蛋糕，喝葡萄酒，）还做一个营火了*。（阶段3：21）

（2）由离合词引起的偏误，共2例：

我排队了很多长时间*。（阶段1：07）——我排队排了很长时间。
我做饭了一个蛋糕*。（阶段3：22）——我做了一个蛋糕。

文本07的偏误是由于学习者不知道"排队"这个离合词后接时段词时，需要把离合词分离开使用，把"了"用于动词"排"后；文本22的偏误是由于学习者没掌握离合词"做饭"带宾语时必须把原来的宾语"饭"去除。总的来说，都和学习者不了解离合词分开使用的规则有关。

（3）连谓谓语句。连谓谓语句错用"了"是该类偏误中数量最多、分布最广泛的一种，在五个阶段都有分布，共8例。其中的7例是因为谓语中包含多个动词，学习者把"了"放在了错误位置导致的；另外1例需要使用"着"但使用了"了"，将在下文讨论。这7例"了"位置错误的连谓谓语句中，1例是由于把"了"用在了表示动作方式的动词后：

上个周末我和很多家庭飞行了去爱尔兰∗。（阶段 4：32）——……和很多家人飞去了爱尔兰。

1 例从本体的角度来分析应该属于"介词结构 + 动宾结构"，但由于学习者把其中的介词"给"当作动词来使用，我们也归入连谓结构：

所以我给了鸟医生打个电话∗。（阶段 2：15）——……**给鸟医生打了个电话**。

另外 5 例连谓谓语句的语义结构都是"动词 + 表目的动词"。在这样的语义结构中，一般不能把"了"用在第一个动词后，而应该用在表示最终目的动词后或者句尾。当表示目的的动词后没有宾语时，只能使用句尾"了"，如文本 12、文本 26 的 2 例句子：

昨天我去了工作走路∗。（阶段 2：12）——**昨天我走路去工作了**。
我去了工作还医院∗。（阶段 3：26）——**我去工作了，还去了医院**。

当表目的动词有宾语时，应该使用句中"了"还是句尾"了"，往往和该句子所处的上下文语境有关。如文本 08 的句子是构成某个复句的小句，就不宜使用句尾"了"：

然后我去了买东西∗。（阶段 2：08）——……**去买了东西**。

但是，如果该句子是个表达完整信息的独立单句，就可以在句尾使用"了"：

周末，我和我女的朋友去了吃中餐∗。（阶段 1：03）——……**去吃中餐了**。
上个星期六我和朋友们去了滑冰。（阶段 5：51）——……**去滑冰了**。

如果上述 2 例句子后紧接着其他连续性的事件，则使用句中"了"更合适：

周末，我和我女的朋友去吃了中餐。吃完以后，我们又去逛商场、买衣服。

上个星期六我和朋友们去滑了冰，看了电影，然后一起喝了咖啡。

可见，有时候句中"了"或句尾"了"的选择，必须考虑语篇语境因素。

以上 5 例表目的连谓结构，初步确定为错用"了"偏误的一类系统变异。

（二）根据学习者要表达的意义以及所在小句的句法条件，应该使用其他语法形式但错误地使用了"了"。这样的偏误共 9 例，可分为以下几类：

（1）应该使用程度补语"得"结构但错误地使用了"了"，1 例：

他觉得英语的考了很好*。（阶段 2：13）——他觉得英语考得很好。

（2）应该使用表示强调的"是……的"结构（强调已完成动作发生的时间、地点、方式等），共 3 例：

我到了星期五*。（阶段 2：08）——我是星期五到的。
她是 7 月怀孕了*。（阶段 2：17）——她是 7 月怀的孕。
所有本书写了由英国女人*。（阶段 3：25）——所有的书都是由一个英国女人写的。

（3）应该使用表正在进行或持续的"着"或"在"，共 7 例。其中 1 例的"着"用于连谓句的第一动词后，"表示动作者进行第二个动作（主要的动作）时的状态或方式，即表示一种伴随的动作"（刘月华等，2003：393）：

我们在花园里坐了聊天儿*。（阶段 3：21）——……坐着聊天儿。

另外 6 例都"叙述动作在持续地进行"（刘月华等，2003：395），其中 1 例用于形容词后：

饼干仍然热了*。（阶段 4：38）——饼干仍然热着。

另外 5 例都用于动词后：

因为我妹妹还怀孕了＊。（阶段3：22）——……还怀着孕。

在家我等了＊。（阶段2：26）——我在家等着。

我的女朋友在一个大热床仍然睡了＊。（阶段4：31）——……仍然睡着。

昨天是星期四我仍然有感冒了＊。（阶段4：37）——……仍然感冒着。

两个小时以后我们仍然聊天了＊。（52）——……仍然在聊天。

我们把后面这6例偏误初步确定为错用"了"的一类系统变异。

换个角度来看，这11例多用"了"偏误也可以看作对"了"的泛化使用，有的研究者，如崔立斌（2005），就把这类偏误归入"不该用而用'了'"一类。这样的偏误显示出学习者在汉语习得的过程中，会把"了"和其他与"了"有一定相关性的语法形式混淆起来，是"了"泛化的另一种表现。

综上所述，我们初步确定了错用"了"偏误的类系统变异：

表33　　　　　　　　过去时错用"了"偏误系统变异

序号	类型	成员数	类型
1	应该用"着"或"在"	6	混淆错误
2	表目的连谓结构	5	位置错误
3	应该用"是……的"	3	混淆错误

5.4　讨论

5.4.1　偏误—目的形式比

根据我们的数据，学习者在过去时时态下生成的目的形式"＋了"为122例，偏误形式为131例，偏误—目的形式比为131/122＝1.1，即学习者每生成1例目的形式"＋了"，则生成约1.1例偏误形式。

对相关研究中"了"的偏误—目的形式比进行计算，发现邓守信

(1999) 所考察的初级学习者的偏误—目的形式比为 0.21，和本书的结果差别非常显著。不过，邓守信（1999）所考察的偏误形式仅限于多用偏误、错用偏误，不包括少用偏误。为进行有效对比，我们排除本书学习者少用"了"偏误，对多用、错用两类偏误与目的形式"＋了"之比进行计算，得出的结果为：（40＋21）/122＝0.5，仍然远远高于邓守信（1999）0.21 的比率。把本书的研究和邓守信（1999）进行对比，我们认为差异的原因可能在于：邓守信（1999）所考察的初级学习者都是在目的语环境中学习，且每周的上课时间高达 20 小时以上；而本书的学习者在非目的语环境中学习，每周的上课时间仅为 2 小时，因此两个研究虽然都自称为对"初级学习者"的研究，其语言水平的发展速度根本不具有可比性，偏误—目的形式比也就差别很大。在目的语环境中学习、上课时间多的学习者的偏误—目的形式比显著低于在非目的语环境中学习、上课时间少的学习者。

Wen Xiaohong（1995）所考察的学习者则都在非目的语环境中学习，考察的偏误类型也和本书一致，包括了少用、多用、错用三类偏误。对其结果进行计算，我们得到初级学习者的偏误—目的形式比为 0.73，高级学习者则为 0.26。也就是说，Wen Xiaohong（1995）所考察的初级学习者的偏误—目的形式比仍然明显低于本书的结果。对 Wen Xiaohong（1995）的研究程序进行考察后，我们认为差异的原因可能在于：Wen Xiaohong（1995）的数据虽然分三次收集，但基本上是横向研究，三次数据收集在三周内完成，对数据的分析也完全是横断面分析，得到的是已经完成了 14 个月汉语学习的学习者的结果；而本书的数据收集时间长达一年，1.1 的比率是对这一年中学习者生成的所有语料进行计算的结果。

为了把本书的研究结果和 Wen Xiaohong（1995）进行对比，我们需要计算出本书的学习者与 Wen Xiaohong（1995）的初级学习者学习时长相当时的比率。Wen Xiaohong（1995）所考察的 8 个初级学习者每周的上课时间为 5 小时，调查进行时已经完成了 14 个月的汉语学习，即总学时为 280 小时。本书的学习者在调查开始之前完成了约 12 个月的汉语学习，每周上课时间为 2 小时；当调查开始时，学习者每周除了在学校上课 2 小时以外，还和研究者进行约 1.5 小时的汉语学习，包括朗读自己写的文本、修改文本偏误、就文本进行问答等，因此在调查进行的 52 周中，学习时间可计算为每周 3.5 小时；当调查结束时，本书的学习者共进行了约 286 周（52×2+52×3.5=286）的汉语学习，与 Wen Xiaohong（1995）初级学习者的总学时大致相当。

根据移动窗口的计算规则，我们以每 8 个数据点为一个窗口，对学习者在 52 周时间中偏误—目的形式"+了"的比率进行计算，得出结果如图 23。

偏误—目的形式移动比率

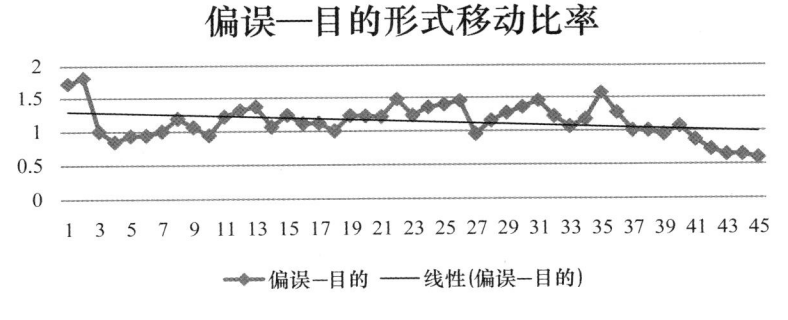

图 23 过去时偏误形式—目的形式"+了"移动比率

从图 23 可以看到，学习者的偏误—目的形式比在 52 周的时间中经历了显著的变化：开始的 2 个窗口，比率都在 1.5 以上；从第 3 个窗口开始，比率降落到 1，之后一直到窗口 40，比率基本上在 1—1.5，只有少数几个窗口在 1 之下或 1.5 之上；从第 41 个窗口开始，偏误—目的形式比率持续下降，窗口 41 到 45 的比率依次为 0.86、0.72、0.64、0.64、0.59。在这一组数据中，与 Wen Xiaohong（1995）最接近的是第 42 周的 0.72，该数据代表的是学习者在 42—49 周之间的偏误—目的形式比，刚好约 280（52×2+49×3.5=275.5）小时。

下表总结了两个研究中学习者的学习时间和偏误—目的形式比的变化［包括 Wen Xiaohong（1995）的高级学习者］：

表 34　　　　　　　　　　学习时长与偏误—目的形式比

类别	周学时	跨度	总学时	偏误—目的形式比
Wen（1995）（初级）	5	56 周	280	0.73
本书（初级）	2—3.5	104 周	275.5	0.72
Wen（1995）（高级）	5	104 周	555	0.26

可以看到，虽然 Wen Xiaohong（1995）和本书的研究在引发任务、个案/群案、学习者母语背景等方面都不同，但当学习时长相当时，学习者的偏误—目的形式比率基本相当；当学习时间增加时，高级学习者的偏误—目的形式比都有显著下降。

因此，我们认为，学习者的偏误—目的形式比有可能是一个能对学习者习得阶段进行定位的重要指标。根据现有语料，当在非目的语环境完成约 280 小时的汉语学习时，学习者生成的"了"的偏误—目的形式"＋了"之比约为 0.7，即学习者每生成 1 例目的形式"＋了"，就生成约 0.7 个偏误形式；当学习时长上升到 555 周时，比率下降了一大半，学习者每生成 1 例目的形式，就生成约 0.26 个偏误。

当然，这仅仅是来自本书和 Wen Xiaohong（1995）有关"了"的研究结果，一方面只是一个初步结论，所得到的数字只是一个大致范围；另一方面对于习得难度不同的语言形式，在相同的学习时间达到的偏误—目的形式比可能也有不同。不过，我们相信对学习者的学习时间和偏误—目的形式比进行考察是一个有意义的课题，未来的研究有可能进一步证实偏误—目的形式比随学习时长发生变化的趋势，甚至确定偏误—目的形式比在特定阶段的特定区间。

5.4.2　普遍性偏误

对相关研究所引用的"了"的偏误例句进行对比发现，本书所考察的荷兰学习者与韩国、日本以及母语为英语的学习者在偏误类型上表现出很强的一致性。下面主要列举韩国、日本、荷兰学习者共同出现的偏误类型，还包括一部分来自赵立江（1996）的英国学习者的偏误（由于该研究所引用的例句不是很多，因而不像其他国别的学习者那样表现出更多的共性）：

（1）在表示过去的动作与宾语之间，没有使用"了"：

吃晚饭以后我们照很多照片＊。（韩国）

这个星期我写两个报告＊，（非常累了。）（日本）

昨天我跟日本朋友去饭馆，……在那儿还喝很多啤酒＊。（英国）

然后和我儿子看一个影片＊。（荷兰）

（2）在表示过去的感情动词之后多用"了"：

我累了，可是我很高兴了＊。（日本）

昨天收到妈妈的信，我很高兴了＊。（英国）

它不能飞行，也怕很大猫了＊。（荷兰）

崔立斌（2005）没有给出具体的例句，但也指出像"'很愉快了''很高兴了'之类都是韩国学生常说的错句"。

（3）在应该使用"是……的"句式时错用"了"：

我 1996 年结婚了＊。（韩国）

今天我八点起床了＊。（日本）

你什么时候回来了＊？（英国）

我到了星期五＊。（荷兰）

（4）在表示过去状态的形容词之后多用"了"：

你们安排非常好了＊。（韩国）

今天不太冷，昨天很冷了＊。（日本）

上个星期我有点儿感冒，我头疼和嗓子疼了＊。（荷兰）

（5）在否定句中多用"了"：

我还没结婚了＊。（韩国）

昨天他没来学校了＊。（日本）

你没写清楚了这个汉字，我不看懂＊。（英国）

所以我没带来了都饼干*。（荷兰）

这五种类型的偏误占了崔立斌（2005）所列举的偏误类型的绝大部分。因此，虽然各项研究搜集的偏误数量差别很大（韩国 100 例、日本 3000 例、荷兰 131 例），学习者的水平也不太容易进行类比，但三个国家的学习者在"了"的偏误类型上还是表现出很大的共性。此外，还有一些偏误在崔立斌（2005）的研究中没有出现，但出现在郭春贵（2010）、赵立江（1996）或者本研究中：

（6）在表示过去的动作与时段词之间，应该使用"了"而没有用：

下午我休息一个小时*，（还想睡。）（日本）
（那儿我们租了一个大汽车，）还我们开车四小时*。（荷兰）

（7）在带复杂宾语的动宾谓语后错用"了"：

上个星期我买我喜欢的东野的小说了*。（日本）
我们吃蛋糕，喝葡萄酒，还做一个营火了*。（荷兰）

（8）连谓谓语句中"了"的位置错误：

这个暑假我去了留学*。（日本）
那天我们一起去了看那个展览。*（英国）
上个星期六我和朋友们去了滑冰*。（荷兰）

（9）在介词"给"后错用"了"：

他上午给了我发短信*。（日本）
所以我给了鸟医生打个电话*。（荷兰）

（10）在表经常性动作的动词之后错用"了"：

（我去中国留学时，）每天吃了好吃的中国菜*。（日本）
（刚来中国那个时候，）我常常去了长城*。（英国）
（我儿子年轻的时候，）每天我读了他睡以前*。（荷兰）

（11）应该使用补语"得"但错用"了"：

（昨天晚上我给朋友写信，）我写了很快 * 。（英国）
他觉得英语的考了很好 * 。（荷兰）

（12）应该使用"着"但错用"了"：

（昨天他来找我时，）我正看了书呢 * 。（英国）
在家我等了 * 。（荷兰）

可见，不同母语背景、不同学习环境的学习者在使用"了"时所出现的偏误具有很多共同点。因此我们认为，除非有足够强大的证据显示某种偏误是来自母语的影响，否则都不应该轻易把偏误原因归于母语。

5.5 小结

通过对学习者使用"了"的偏误进行考察，本章发现：

第一，与目的形式变体"－了""＋了"的发展呈现明显增长的趋势不同，学习者习得"了"的偏误在总体上并没有明显增长或下降，一直保持较为平稳的发展水平。这表明学习者对"了"的使用在不断接近目的语形式，是学习者习得过程中的积极信号。

第二，少用、多用、错用"了"三种偏误的发展趋势不同，对学习者习得目的形式的作用也不同。根据前文的考察，我们发现多用即泛化使用"了"最能促进目的形式的习得，泛化现象的大量出现可能预示着目的形式在稍后阶段的爆发，且两者可能会在一定时期内同步快速增长。少用或者回避使用"了"则和目的形式的缓慢增长有一定的同步关系，即少用"了"不能促进目的形式的大量出现。需要指出的是，本书的研究对象在出现偏误之后，总是能及时收到对偏误的反馈。

第三，本书所考察的荷兰学习者和其他母语背景的学习者在不少方面显示出共同点。首先，至少在初级阶段，本书的学习者对句中"了"更容易回避使用，同时对句尾"了"更容易泛化使用，这也是韩国学习者、日本学习者的共同倾向。其次，不同母语背景的学习者都会出现某些具体类型的偏误。

　　第四，偏误—目的形式比可能是一个能对学习者的习得阶段进行界定的指标，且和学习者的学习时长有直接关系。当学习者都处于非目的语环境时，学习时长相当的学习者，其偏误—目的形式比也非常接近；随着学习时长增加，偏误—目的形式比会随之下降。

　　此外，我们初步确定了一些偏误形式系统变异，后文将对这些系统偏误的真实性和发展过程做进一步探讨。

第 六 章

非过去时变体

6.1 数据描写

"了"的非过去时变体包括现在时和将来时时态下"了"的目的形式和偏误形式变体，统计结果如下：

表35　　　　　　　　"了"非过去时变体汇总

非过去时	目的变体"＋了"	偏误变体			
		少用（－）	多用（＋）	错用（＊）	总计
现在时	14	11	3	0	14
将来时	1	1	0		1
总计	15	12	3		15
		15			

从上述数据可以发现：

（1）和过去时122例目的形式"＋了"相比，非过去时时态下目的形式"＋了"的数量非常少，现在时共14例，将来时则只有1例。这样大的差距说明学习者更容易把"了"用于过去时。但从另一个角度看，初级阶段的学习者还是已经开始在现在时和将来时时态下使用"了"，这是学习者习得"了"过程中的一大进步，也从另一个角度证明了学习者并不总是把汉语"了"当作过去时标记。

（2）和过去时131例偏误形式相比，学习者在非过去时时态下的偏误形式也非常少，其中现在时偏误14例，将来时1例。在这15例偏误中，12例为少用，3例为多用。很显然，和过去时偏误一样，非过去时偏误的主流也是少用"了"偏误。

（3）对非过去时时态下的偏误—目的形式比进行计算，得出的结果为15/15＝1。也就是说，虽然绝对数量差别很大，非过去时时态下所产生的偏误—目的形式比却和过去时非常接近。

总之，虽然非过去时语料的数量远远少于过去时，但两部分数据的内部构成却具有很大的一致性，进一步突出了本书的学习者在初级阶段习得"了"的两个主要特点：少用"了"为主要偏误；每生成1个目的形式即生成约1个偏误形式。

下面我们分别绘出了非过去时条件下"了"的目的形式和偏误形式的发展轨迹图：

非过去时目的形式变体"＋了"

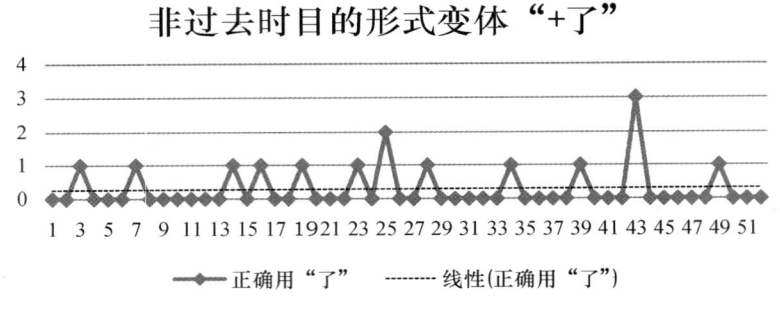

图24　非过去时目的形式变体"＋了"发展轨迹

非过去时偏误形式变体

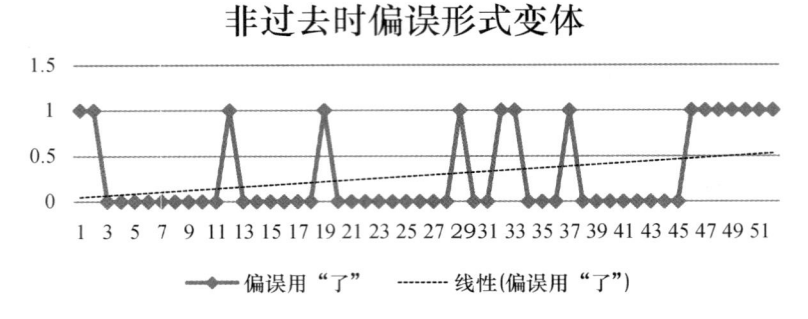

图25　"了"非过去时偏误形式变体发展轨迹

从以上两图可以看到，虽然学习者所生成的"了"的目的形式和偏误形式总量完全相等，但其发展轨迹非常不同：目的形式的发展呈平稳状态，其发展趋势线几乎和横坐标轴平行，既无明显增长，也无明显下降；偏误形式则呈现出非常明显的增长趋势，尤其是从第45周开始，每周都有1例偏误产生。但另一方面，偏误形式在单周的数量从来没超过1，目的形式则在后期达到了2和3两个高峰值。这是和过去时语料非常不同的一个特点。

由于这部分数据密集度太小，不适宜使用移动极值—均值图，我们直接以时间为依据，把非过去时时态下"了"的发展分为四个阶段：1—13周为阶段1，14—26周围阶段2，27—39周围阶段3，40—52周围阶段4。下面对各部分数据进行分阶段讨论。

6.2 目的形式变体"+了"

6.2.1 阶段探索

学习者非过去时时态下正确使用"了"共15例，包括句中"+了"和句尾"+了"。根据上一小节所划分的阶段，下表统计出了每个阶段中句中"了"和句尾"+了"的使用情况：

表36　　　　　　　　非过去时目的形式变体"+了"阶段分布

阶段	句中"+了"	句尾"+了"	总计
阶段1（01—13）	0（0%）	2（100%）	2（100%）
阶段2（14—26）	4（57.1%）	3（42.9%）	7（100%）
阶段3（27—39）	1（50%）	1（50%）	2（100%）
阶段4（40—52）	1（25%）	3（75%）	4（100%）
总计	6（40%）	9（60%）	15（100%）

根据上表中的百分比，可以绘制出句中"了"和句尾"+了"在每个阶段的发展趋势线：

目的形式变体句中"+了"、句尾"+了"

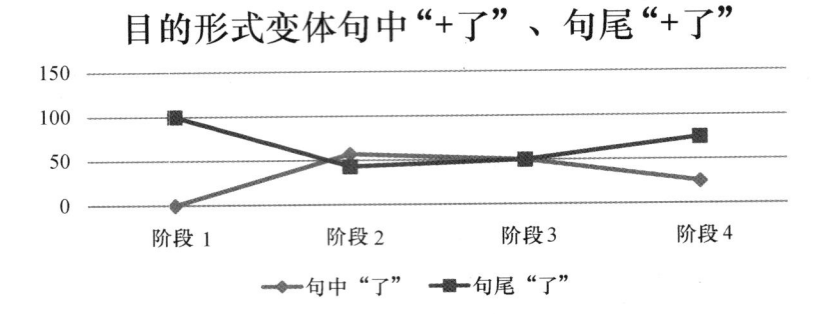

```
150
100
 50
  0
      阶段1    阶段2    阶段3    阶段4
         ——句中"了"  ——句尾"了"
```

图 26　非过去时目的形式变体句中"+了"、句尾"+了"发展趋势

从以上数据和图可以看到，非过去时目的形式变体"+了"具有以下特点：

（1）句尾"+了"（60%）的使用频率高于句中"+了"（40%）。而在过去时时态下，句尾"+了"的使用仅占 22.1%，句中"+了"则高达 77.9%。这意味着在非过去时时态下，学习者更倾向于使用句尾"+了"，过去时则刚好相反。

（2）句尾"+了"的出现早于句中"+了"。在非过去时时态下，句尾"+了"在文本 02 已经开始出现：

我们要回家去了。（阶段 1：02）

而句中"+了"在整个阶段 1（1—13 周）完全空白，直到阶段 2 的文本 23 才开始出现：

现在你懂了为什么我的星期很忙。（阶段 2：23）

这也和过去时正确使用"了"的情况刚好相反：在过去时条件下，最早出现的目的形式为句中"+了"，句尾"+了"在整个阶段 1（1—6 周）空白。在过去时条件下，真正意义上的句尾"+了"目的形式则出现在文本 15：

在办公室我来晚了*，回家去也晚了。（15）——我来办公室晚了，……

从出现时间来看，学习者在非过去时时态下使用句中"＋了"的困难程度可能比在过去时时态下使用句尾"＋了"的困难程度更高。

（3）在阶段2、阶段3，学习者使用句中"＋了"和句尾"＋了"的比率比较接近，句中"＋了"和句尾"＋了"达到了比较平衡的状态。而在过去时条件下，句中"＋了"的使用比率一直远远高于句尾"＋了"，两者从来没有接近过。

（4）在最后的阶段4，句尾"＋了"的比率再次大幅度上升，句中"＋了"比率下降。这一点和过去时时态下句中"＋了"在最后阶段的大幅度上升刚好相反，再次显示出学习者在过去时时态下倾向于使用句中"＋了"，在非过去时时态下则倾向于使用句尾"＋了"。

6.2.2 分类探索

根据目的形式"＋了"出现的谓语结构，对语料统计如下：

表37　　　　　非过去时目的形式变体"＋了"谓语结构分布

句法位置	动宾	动词	助动	形容	总计
句中"＋了"	6	—	0	0	6（40）
句尾"＋了"	3	2	3	1	9（60）
总计	9（60%）	2（13.3%）	3（20%）	1（6.7%）	15（100%）

从上表可以看到，非过去时目的形式变体"＋了"所使用的谓语结构最多的为动宾谓语，其中句中"＋了"全部为动宾谓语；句尾"＋了"的谓语结构中动宾（3例）、助动词（3例）谓语数量最多，另外还包括动词（2例）、形容词（1例）谓语。这样一种句法分布也和过去时时态一致。总而言之，不管是过去时还是非过去时，学习者使用目的形式"＋了"时，都以动宾谓语为主；而句尾"＋了"所出现的谓语结构类型都比句中"＋了"更丰富、更分散。

下文分别从句中、句尾两个角度对不同谓语结构进行考察。

6.2.2.1 句中"+了"

句中"+了"共 6 例，所出现的谓语结构全部为动宾结构，其中 3 例表达动作行为到"现在"已经【完成结束】，都出现在阶段 2：

现在她自己读了哈利·波特的书。（阶段 2：25）
现在我们看了所有哈利·波特的电影。（阶段 2：25）
到现在我写了二十五上下个故事。（阶段 2：25）

另外 3 例都使用心理动词，表示"懂""明白"这样的心理状态从现在开始出现并持续，分别出现在阶段 2 和阶段 4：

现在你懂了为什么我的星期很忙。（阶段 2：23）
现在你懂了为什么今天我不想工作。（阶段 4：39）
现在明白了为什么我开始我的故事太晚了吗？（阶段 4：43）

我们把以上 6 例句子分别确定为非过去时目的形式"+了"的两类系统变异。

6.2.2.2 句尾"+了"

（一）形容词谓语句

现在这是晚了*。（阶段 4：43）——现在晚了。

这例形容词谓语句中有其他句法偏误，即不应该使用系动词"是"。这让我们想到 5.3.2.1 中学习者过去时多用"了"的两例偏误：

我儿子的卧室是了很多脏。（02）
他的医生是了很高兴。（06）

很显然，虽然都错误地使用了系动词"是"，但学习者在这里并没有把"了"用在系动词"是"之后，显示出学习者已经在后期阶段发展出形容词谓语句句尾使用"+了"的意识；这里的"了"表达状态"晚"【起始持续*】。

（二）动词谓语句

动词谓语句共 2 例，分别出现在阶段 2 和阶段 4：

然后我把茶喝了，我去我的办公室。（阶段 2：14）（注：该句子表经常重复的日常行为）

我只用词我知道了 *。（阶段 4：43）——我只用我知道了的词。

这 2 例句子所用的"了"，严格来说都不是真正的句尾"了"。根据相关研究，文本 14 的"把茶喝了"中的"了"是动词"了"（liǎo）的弱化形式，介于动词"了"（liǎo）和助词"了"（le）之间，作用类似于结果性补语词尾"掉"（王力，1944；吕叔湘等，1984；木村英树，1983；刘月华，1988；王惠，1993）。这种使用介词"把"和补语性质的"了"的用法较为复杂，超出了学习者目前的汉语水平，经咨询，是学习者作为整体记忆的结果。不过对学习者来说，这里仍是表达"finished"义的句尾"了"，意为"然后我把茶喝完了，去了我的办公室"。因此，我们把这里的"了"看作表达【完成结束*】义的句尾"了"。

文本 43 的句子中有句法偏误，修改之后"了"必须置于句中，表达的意义为"知道"这种新状态的【起始持续*】。由于文中的句法偏误涉及动词结构做名词定语这样一种较为复杂的句法形式，而"了"和"知道"的结合使用仍然是正确的，因此我们仍然判断该句子中"了"的使用为目的形式。

（三）助动词谓语

助动词谓语句共 3 例，都为句尾"+了"。其中 2 例为现在时：

我们要回家去了。（阶段 1：03）
现在我奶奶八十岁，她不能再画了。（阶段 3：34）

文本 03 的句子表达"要回家去"这种新状态的【起始持续*】，文本 34 的句子表示"不能再画"这种新状态的【起始持续*】。

另外 1 例出现在阶段 4，为将来时用法：

可是如果下个星期仍很冷,可能我也去滑冰了。(阶段 4: 49)

在该句子中,学习者使用"如果"表达"下个星期仍很冷"的情况下可能出现并持续的新状态。这样的将来时用法虽然只有 1 例,但从其复杂度、在文本上下文语境中表达的准确度来看,都达到了较高的水平,反映了学习者对句尾"了"新用法的掌握。

以上 3 例助动词谓语句初步确定为句尾"+了"的一类系统变异。

(四) 动宾谓语句

共 3 例,2 例使用了离合词"怀孕",表示从说话时刻开始"怀孕"这个状态的出现并持续,为【起始持续*】义,分布在阶段 1、阶段 2:

你知道我妹妹怀孕了(阶段 1: 07)
现在我妹妹怀孕了。(阶段 2: 16)

和前文分析过的离合词一样,学习者从来不曾把"怀孕"分开使用过,因此这 2 例句子不是真正意义上的动宾谓语句,基本可看作动词谓语句。从这个角度来说,这 2 例句子和动词谓语句中表【起始持续】义的 1 例句子可初步判断为目的形式"了"的一类系统变异。

另外 1 例为动词后使用时段名词,表达动作延续的时段进入"一年"这个新状态且可能持续,为【起始持续*】义:

他工作在那儿一年了*。(阶段 2: 19) ——他在那儿工作一年了。

6.2.2.3 小结

通过以上对非过去时目的形式"+了"的考察,我们发现:

(1) 在 15 例非过去时使用"+了"的句子中,句尾"了"占 60%(9 例),句中"了"占 40%(6 例),即学习者倾向于在非过去时时态下使用句尾"了"。这一点和过去时刚好相反:在过去时时态下,句中"了"的使用高达 77.9%(95 例),句尾"了"仅占 22.1%(27 例)。

(2) 在 15 例非过去时使用"+了"的用法中,73.3%(11 例)表达的意义为【起始持续】，26.7%（4例）表达的意义为【完成结束】。这说明在非过去时时态下使用"了"时，学习者更倾向于表达【起始持续】义。这一点也和过去时刚好相反：在过去时时态下，"了"表达【完成结束】义的高达79.5%（97例），起始持续义仅占25.5%（25例）。

非过去时目的形式"+了"的分布如图27所示：

"+了"的类别
■ 句中"+了" ■ 句尾"+了"
40%
60%

"+了"的义项
■ 完成结束 ■ 起始持续
27%
73%

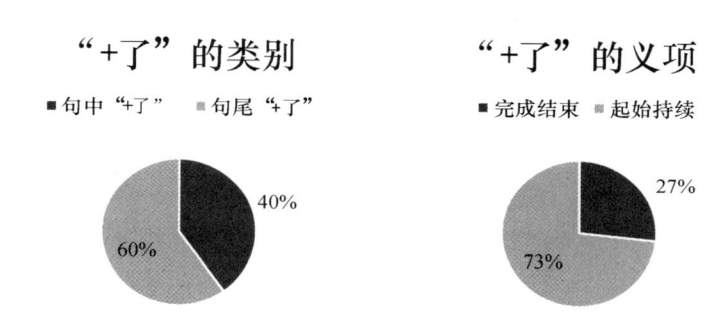

图27　非过去时目的形式变体"+了"分布

（3）更具体地看，在非过去时时态下，句中"+了"表达的【完成结束】和【起始持续】义各3例，分别占50%；句尾"了"表达的【完成结束*】义仅1例，【起始持续*】义8例，分别占句尾"了"的11.1%和88.9%。总之，就目前语料来说，非过去时句中"了"表达的意义没有明显的倾向性，句尾"了"却有非常强烈的表达【起始持续*】义的倾向性。非过去时的这种表现和过去时同中有异。不同点在于，过去时句中"了"倾向于表达【完成结束】义，且比例高达90.5%（86例），表达【起始持续】义的仅占9.5%（9例）。相同点在于，过去时句尾"了"和非过去时一样，也倾向于表达【起始持续*】义，但比例只有59.3%（16例），另外有40.7%（11例）表达【完成结束*】义，即非过去时句尾"了"表达【起始持续*】义的倾向性比过去时强烈。

非过去时句中"了"、句尾"了"表达的意义如图28所示：

句中"+了"　　　　　　　句尾"+了"

■【完成结束】　■【起始持续】　　■【完成结束*】　■【起始持续*】

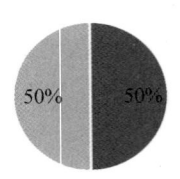

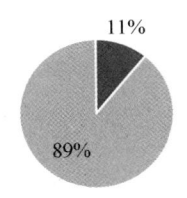

图 28　非过去时句中"+了"、句尾"+了"义项分布

（4）这一部分初步确定的目的形式变体"+了"的4类系统变异如下：

表 38　　　　　非过去时目的形式变体"+了"系统变异

序号	类型	成员数	类别	意义
1	一般动词带宾语	3	句中	【完成结束】
2	心理动词带宾语	3	句中	【起始持续】
3	动词谓语	3	句尾	【起始持续*】
4	助动词谓语	3	句尾	【起始持续*】

6.3　"了"的偏误形式

6.3.1　少用"了"

非过去时时态下学习者少用"了"偏误共12例，既包括句中"了"也包括句尾"了"，分阶段统计如表39。从表39中可以看到：

（1）非过去时少用"了"偏误中，少用句尾"了"偏误高达72.7%（8例），少用句中"了"只有27.3%（3例）。这一点和过去时少用"了"偏误刚好相反：过去时少用"了"偏误绝大部分为少用句中"了"，高达97.1%（68例），只有2.9%（2例）为少用句尾"了"。

（2）非过去时少用句中"了"偏误在最后的阶段4出现了增长；少

用句尾"了"偏误虽然在绝对数量上保持持续的增长趋势，但在最后的阶段 4，由于少用句中"了"的增加，百分比出现了下降。

表 39　　　　　非过去时少用偏误变体"-"阶段分布

阶段	句中"-"	句尾"-"	总计
阶段 1（01—13）	1（33.3%）	2（66.7%）	3（100%）
阶段 2（14—26）	0（0%）	1（100%）	1（100%）
阶段 3（27—39）		2（100%）	2（100%）
阶段 4（40—52）	2（40%）	3（60%）	5（100%）
总计	3（27.3%）	9（72.7%）	12（100%）

少用句中"了"、句尾"了"偏误的动词谓语结构分布如下：

表 40　　　　　非过去时少用偏误变体"-"句法分布

	动宾	动补	助动	形容	名词	总计
句中"-"	3	0	0	0	0	3（25%）
句尾"-"	4	1	1	2	1	9（75%）
总计	7（58.4%）	1（8.3%）	1（8.3%）	2（16.7%）	1（8.3%）	12（100%）

从上表可以看到：

（1）非过去时少用"了"偏误中，动宾谓语句最多（58.4%，7例）。这一点和过去时少用"了"偏误基本一致，但不如过去时中动宾谓语的优势那么明显：过去时少用"了"谓语结构中，动宾结构达 84.3%（59例）。

（2）非过去时少用"了"偏误中，数量虽然不多但比率占第二位的为形容词谓语句（16.7%，2例）。这一点和过去时完全不同：过去时少用"了"偏误中除了占主流的动宾谓语，还包括少量连谓（5例）、动补（4例）、动词（1例）和助动词（1例）谓语，但没有出现形容词谓语。

（3）非过去时少用"了"偏误中出现了名词谓语，这一类谓语结构不但在过去时少用"了"偏误中不曾出现，而且在学习者生成的所有与

"了"相关的其他过去时、非过去时语料中都不曾出现过。

以上数据意味着，除了原有的谓语结构，非过去时的表述中产生了新的表达需要，这样的新需要引发了新型谓语结构的出现，新型谓语结构的出现又导致少用"了"偏误的产生。也就是说，新型偏误的出现和学习者语言表达需要和表达能力的多样化直接相关，反映了学习者语言能力的新发展，是习得过程中的一种积极信号。

下面我们根据谓语结构类型对学习者少用"了"的偏误进行深入分析。

（一）少用句中"了"

少用句中"了"的句子都为动宾谓语句，共3例，其中2例使用的是动词"租"：

他们租一间新房子*。（阶段1：12）——他们租了一个新房子。
我和我儿子一起住在马尔森，在那儿我租一间房子*。（阶段4：47）——……，在那儿我租了一个新房子。

1例缺少必要的动词以及句中"了"：

我也找一个公司现在四个公司*。（阶段3：29）——我也找到一个公司，现在成了四个公司。

这3例句子中缺少的"了"都表达【起始持续】义。如之前所提到的，在过去时时态下，早在文本10、文本12，以及后来的文本32，学习者都能够准确地在"租"这个动词后使用"了"：

（在杭州的时候）我们租了自行车。（10）
昨天我和我儿子租了一个电影。（12）
那儿我们租了一个大汽车。（32）

但在现在时时态下，学习者却少用了"了"。我们认为，这是由于在过去时时态下"租了"的持续时间已经在说话时结束，其【起始持续】义被掩盖，学习者是把"租了"当作【完成结束】义来使用的。对"租了"持续义的理解缺失在过去时时态下不一定引起偏误，但在现在时时态下，"租了"所表达的状态行为还将在未来继续存在，学习者如果没有建立起"租了"可以表达【起始持续】义的概念，就不能理解、更不能在现在时时态下使用"租了"这样一种表达。

我们把缺少【起始持续】义句中"了"的 3 例偏误初步判断为变体"-"的一类系统变异。

（二）少用句尾"了"

（1）动补谓语句

动补谓语句共 1 例，出现在阶段 2，表示"爱上在那儿工作"这种新状态的【起始持续】：

他爱上工作在那儿*。（阶段 2：19）——他爱上在那儿工作了。

这里之所以判断为少用句尾"了"，是由该句子所处的上下文语境决定的，即该句子处于一个小段落的结尾，后面没有后续小句：

每个星期一晚上我儿子在 中文饭店打工。他工作在那儿一年了。他爱上工作在那儿了。

但是，如果该句子后有后续小句，则以使用句中"了"为宜，如：

他爱上了在那儿工作，每天很早就起来上班。

因此，在某些情况下，使用句中"了"还是句尾"了"必须依靠上下文语境来决定。不过，不管是哪种情况下，该句子必须使用"了"，否则就是不合法的。

（2）助动词谓语句

助动词谓语句共 1 例，为将来时少用表【起始持续*】义的"了"，出现在阶段 4：

所以现在我有一个问题，可能下星期六我不能去滑冰*。（阶段 4：50）——……，可能下星期六我不能去滑冰了。

根据原文中学习者要表达的意义，这里需要使用句尾"了"表达情况的改变。但是，如果原文没有情况的改变，而只是对将来情况的一种陈述，则"下星期六我不能去滑冰"在句法上完全正确。因此，这例句子中"了"的使用完全取决于意义的表达，而不是语法上是否合法。

（3）形容词谓语句

形容词谓语句共2例，出现在阶段3、阶段4，少用表【起始持续＊】义的"了"：

今天我觉得好更一点儿。（阶段3：37）——……好一点儿了。

可是现在我儿子很大，所以他不想要和我做一个雪人。（阶段4：49）——可是现在我儿子很大了，……

这2例都是形容词做谓语，但文本37的1例在句法上就要求必须使用"了"，否则是不合法的；文本49的1例是否使用"了"则需要根据说话者的意图来决定，而不是句法的强制要求。

（4）名词谓语句

名词谓语句共1例，出现在阶段4：

可能你觉得我看起来年轻，但是我差不多四十岁＊。（阶段4：52）——……但是我差不多四十岁了。

这例句子缺少的也是表【起始持续＊】义的"了"，"了"的使用也由说话者意图决定。

（5）动宾谓语句

动宾谓语句共4例。出现在文本01的1例为离合词谓语，应用表达【起始持续＊】义的"了"，但错用了对当前情况进行肯定的"是……的"结构：

我妹妹是怀孕的。（阶段1：01）——我妹妹怀孕了。

这例句子显示，在调查初期（第1周），学习者完全没有意识到"了"可以表达【起始持续＊】义。

接下来的2例时段词之后少用表【起始持续＊】义的"了"：

我学习汉语现在一个年*。(阶段 1：02)——我学习汉语一年了。

现在他们十年一起*。(阶段 2：13)——现在他们在一起十年了。

这 2 例和前述"四十岁了""很大了"表示年龄的 2 例句子都使用了本身具有连续性的时间词语，表达时间的持续。我们把这 4 例句子初步确定为一类系统变异。

另外 1 例使用动词"开始"，如前所分析的，"开始"后缺少的也是表达【起始持续*】义的"了"：

这冬天我再不会去滑冰，因为天气不冷而且今天下午我放假开始*。(阶段 4：51)——……我开始放假了。

综上所述，学习者非过去时缺少的"了"，不管是句中"了"还是句尾"了"，所表达的意义都是【起始持续】义。这一点和过去时少用"了"偏误非常不同：过去时少用"了"偏误，缺少的都为表【完成结束】义的"了"。在非过去时少用"了"偏误中，我们初步确定了两类系统变异：

表 41　　　　　　系统变异 非过去时少用偏误变体"-"

序号	类型	数量	变体形式	义项
1	表时间持续	4	少句尾"了"	【起始持续*】
2	动宾结构	3	少句中"了"	【起始持续】

6.3.2　多用"了"

学习者非过去时条件下多用"了"偏误共 3 例，其谓语结构分布如下：

表 42　　　　　　非过去时多用"了"偏误句法分布

句法位置	动宾	动补	连谓	总计
句中"了"	1	0	1	2
句尾"了"	0	1	0	1
总计	1	1	1	3

这 3 例偏误分别出现在阶段 3、阶段 4，其中 2 例多用句中"了"，1 例多用句尾"了"。在多用句中"了"的 2 例句子中，1 例为动宾结构：

好在这姐俩的外表不一样，所以我们知道了哪个名字都是谁的。（阶段 3：33）

在这个句子中，"了"是否使用完全取决于说话者想表达的意图而不是句法条件。根据上下文，这里并不需要表达"知道"为一种新出现并持续的状态，因而不能使用"了"。

另外 1 例多用句中"了"的句子为连谓结构中的递系结构：

我想要中国人懂了我什么说。（阶段 4：48）——……懂我说什么。

如果仅从意义上来说，这里"了"的使用是正确的，因为学习者想要表达"现在中国人不懂我说什么，我希望以后他们懂我说什么"这种新情况的出现并持续。也就是说，虽然是一例多用"了"偏误，但却显示出学习者在最后阶段（第 48 周）对于"了"表达的【起始持续】义已经有了一定的感知。不过，"了"的使用不仅仅受到意义的驱使，还需要接受其他句法语义条件的限制，尤其是句中"了"。在这例句子中，由于"懂"出现在表示祈使意义的递系结构中，"了"的使用就成了偏误。

多用句尾"了"的 1 例表示对一般情况的叙述，因而不能使用"了"：

如果我没完成，星期一晚上我写好了。（阶段 4：46）——……我会写好。

6.3.3 小结

通过以上对非过去时"了"偏误形式的考察，我们发现：

（1）在非过去时"了"的 15 例偏误中，高达 80%（12 例）为少用偏误，另外 20%（3 例）为多用偏误。这种少用"了"偏误占主流的趋势和过去时基本一致，但比过去时比例更高：过去时 131 例偏误中，53.4%（70 例）为少用偏误，另外包括 30.5%（40 例）多用，16.1%

(21 例）错用偏误。

（2）在非过去时少用"了"12 例偏误中，高达 75%（9 例）为少用句尾"了"，另外 25%（3 例）为少用句中"了"。这种倾向刚好和过去时少用"了"偏误相反：过去时 70 例少用偏误中，97.1%（68 例）为少用句中"了"，只有 2.9%（2 例）为少用句尾"了"。

（3）在非过去时少用"了"12 例偏误中，不管句中还是句尾，少用的都为表【起始持续】义的"了"。这一点也和过去时刚好相反：在过去时 70 例少用"了"偏误中，97.1%（68 例）为少用表【完成结束】义的句中"了"，只有 2.9%（2 例）为少用表【起始持续】义的句尾"了"。

（4）非过去时多用"了"偏误只有 3 例，其中多用句中"了"2 例，多用句尾"了"1 例。由于数据太少，我们不讨论其使用倾向性。

6.4　小结

由于非过去时语料较少，本章把非过去时"了"的目的形式和偏误形式放在了同一章进行考察。总的来说，虽然非过去时语料的绝对数量比过去时少很多，但其内部构成却在某些方面表现出一致性：非过去时偏误—目的形式比为 1，与过去时 1.1 的比率非常接近；非过去时句尾"了"所出现的谓语结构比句中"了"丰富、分散；非过去时偏误也以少用"了"偏误为主流。

然而，非过去时"了"的使用也在很多方面表现出和过去时相反的倾向：非过去时的目的形式"＋了"以句尾"了"为主，且"＋了"表达的义项以【起始持续】义为主；少用"了"偏误绝大部分为少用句尾"了"，且不管句中还是句尾，少用的全部是表【起始持续】义的"了"；在过去时时态下，对"了"持续义理解的缺失可能不会影响学习者对"了"的使用，但在非过去时时态下，"了"的持续义会被非过去时因素凸显出来，对该意义理解的缺失会直接影响到"了"的使用正确与否。

Wen Xiaohong（1995、1997）的考察发现，体标记"了"的习得是基于意义的，其中句尾"了"具备更多样的语用功能，更依赖语境信息。本书的考察结果支持这一观点。首先，在过去时和非过去时时态下，学习者使用"了"表达的意义有明显不同的倾向，"了"包含的持续义在过去时和非过去时时态下会起到不同的作用；其次，在同一个上下文环境中，有时句尾"了"使用与否都是合法的，学习者表达的意图可以决定句尾"了"是否使用；句中"了"所处的句法语境则常常能决定其使用。

通过对所有语料的界定和讨论，本章初步确定了4类目的形式"＋了"系统变异，2类偏误形式"－"系统变异。后文将对这些系统变异进行进一步确认。

第 七 章

句法语境变异

在第三章到第六章，我们初步确定了一些目的形式和偏误形式系统变异。但是，这些变异在学习者整个的发展过程中是否是真正意义上的系统变异，其发展过程又是怎样的，都还需要进行综合考察。在对发展过程进行时间标注时，以该句法形式首次出现的时间为起点；以第52周为所有句法形式发展的终点。

7.1 过去时时态

根据前文总结出的句法语境类型，我们统计了各类初步确定的系统变异，并补充了散落在其他变体的语料中、数量没能达到3以上的离散类语料。

表43　　　　　　　　过去时时态句法语境变异汇总

序号	句法语境类型	-了	句中				句尾			
			+了	+	−	*	+了	+	−	*
1	"不"否定式	29		6				7		
2	的时候	22		5						
3	程度补语	12						1		
4	"没有"否定式	10		1						

续表

序号	句法语境类型	变体形式						
		-了	句中			句尾		
			+了	+	-	*	+了	+	-	*
5	趋向补语	7	1							
6	经常性动作行为	7						1		
7	以前/以后	4	5							
8	一般动+宾		77		42		3			1
9	动结		7		3		6			
1	介词"在"	13	5		5	1	3			1
10	离合词谓语						5			
11	一般动词						5			
12	时段宾语				4		2			
13	方式连谓				4					
14	介词"从"状语				3					
15	介词"给"状语	4	1	1	3					
16	"一下"或重叠				4					
17	应该用"着/在"	3			1					6
18	目的连谓	3	1		1	5	1			
19	应该用"是……的"				2					1

在讨论某个变体的系统变异时，一般都需要涉及其他变体的语料，比如讨论变体"-了"的系统变异时，需要参考变体"+"的语料。为便于叙述，我们在讨论时采取以某种变体的语料为主、以其他变体的语料为辅的方式，分成几个大类进行。

7.1.1 以目的形式变体"-了"为主

7.1.1.1 "不"否定结构

在含有否定词"不"的句式中，学习者使用目的变体"-了"为29例，多用句中"了"5例，多用句尾"了"7例。发展过程如下：

否定词"不"结构中多用"了"的偏误形式之前，目的形式变体

"-了"的使用出现了 4 例,且在第 1 周已经出现:

我儿子不高兴。(01)
所以我儿子不高兴。(01)
我不买书。(02)
他不能他的臂。(06)

接着在第 12 周出现了偏误变体句中"+":

我不知道了电影的名字。(12)

在第 15 周有 3 例目的形式出现,之后的第 18 周同时出现 3 例目的形式和 1 例句中"+"偏误形式,如:

我不知道他们在哪儿。(18)
我不能做了多问题。(18)

到第 23 周,则同时出现了 4 例目的形式、1 例句中"+"和 2 例句尾"+"偏误形式:

上个星期我妹妹不做了妈妈。(23)
昨天我儿子的女朋友不要看我儿子。(23)
我不懂了,我儿子也不懂了。(23)

在之后的第 25 周到第 49 周,目的形式和偏误形式交替出现,共有 13 例目的形式、5 例句尾"+"、2 例句中"+"。句尾"+"偏误数量虽然较多,但在第 35 周停止出现;句中"+"数量虽少,却一直持续到第 49 周。在第 35 周之后,学习者生成的目的形式达到了 10 例,如:

可是今天他小型摩托车不打火。(40)

在第 49 周之后,学习者生成的目的形式仅有 1 例:

我不知道他们在哪儿。(50)

上面的分析表明，学习者对于"不"和句中"了"不共现的规则仍然处于自由变异阶段，并没有形成清晰系统的意识；但对于"不"和句尾"了"不共现的规则已经开始形成稳定的认知。因此，一方面学习者形成了在否定词"不"句法语境中不使用句尾"了"的系统变异，其发展过程为：准系统（1—22）—自由变异（23—35）—系统（36—52），目的形式"－了"和偏误形式句尾"＋"之比为29∶7；另一方面学习者在该句法环语境中处于目的形式变体"－了"和偏误形式变体句中"＋"自由变异的阶段，其发展过程为：准系统（1—11）—自由变异（12—52），变体"－了"和句中"＋"之比为29∶5。

7.1.1.2 "……的时候"

学习者从第27周开始在"……的时候"引导的状语从句中使用动词或形容词谓语。在第38周之前，"……的时候"状语从句中出现的一直是目的形式"－了"，共11例，并以较均匀的形式分别分布在文本27、29、30、31（3例）、33、34（2例）、35、36，如：

他孩子找到我在大床的时候，……（31）

我奶奶年轻的时候（她爱好是画画儿）。（34）

但是，在第38周的文本中，学习者忽然开始在该结构中使用"了"，出现了多用偏误形式变体"＋"：

我到了我妹妹的房子的时候，……（38）

在同一周文本的稍后段落，使用目的形式"－了"的表达还在出现：

我到家的时候，……（38）

开车期间，我们听音乐呢。（38）

目的形式"－了"和偏误形式"＋"两种变体形式的交替使用一直持续到文本45，其中偏误形式"＋"共出现了5例，分别分布在文本38（如上）、41、45（3例），在第45周达到了使用高峰，如：

我写了故事的时候（天气正在下雨）。(45)

昨天我看了电视的时候（看见我姑母的房子）。(45)

我们回小车走了的时候（不能聊天）。(45)

在同一时期，目的形式"－了"的使用共出现了6例，分别分布在文本38、39、41、42、44，如：

我们都打开所有的礼物的时候（我们吃大餐了）。(44)

在第45周之后，学习者在"……的时候"状语从句中对"了"的使用又重新恢复了目的形式"－了"。第45周之后的目的形式"－了"共出现5例，分别分布在文本48、49（2例）、52（2例）：

我今天上午起床的时候（我看了外边）。(49)

时间的回家去的时候（他问我的电话号码）*。(52)——回家去的时候……

也就是说，在经过38—45周的自由变异期之后，学习者从使用偏误变体"＋"，又重新恢复为使用目的形式"－了"，并达到了5例。因此我们认为，在"……的时候"结构中，目的形式变体"－了"在经历了与偏误形式"＋"的自由变异阶段之后，达到了稳定的系统变异，目的形式变体"－了"和偏误形式变体"＋"之比为22∶5，发展过程如下：准系统（27—37）—自由变异（38—45）—系统（46—52）。

7.1.1.3 介词"在"结构

学习者在使用介词"在"结构时，有时放在动词前做状语，有时置于动词后做宾语（有时是偏误形式，有时是目的形式），对两种用法没有表现出有效的区分，因此我们把动词前后使用"在"结构的放在一起考察。

介词"在"引导的介宾结构做状语在文本02已经出现，该句子使用了偏误变体句中"－"：

在医院我们等很多时间*。(02)

在文本 03，则出现了使用句中"+了"的目的形式：

在餐馆，我练习了我的汉语。（03）

接着在文本 07，"在"介宾结构错误地用在了动词后，同时句中的谓语动词使用了"-了"：

昨天早上我工作在我爸爸的办公室*。（07）————**在我爸爸的办公室工作。**

可见，在学习者使用"在"介宾结构的最开始阶段，已经出现了三种变体形式的交替出现："+了""-了"和"-"，在文本 21 又出现了"*"的偏误形式：

我们在花园里坐了聊天儿*。（21）

之后，一直到最后的文本 52，以上四种变体形式交替出现。比如最后阶段的 4 例句子：

上个星期我工作在我爸爸的办公室*。（39）
在大学我打算了两个聚会*。（39）————**筹划了两个晚会。**
在学校他的女朋友等着。（40）
在家我儿子穿很多衣服*。（45）————**穿了很多衣服。**

因此，我们确认学习者在使用"在"介宾结构的句子中使用"-了""+了""-"以及"*"四种交替出现的自由变体，无法根据"在"介宾结构的使用对学习者所使用的"了"的变体形式进行预测。从频率来看，学习者使用"了"和不使用"了"之比为 10∶18，其中目的形式变体"-了"频率最高，为 13 例。

7.1.1.4 程度补语

从第 15 周开始，学习者开始生成程度补语句中使用目的形式变体"-了"的表达，如：

前天我睡得晚,所以昨天早上我起得不早。(15)

在第 44 周的 1 例偏误变体句尾"＋"出现之前,该目的形式共出现了 10 例,分别分布在文本 15(3 例)、18、30、33、36、39,如:

我们笑得很多。(30)
一开始我妹妹的婴儿都喝牛奶得很常。(33)
好在一切都进行得非常好。(39)

在文本 44,出现了 1 例句尾"＋"的偏误表达,打断了该目的形式的持续过程:

我爷爷笑得很大了。(44)

在该例偏误形式出现之后,学习者在后续文本中共生成了 2 例目的形式变体:

我很惊喜,因为我考真得很好。(49)
在那儿我们玩儿得非常好。(52)

由于偏误形式出现之后的目的形式仅有 2 例,没能达到我们所设定的 3 例的最低标准,我们认为学习者在程度补语句中可能刚进入目的形式"－了"和偏误形式句尾"＋"自由变异的阶段,之前的稳定只是自由变异时期出现之前的准系统,没能构成真正的系统,其发展过程如下:准系统(15—43)——自由变异(44—52),"－了"与句尾"＋"的频率比为 12∶1。

不过另一方面,在学习者使用程度补语的所有句子中,都没出现句中"＋"偏误,因此,从这个角度来说,学习者已经形成了一类系统变异,且该系统变异没有经历自由变异阶段,已经达到了稳定系统,其发展阶段为 15—52,正确使用"－了"的次数为 12。

7.1.1.5 "没(有)"否定结构

在前文的讨论中,我们共得出学习者在含有否定词"没(有)"的句式中正确使用"-了"的表达 10 例，多用句中"了"1 例。综合来看，该结构使用"了"变体的过程如下：

首先，在 1—28 周的时间中，学习者在含有否定词"没"的结构中使用目的变体"-了"的句子共出现 5 例：

我没去中文学校。（11）
他们还没有住在新房子。（16）
因为她的荷兰家庭没去美国。（21）
它们住在新房子以前，没玩儿在花园里。（22）
我一个想法也没写。（28）

上述这些表达的分布比较均匀，并没有特别集中在某个周的文本中，看起来学习者已经对含否定词"没"的句子不使用完成"了"的规则掌握得比较好。但在第 38 周，却同时出现了 1 例用偏误变体"+"和 2 例用目的变体"-了"的句子：

我儿子也喜欢饼干，所以我没带来了都饼干。（38）
我到家的时候，我儿子还没有起床。（38）
已经我们买了影片的票，所以我们没需要排队。（38）

后面 2 例使用"-了"的句子都出现在偏误变体"+"之后，一方面表明学习者在第 38 周对"没"和"了"的使用出现了自由变异，另一方面说明学习者从对"+"的使用重新恢复到对"-了"的使用。这种恢复在后来 3 例目的形式变体"-了"的使用中得到了体现和巩固：

为什么我没写我的故事今天上午可是今天下午？（43）
可是我还没有写我的故事。（45）
昨天我没看电视。（45）

也就是说，虽然学习者在第 38 周对"没"和"了"是否能共现出现了暂时的不清晰认知，导致自由变异的出现，但这种自由变异很快被克服，到第 52 周都没再出现动摇现象。看来，学习者有关"没"与【完成结束】义"了"不共现的意识已较为稳固,在这个规则上的发展曲线比较短,习得较为容易,已经在最后阶段形成了一种系统性表达。因此,我们确认在否定词"没"为目的形式变体"-了"的一类系统变异,发展阶段为:准系统(11—37)—自由变异(38)—系统(39—52),目的形式变体"-了"和偏误形式变体句中"+"的频率比为10:1。

7.1.1.6 趋向补语

在以趋向补语为谓语的句子里,首先出现了1例使用目的形式变体句中"+了"的表达,且出现时间很早:

星期二我和我儿子回了医院去。(02)

此后出现的7例使用趋向补语谓语的句子,都使用了目的形式变体"-了",分别分布在文本24(3例)、26、27、43、52,如:

一个小白兔走进蛋糕店里。(24)
星期天我父母从法国回家来。(26)
上个月她和她爱人回家去。(43)

当学习者在趋向补语谓语句中使用"了"或不使用"了"时,由于在句法上都可以接受,因此并没有得到反馈。从学习者在无反馈情况下的表现来看,她更倾向于在这样的句法语境中不使用"了",虽然这些句子描述的都是过去事件。

根据以上发展过程,我们确认趋向补语谓语句中使用目的形式"-了"已经达到比较稳定的系统,其发展过程如下:使用"+了"(02—23)—使用"-了"(24—52),两种目的形式"-了"和"+了"的频率比为7:1。

7.1.1.7 经常性动作行为

在文本23出现了第一例对过去的经常性动作行为进行描述的句子,学习者使用的变体为"-了":

每天他给她打一个电话。(23)

在紧接着的文本25，在2例包含"每天"的句子里，同时出现"－了"和"＋"两种变体：

每天我读了他睡以前。（阶段25）
每天我儿子问我什么时候我们去看哈利·波特吗？（25）

在文本25的第一例句子里，学习者在"读"之后使用"＋"，但在"睡"以前使用"－了"，第二例句子里则使用"－了"，显示出两种形式之间的自由交替。

在得到文本25的反馈之后，学习者在之后有关过去经常性动作行为的4例表达中，都使用了"－了"，分别分布在文本33、34（2例）、39，如：

我妹妹没有两个女儿的时候，我跟我妹妹常一起去买东西。（39）

虽然数量并不是很大，但学习者到目前为止看起来已经掌握了在描述过去经常性动作行为的句子中不使用"了"的规则，"－了"和"＋"的自由变异在短暂出现之后即消失，说明学习者对该规则掌握得比较轻松。

总之，我们确认在描述过去经常性动作行为的句子中使用"－了"为一类系统变异，它与另一个变体"＋"的频率比为7∶1，发展阶段为准系统（23—24）—自由变异（25—32）—系统（33—39）。

7.1.1.8 以前/以后

在文本25第一次出现了"以前"引导的使用动词谓语的从句，虽然是过去事件，学习者却使用了"－了"：

我儿子年轻的时候，每天我读了他睡以前。（25）

文本38的句子保持了同样的形式：

以前见我妹妹我烤了很多饼干*。（38）　——见我妹妹以前……

在文本42中，则出现了另一种目的形式变体"＋了"：

然后买了树我们装饰树*。（42）——买了树以后我们装饰树。

在文本 44 中，学习者又重新使用"－了"形式：

吃大餐以后我们喝咖啡，还吃巧克力。（44）

随后在文本 48 出现的 3 例使用"以后"的状语从句中，2 例使用"＋了"，1 例使用"－了"，按照在文本中的先后顺序如下：

听了光盘以后我们都读汉字还写了汉字。（48）
喝了咖啡以后我们回教室去。（48）
考试以后我们的老师告诉我们：……（48）

文本 48 的现象说明学习者开始进入在该句法语境中使用"＋了"和"－了"的自由变异阶段。在之后的文本 50，学习者在"以后"状语从句中再次使用"＋了"：

到了家以后我给我妈妈打电话。（50）

由于在"以前/以后"引导的状语从句中，"＋了"或者"－了"的使用都是合法的，学习者也就没有从这些句子中得到有关"了"的任何反馈。从目前的发展来看，学习者在该句法语境中对"了"的使用刚进入自由变异阶段，以后的变异方向还很难预测。因此，对于学习者在"以前/以后"状语从句中使用"－了"和"＋了"的表现，我们确认为一类自由变异。在前期阶段，"－了"的优势比较明显，但后期"＋了"的使用较多，两者总的频率比为 4∶4，发展阶段为："－了"（25—38）—自由变异（42—50）。

7.1.2 以目的形式变体"＋了"为主

7.1.2.1 一般动词＋宾语

一般动词带宾语构成的动宾谓语句使用句中"＋了"76 例，句中"－"42 例，下面对这两部分语料进行深入分析。

首先，在最开始的 2 周内，出现的是 4 例使用句中"-"的句子：

医生问很多问题。（01）
我买牛奶和面包。（02）

直到第 3 周，学习者才开始在该结构中使用"+了"，并一连出现了 3 例，如：

我今天打扫了我的房子。（03）
她拍了很多照片。（03）

此后，句中"+了"和用句中"-"一直交替出现。即使有时候学习者使用相同的动词，表达相同的语义功能，有时候甚至连宾语都非常相似，但学习者还是时而选择"+了"，时而选择"-"。比如使用动词"写"：

我写了两个段课文。（06）
昨天我写三段话*。（07）
星期四晚上我写了我的故事。（45）

使用动词"看"：

我看很多寺*。（08）
我们一起看了电影。（12）
我们看了 Marjolijn，也看了我们的家庭。（21）
我们看了六个电影。（25）
然后和我儿子看一个影片*。（38）
我看很多中国的照片*。（43）

使用动词"买"：

然后我买了邮票。（07）
还买很多东西*。（09）
我买了中国的伞。（10）

还买东西＊。(21)

我买了他的东西。(26)

已经我们买了影片的票。(38)

使用动词"吃"：

我吃很多中国饭＊。(09)

(我们) 吃很多爱吃的饭＊。(30)

我们又吃了蛋糕。(32)

我们一起吃热饼干＊。(38)

使用动词"去"：

星期二我妹妹和她爱人又去了医院。(26)

所以今天我去商店＊。(50)

所以我和我的朋友们去了一个舞会的四十岁以上。(52)

总之，从学习者的使用情况来看，我们很难预测学习者何时会使用"＋了"，何时会使用"－"，两者的自由交替贯穿了从第3周到第52周的时间。

在该结构中，除了用句中"＋了"和句中"－"两个变体之外，还有1例使用句尾"＊"和1例使用句尾"＋了"的变体：

我们吃蛋糕，喝葡萄酒，还做一个营火了＊。(21)

那星期我们一起去饭馆了。(52)

很显然，与使用句中"＋了"、句中"－"两种变体形式相比，使用句尾"＋了"、句尾"＊"的变体数量非常少。

因此，我们确认过去时条件下，一般动词带宾语构成的句子里，学习者对"了"的使用处于自由变异阶段，主要的变体为句中"＋了"、句中"－"两种形式。这两种变体构成的自由变异过程开始得很早，并一直在持续，没有出现明确的发展方向。但另一方面，两种变体在总体强度上的差别较为明显：句中"＋了"和句中"－"的频率比为76：42，目的形式"+了"占绝对优势，该数字为学习者对"了"的习得提供了较为乐观的预测，即学习者在不断接近目的形式。另外，使用句尾"+了"和句尾"*"的变体形式出现时间较晚，数量分别为1例。这类自由变异的发展过程如下："-"（01—02）—自由变异（03—52）。

7.1.2.2 动结谓语

动结谓语最早出现在文本10，学习者使用了句中"+了"：

我爱上了上海。（10）

接着在文本15，出现了1例用句尾"+了"和1例用句中"-"的句子：

在办公室我来晚了。（15）
最后我做完作业*。（15）

两种新的变体形式同时出现，表明动结谓语句中"了"的使用开始出现自由变异。这种自由变异在后续文本中持续出现：

大家我的故事听懂了*。（18）——我的故事大家听懂了。
我写完了我的故事。（23）
我写完了。（28）
我很高兴我所有公司找完了。（29）
早餐的时候其中一个孩子唤醒我和我女朋友*。（31）
这个问题是希腊交出错表*。（35）

从上述句子中可以看到，在第23周到第35周，使用句中"+了"、句尾"+了"和句中"-"三种变体形式交替出现。直到第44周，两种目的形式保留了下来，偏误形式没再重现：

我妹妹的两个女儿收到了很多礼物。（44）
我收到了红色手套。（阶段5：44）
好在两个小时以后他找到了一件外衣。（45）

他们说对了。（阶段 49）

第一个商店所有的溜冰鞋卖光了。（50）

我真希望我找到了一个双溜冰鞋。（50）

好在上星期五下午我买到了一双二手的滑冰鞋。（51）

在偏误形式消失之后的 44—51 周，学习者共生成 6 例正确使用句中"＋了"、2 例正确使用句尾"＋了"的句子。由于学习者从来没出现过在动结谓语句中少用句尾"了"的偏误，即句尾"＋了"的使用一直以正确形式出现，因此我们认为学习者在动结谓语句中正确使用句中"＋了"和句尾"＋了"都达到了稳定系统，其句法条件和强度对比如下：如果没有宾语，则学习者一定使用句尾"＋了"，该过程没有经历自由变异阶段，一直保持稳定，累积频率为 6，发展时段为第 15—50 周；如果带宾语，则有使用句中"＋了"和句中"－"两种变体形式，目的形式和偏误形式的频率比为 7∶3，发展过程为：准系统（10—14）—自由变异（15—35）—系统（36—52）。

7.1.2.3 离合词谓语

最早使用离合词的句子出现在文本 07，该例句子使用的"了"出现了位置偏误，即使用了变体"＊"：

我排队了很多长时间＊。（07）

这种在离合词后直接加"了"并使用宾语的用法，表明学习者并没有意识到"排队"作为一个离合词的特殊用法。之后，在文本 18 第一次出现了离合词使用句尾"＋了"的目的形式：

上星期二我中文考试了。（18）

唯一显示学习者对个别离合词能分开使用的例子出现在文本 21：

在美国她和她爱人结了婚。（21）

但在后续文本中，学习者再次在离合词后直接加"＊"并带宾语：

我做饭了一个蛋糕。（22）

十五前年，我弟弟的妈妈结婚了我爸爸。（30）

同时伴有文本 27 使用句尾"＋了"形式的交替：

经过一个长暑假他开学了。（27）

之后在文本 32、48、49 又出现了 3 例离合词谓语句使用句尾"＋了"的表达：

……，还跳舞了。（32）
上个星期二晚上我考试了。（48）
我告诉你，上个星期我考试了。（49）

由于离合词的学习是单个进行的，比如说，学习者并不能从已经习得的"结婚"推知"跳舞"或者"考试"为离合词，因此，虽然上述离合词谓语句使用句尾"＋了"的表达在偏误形式变体之后达到了 3 例，符合我们对稳定系统的最低标准，但我们还是判断离合词谓语句使用句尾"＋了"不是一类系统变异，而是和"离合词＋了＋宾语"一起构成的使用离合词的自由变异，其发展过程为自由变异（07—52），目的变体"＋了"和偏误变体"＊"的频率比为 6：3。

7.1.2.4　简单动词谓语

学习者在不使用介词结构状语、否定词及其他特定句法形式的简单动词谓语句中，所使用的"＋了"都表达【起始持续】义，共 5 例，我们确认该类为使用"＋了"的系统变异（例句见 4.2.4）。

7.1.3　以少用"了"偏误（-）为主

7.1.3.1　时段宾语

时段宾语的使用首次出现在文本 02，"了"的变体形式为"-"：

在医院我们等很多时间。（02）

在文本 07,"了"的位置虽然错误,但正确地用在了时段宾语之前,对时段宾语来说可以看作 1 例目的形式" + 了":

我排队了很多长时间。(07)

不过,在之后的 3 例包含时段宾语的句子中,学习者都用" - ":

我们在他的卧室一共工作三个天。(23)
我儿子等四个星期他回来荷兰。(23)
还我们开车四小时。(32)

直到文本 50,才出现了 1 例使用" + 了"的目的形式:

我等了太长了。(50)

可以看到,在"动词 + 时段宾语"这种句法语境里,学习者最初的表现形式为使用" - "。通过反馈和之后的学习,学习者开始使用目的形式" + 了",但和" - "偏误形式一直处于自由变异阶段。因此,"动词 + 时段宾语"句法语境中" + 了"和" - "的使用为一类自由变异,其累积频率虽然不高,但从第 02 周已经开始,并持续到最后。" + 了"和" - "两种变体的累积频率之比为 2:4。

7.1.3.2 方式连谓谓语

方式连谓谓语指连谓谓语的前一动词表示后一动词实现的方式。这样的句式首次出现在文本 08,所使用的变体为" - "

星期天我们去南京坐火车*。(08) ——……坐火车去了南京。

之后的文本 10、26,同样的变体形式继续出现:

上星期六我跟我弟弟从上海去杭州坐火车*。(10) ——……坐火车去了杭州。
很快我开车去医院*。(26) ——……开车去了医院。

接着在文本 32,出现了 1 例"*"变体形式:

上个周末我和很多家庭飞行了去爱尔兰*。（32）——……和很多家人飞去了爱尔兰。

该类句法结构的最后1例出现在文本41，又恢复成少用"了"的变体形式：

我们和一行圣诞树坐电梯上楼*。（阶段41）——……坐电梯上了楼。

从上述变异过程可以看到，对于方式连谓谓语句，学习者对"了"的使用一直没能出现目的形式，而是"-"和错用"*"两种变体交替出现，形成两种偏误形式的自由变异。该变异过程从08周开始，最后的出现时间为41周，延续过程较长。总的来看，两种变体"-"和"*"的累积频率之比为4∶1，即在这种句法语境下，学习者少用"了"的倾向性更强。

7.1.3.3　介词"从"状语

介词"从"引导的介宾结构做状语首次出现在文本10的连谓结构中，"了"的变体形式为"-"：

上星期六我跟我弟弟从上海去杭州坐火车*。（10）——……坐火车去了杭州。

该变体形式在接下来的文本12中继续出现：

我另外的弟弟从上海回家*。（12）——……回了家。

在之后的文本26、文本28，学习者也没有使用"了"：

星期天我父母从法国回家来。（26）
他从看朋友回家来*。（28）——他看了朋友回家来。

但由于文本26的句子中使用了趋向补语，"了"的使用不是必需的，因此归入目的变体"-了"；文本28则为变体"-了"。

之后文本32、文本50的2例句子中，由于或者是对过去一般性情况的描述，或者使用了助动词，不能使用"了"，因此都属于变体"-了"类别：

他们的客人从爱尔兰，荷兰，美国，法国还澳大利亚来。（32）
可能我从她借一双溜冰鞋*。（50）

总之，在使用介词"从"的句子中，变体"-了"和"-"两种形式交替出现，处于自由变异阶段，变体"-"和"-了"的频率比为3∶3，发展阶段为10—52周。虽然在该句法语境下没有表现出目的形式或偏误形式的明确倾向，但毫无疑问的一点是，在"从"介宾状语句中，学习总是不使用"了"的，即使是对过去事件的描述。由于语料有限，目前还很难判断这种意识来自何处。

7.1.3.4 介词"给"状语

使用"给"介宾状语的句子首次出现在文本06，出现的变体形式为动词后"+了"：

（医生）给我们介绍了手术。（06）

在文本15的句子中，则出现了把"给"作为动词使用、在"给"之后加"了"的偏误形式"*"：

所以我给了鸟医生打个电话*。（15）——所以我给鸟医生打了个电话。

而在之后使用"给"介宾状语的7例句子中，学习者再没有在谓语动词后使用"了"。其中有的是"-"偏误形式，有的则属于"-了"目的形式。从顺序来看，目的形式"-了"首先在文本23中出现：

每天他给她打一个电话。（23）

接着，少用"了"偏误形式"-"在文本29中出现：

（我）还给很多公司打一个电话*。（29）——……打了电话。

学习者在使用偏误形式之后都会得到反馈。在文本 29 的反馈之后，文本 34、文本 35 的 3 例句子都属于目的形式"-了"：

（常常）我奶奶给我讲一下方法的画。（34）
我的英国家人给我讲，……（35）
他们也给我讲，……（35）

因此，直到文本 37 "-"的偏误出现后，学习者才再次得到反馈：

所以我给医生打一个电话*。（37）——……打了一个电话。

但很显然，以上 1 次错用"了"、2 次少用"了"的反馈没能促使学习者在使用"给"介宾状语的谓语动词后使用"＋了"，包括最后 1 例把"给"作为补语使用的句子：

这个星期我的老师回给我的考*。（49）——……给回了我的考卷。

由于以上"-了"目的形式和少用偏误形式"-"一直交替出现，两者都不构成系统变异。总的来说，在使用"给"介宾状语的句子中，出现了四种变体形式："＋了""*""-了"和"-"，频率比为 1∶1∶4∶3。前两种变体只在最初阶段出现过一次，之后没有再出现，因此后两种变体构成了第 3 周之后的主要变异形式，整个发展过程为 06—52 周。

7.1.3.5 "一下"或动词重叠

谓语动词后带动量宾语"一下"的用法在文本 01 已经出现，使用的变体为"-"：

医生做照片，看一下*。（01）

在之后，"一下"和动词重叠形式出现了糅合使用的现象，"了"依然缺失：

然后我去书店，我看看一下*。（02）

之后"了"的缺失又分别出现在文本15和文本37：

在这儿鸟医生看看小鸟儿*。(15)
我给我的朋友打电话，讲一下*。(37)

直到文本52，才出现了第一例使用句中"＋了"的用法：

我们是累跳舞的时候我们坐了一下。(52)

也就是说，"动＋一下"结构中目的变体"＋了"的出现，整整花费了学习者从第1周到第52周的全部时间。由于该目的形式仅仅在最后出现了1例，我们判断从第52周开始，学习者对该形式的使用刚刚进入自由变异阶段，"－"和"＋了"两种变体形式可能会交替出现；到目前为止，二者的频率比为4∶1，偏误形式仍占优势。

7.1.4 以错用"了"（*）为主

7.1.4.1 应该使用"着/在"

在文本22第一次出现了应该用"着"但错用"了"、表示动作行为持续进行或状态持续存在的表达：

因为我妹妹还怀孕了*。(22) ——……还怀着孕。

接着，文本26再次出现类似的偏误：

在家我等了*。(26) ——我在家等着。

学习者从这2例偏误中都得到了反馈，但这种反馈似乎没有显示出相应的结果。在文本31、文本37、文本38的3例需要使用"着"的句子中，学习者仍然使用变体"*"：

我的女朋友在一个大热床仍然睡了*。(31) ——……仍然睡着。
昨天是星期四我仍然有感冒了*。(37) ——……仍然感冒着。

饼干仍然热了*。（38）——饼干仍然热着。

在文本 38 还出现了 1 例使用"呢"表达动作行为持续进行的句子，即学习者依旧没有使用"着"：

开车期间，我们听音乐呢*。（38）——……听着音乐。

以上的 4 例偏误出现后，学习者都及时得到了反馈。然而直到文本 40，学习者才第一次正确地使用"着"来描述过去正在进行的事件：

在学校他的女朋友等着。（40）

不过，在文本 45 的 1 例可能使用"着"的表达中，学习者并没有使用得到多次反馈的"着"，而是使用了"正在"：

我写了故事的时候天气正在下雨。（45）

接着，在文本 52 需要使用"在"或"着"表达持续进行动作的句子中，学习者再次使用了"*"：

两个小时以后我们仍然聊天了。（52）

从以上的发展过程可以看出，对于表达持续进行的动作行为或持续存在的状态，学习者可能使用"*""着""正在""呢"等四种形式。其中，"*"的使用最为频繁，达 6 例，另外三种形式都是 1 例。在学习者出现偏误的过程中，有关"着"得到了最多反馈，但直到 6 次反馈之后，学习者才正确使用了 1 例"着"，可见"着"的使用对于学习者来说非常困难。因此，学习者在描述过去持续进行的动作行为时，正确使用"－了"的变异不是系统变异；同时，由于在文本 38、文本 40、文本 45 出现了接近或完全符合目的形式的表达，"着""在""*"的偏误形式也不能构成一类系统变异。也就是说，"*""着""正/在""呢"等四种形式是表达动作行为持续进行的句法语境中的自由变异形式，其中从"*"到使用其他自由交替形式所经历的时期为："*"（2—37）—自由变异（38—52）。

7.1.4.2 目的连谓谓语

目的连谓谓语句指后一动词表示前一动词的目的，前一动词一般为"来/去"。在这样的连谓结构中，"了"只用于第二动词后或句尾。该类句法形式最早出现在文本 03，"了"的变体形式为在第一动词后用"＊"：

周末，我和我女的朋友去了吃中餐。(03)

在文本 08、文本 12、文本 26，同样的偏误形式又出现了 3 例：

然后我去了买东西。(08)
昨天我去了工作走路＊。(12) ——昨天我走路去工作了。
我去了工作还医院＊。(26) ——我去工作了，还去了医院。

在文本 31，第一次出现了"＋了"用于第二动词后的目的形式（不考虑句中的其他句法偏误）：

我们和她的六女朋友们去吃了＊。(31) ——……去吃了中餐/去吃中餐了。

不过在文本 45，出现了 1 例"－"偏误形式，同时有 1 例目的形式"＋了"产生：

我忘了他们去滑雪＊。(45)
今天我和我妹妹去买了东西＊。(45)

在学习者生成的最后 1 例目的连谓谓语句中，又恢复了第一动词后用"＊"的偏误形式：

上个星期六我和朋友们去了滑冰。(51)

从上述发展过程可以看到，虽然在目的连谓谓语句中学习者倾向于在第一动词后使用"＊"偏误形式，但也有目的形式"＋了"和偏误形式"－"两种变体出现。总的来说，目的连谓谓语句中学习者对"了"

的使用处于自由变异阶段,三种变体交替出现,"*""+了""-"的频率比为 5:2:1,发展阶段为 03—52。

7.1.4.3 应该使用"是……的"

在该用"是……的"强调过去动作发生的时间、地点、方式等时,学习者都选择使用错用变体"*"。经考察,该类表达没有出现其他类别的变体,因此在这里不再赘述,确认为一类偏误形式的系统变异。该类变异的数量仅 3 例,首次出现在文本 08,之后分别出现在文本 17、文本 25,即发展阶段为 08—52。

从理论上来说,随着反馈的增多,该系统变异可能进入"是……的"与"*"交替出现的自由变异阶段,即该系统变异为准系统变异,并不是自由变异阶段之后的系统变异。

7.2 非过去时时态

在第六章,我们初步总结出了非过去时使用目的形式"+了"和偏误形式"-"的 4 类句法语境系统变异。对各部分语料进行综合,结果如下:

表 44　　　　　　　非过去时句法语境变异汇总

序号	句法语境类型	变体形式							
		句中				句尾			
		+了	+	-	*	+了	+	-	*
1	动词+宾语	3		3					
2	简单动词谓语					3			
3	表时间持续			4		1			

7.2.1 动词+宾语

非过去时动宾结构中,既出现了 3 例目的变体句中"+了",又出现了 3 例偏误变体句中"-了":

现在她自己读了哈利·波特的书。（25）

现在我们看了所有哈利·波特的电影。（25）

到现在我写了二十五上下个故事。（25）

他们租一间新房子*。（12）——他们租了一个新房子。

我也找一个公司现在四个公司*。（29）——……现在成了四个公司。

我和我儿子一起住在马尔森，在那儿我租一间房子*。（47）——……租了一个房子。

可以看到，前 3 例目的形式变体"＋了"都表达【完成结束】义，后 3 例句子缺少表【起始持续】义的句中"了"。因此，这两组句子分别构成不同的系统变异：前者为目的形式系统变异，发展过程为 25—52；后者为偏误形式系统变异，发展过程为 12—52。

7.2.2 动词谓语

使用目的形式变体"＋了"的 3 例句子如下：

你知道我妹妹怀孕了。（07）

现在我妹妹怀孕了。（16）

我只用词我知道了*。（43）——我只用我知道了的词。

这 3 例句子都表达【起始持续】义，因此确定为一类系统变异，发展过程为 07—52。

7.2.3 表时间持续

该类变异使用句尾"－"的偏误句共 4 例，目的形式句尾"＋了"共 1 例，出现的文本分别为 02、13、19、37、49、52：

我学习汉语现在一个年*。（02）——我学习汉语一年了。

现在他们十年一起*。（13）——现在他们在一起十年了。

他工作在那儿一年了*。（19）——他在那儿工作一年了。

今天我觉得好更一点儿。（37）——……好了一点儿/好一点儿了。

可是现在我儿子很大，所以他不想要和我做一个雪人。（49）——可是现在我儿子很大了，……

可能你觉得我看起来年轻，但是我差不多四十岁*。（阶段 4：52）——……但是我差不多四十岁了。

可以看到，学习者在文本 02、文本 13 的偏误之后，通过反馈，在文本 19 出现了 1 例目的形式，但在之后的 3 例表达中，都没再出现目的形式，因此我们确认该句法语境中为变体句中"－"的一种系统变异，发展过程为：准系统（02—18）—自由变异（19—36）—系统（37—52），偏误形式"－"和目的形式"＋了"的频率比为 4：1。

7.3　讨论

前文确认的变异可以分为两大类，即系统变异和自由变异。根据最后阶段的变体性质，系统变异又可分为目的形式系统变异（某个目的形式变体在最后阶段达到了系统或准系统阶段）、偏误形式系统变异（某个偏误形式变体在最后阶段达到了系统或准系统阶段）；自由变异又可分为目的—偏误形式自由变异（目的形式和偏误形式在最后阶段交替出现）、目的形式自由变异（两种以上的目的形式变体在最后阶段交替出现）、偏误形式自由变异（两种以上的偏误形式变体在最后阶段交替出现）。

从第二语言学习目的来看，目的形式是学习者所要达到的最终语言目标，而偏误形式则是学习者在学习过程中希望摆脱的变体。如果把目的形式的稳定出现看作学习者成功习得的标志，偏误形式的稳定出现则可看作学习者在当前阶段习得不成功的标志。以目的形式和偏误形式是否在最后阶段起主导作用为标准，前述若干类变异又可分为两大类：一是目的形式在最后阶段占主导地位的变异，包括目的形式系统变异和目的形式自由变异，称作目的形式变异；二是目的形式在最后阶段不占主导的变异，包括目的—偏误形式自由变异、偏误形式自由变异、偏误形式系统变异,称为偏误形式变异。下面的两个图分别呈现了在过去时和非过去时时态下,学习者在52周时间中形成的各种变异,其中的"空白期"是指某个句法或词汇形式第一次被学习者使用之前的时期。

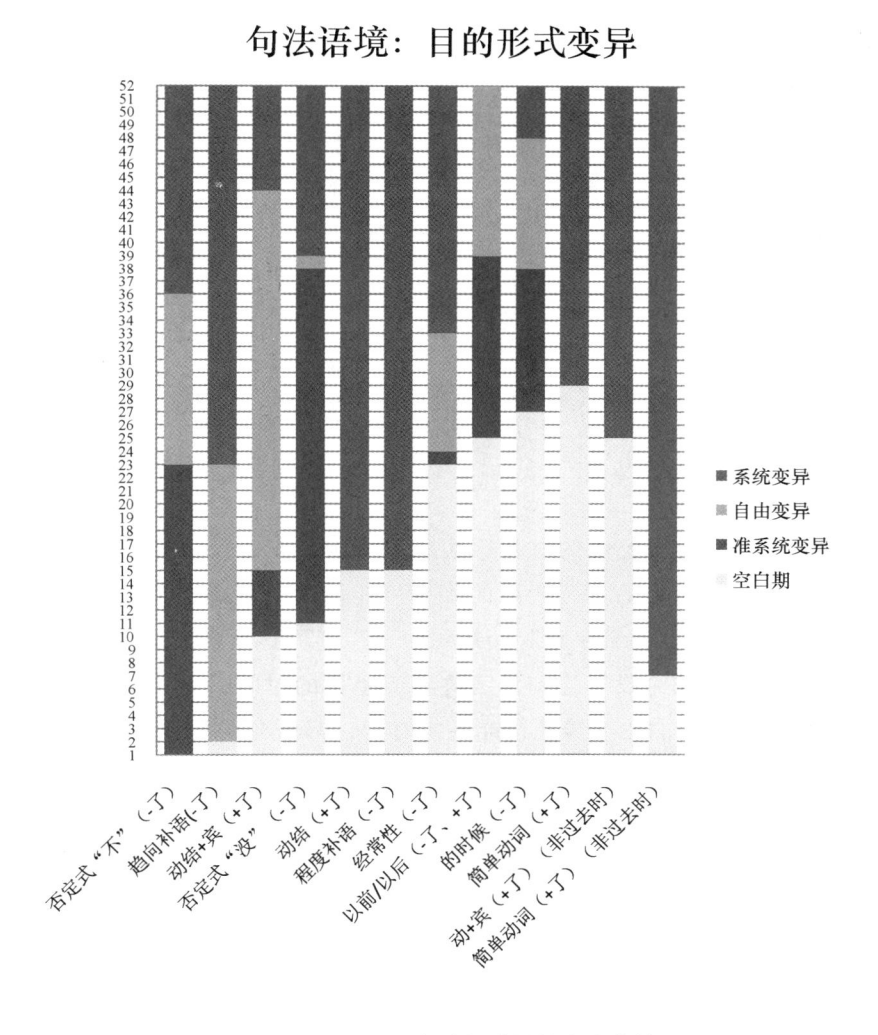

句法语境:目的形式变异

图例:
- 系统变异
- 自由变异
- 准系统变异
- 空白期

横轴类别:否定式"不"(-了)、趋向补语(-了)、动结+宾(+了)、否定式"没"、动结(+了)、程度补语(-了)、经常性(-了、+了)、以前/以后(-了)、的时候(-了)、简单动词(+了)、动+宾(+了)(非过去时)、简单动词(+了)(非过去时)

图29 "了"的句法语境目的形式变异

7.3.1 目的形式变异

句法语境目的形式变异共 12 类（见图 29）。其中过去时 10 类，9 类为系统变异，1 类为自由变异；非过去时 2 类，都为系统变异。从图 29 可以看到，"了"变体所出现的不同句法形式进入学习者中介语系统、进入自由变异、达到系统变异的时间都不同：比如"不"否定式在第 1 周已经出现，在第 23 周进入自由变异，在第 36 周开始达到系统变异阶段；而"的时候"结构在第 27 周才开始出现，在第 38 周进入自由变异，在第 48 周开始达到系统变异。在某个形式经历的各种时间中，首次出现的时间、自由变异时长可能具有特别重要的意义。

其一，某个句法形式首次出现的时间。一般来说，某个语言形式出现的时间越晚，习得过程被激活的难度越大。如果我们把某个句法形式首次出现的时间看作该形式被激活的难度，则上述句法形式被激活的难度如上表所示："不"否定式、趋向补语使用变体"-了"的习得最易被激活，"的时候"使用变体"-了"、简单动词做谓语使用句尾"+了"最难被激活。

其二，自由变异经历的时长。某个形式所经历的自由变异的时间越长，该形式达到稳定的系统阶段的难度可能越大。从这个角度来看，在目的形式变异中，"动结+宾"使用句中"+了"达到稳定阶段所经历的时间最长，否定式"没"达到稳定阶段所经历的时间最短。而偏误形式变异，不管是处于自由变异还是准系统时期，都是在 52 周的时间中没能成功习得的形式，相较于目的形式变异，习得难度更大。

以上述两个标准来观察句法语境中的各种变异，可以发现：学习者在过去时时态下形成的 10 种目的形式变异中，5 种是变体"-了"系统变异；3 种是变体"+了"系统变异；2 种是使用"-了"或"+了"都符合语法的自由变异，其中 1 种（趋向补语谓语句）最终形成了使用变体"-了"的系统变异，因此我们也归入变体"-了"系统变异，即变体"-了"系统变异为 6 种。以上结果说明，学习者对过去时不应该使用"了"的句法限制更敏感，习得的结果更好。非过去时时态下 2 种变异则都是变体"+了"系统变异，但使用频率还很低。

不同目的形式变异的发展过程不同。在过去时 6 种变体"-了"系统变异中，除了程度补语没有经过自由变异阶段而直接进入系统阶段外，其他 5 种变异都经历了或长或短的自由变异阶段；而在 3 种变体"+了"系统变异中，除了"动结+宾"经历了长时间的自由变异外，另外 2 种系统变异（动结无宾语谓语句、简单动词谓语句）都没有经历自由变异而直接进入系统阶段。非过去时的 2 类系统变异也没有经历自由变异阶段。

一般来说，没有经历自由变异的变体可能仍处于准系统阶段，因而经历自由变异而进入系统阶段的系统变异更为稳定。以这样的标准来看，学习者所形成的 6 种"−了"目的形式变异中的 5 种和变体"+了"中的"动结+宾"都比较稳定，是学习者在对目的形式和偏误形式进行有意识的选择后达到的自觉阶段，不是偶然的、随机的。

不过有些没有经历自由变异阶段的系统变异也仍然可能比较稳定。比如，由于某个句法形式具有突出标记，学习者可以非常准确地进行把握，从而不经历自由变异而直接进入系统阶段。从这个角度来看，程度补语具有鲜明的"得"标记，过去时时态下的动结、简单动词谓语句由于不带宾语，都使得学习者很容易地使用变体"−了"或句尾"+了"。因此，虽然没有经历自由变异，这三类变体的使用可能还是达到了稳定的系统阶段。另一方面，非过去时时态下"动+了+宾""动+了"标记不明显，可能不太稳定。

7.3.2 偏误形式变异

句法语境偏误形式变异共 14 种（见图 30）。其中过去时 12 种，11 种为自由变异，1 种为准系统变异；非过去时 2 种，1 种为自由变异，1 种为准系统变异。

过去时句法语境的 12 种偏误形式变异可分为两类，第一类是在最后阶段处于和目的形式交替出现的自由变异阶段，如"动词+一下"、程度补语（使用句尾"+"）；第二类是在最后阶段处于只出现偏误形式变体的准系统阶段，如应该用"是……的"而用"了"。可以看到，第一类是偏误形式变异的主流（11 种），第二类则只有 1 种。这意味着，学习者对于"了"变体的使用基本上没有形成所谓的化石化现象，而是正处于对偏误形式和目的形式进行尝试和选择的动态变化时期。

在非过去时时态下，学习者仅形成了 2 种句法语境偏误形式变异，1

种是自由变异；1 种是偏误形式系统变异，即在经历过一段时间的自由变异（目的形式"＋了"和偏误形式"－"交替）之后，在最后阶段表现出使用偏误形式变体的较稳定倾向。这意味着，这种非过去时偏误形式可能比过去时的各种偏误都更难被克服，因为过去时偏误形式或者还没有形成稳定的倾向性，仍处于对各种变体尝试、选择的阶段，或者有进入该阶段的可能，而非过去时该类偏误形式却在尝试之后选择了错误的倾向。

句法语境：偏误形式变异

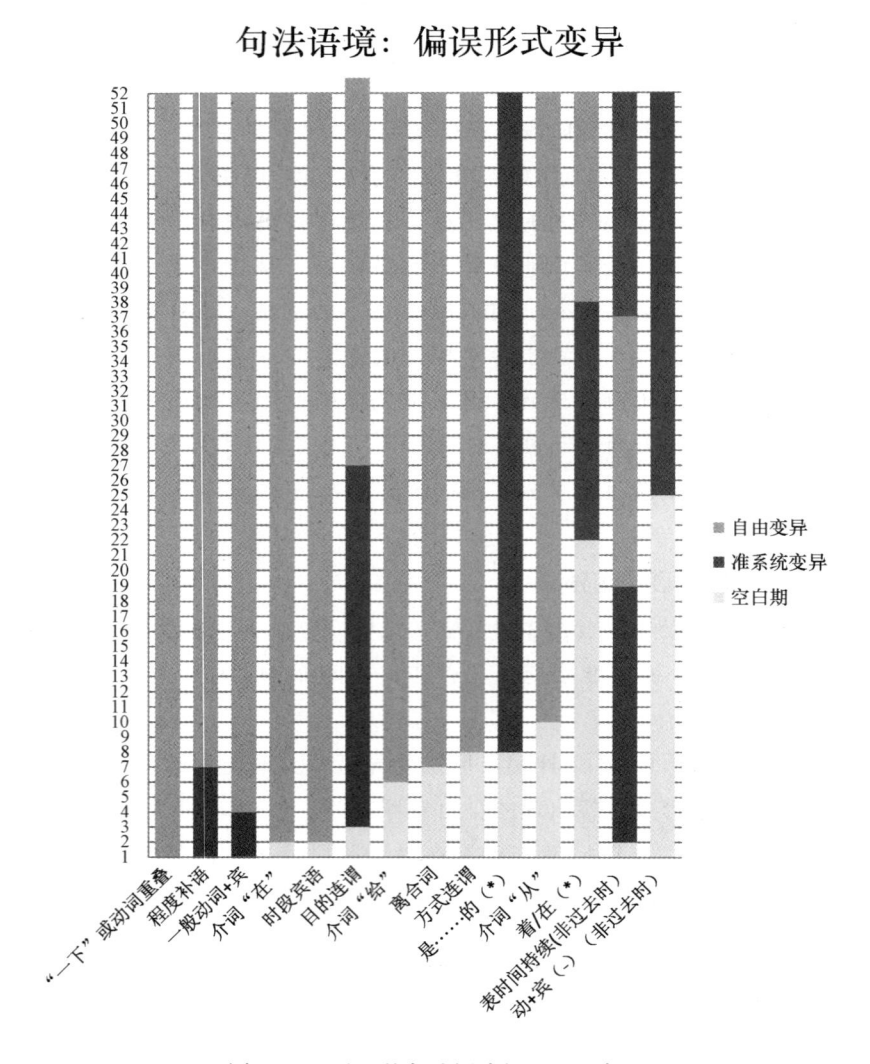

图例：自由变异、准系统变异、空白期

图 30 "了"的句法语境偏误形式变异

7.4 小结

杨素英、黄月圆、曹秀玲（2000）指出，一方面，汉语体标记"了"的习得受句型限制，很多有关"了"的研究中也都考察过限制"了"使用的句法条件，并已经反映在汉语教学中，但另一方面，"了"在各种句法语境中怎样演变却还没有人进行系统研究。本章在前文对各类变体分析考察的基础上，对"了"在不同句法语境中、在纵向的时间维度中演变的过程进行了考察。

本书的考察结果显示，学习者最先习得且最易达到稳定阶段的目的形式变体大部分都是过去时变体"－了"，说明学习者对于过去时不使用"了"的条件相当敏感，且习得较快；对于什么语境中必须使用"了"，目前学习者所建立的稳定知识还非常有限。

从时态来看，学习者倾向于在过去时时态下使用"了"，这方面的能力发展也比较成熟；而在非过去时时态下，学习者使用"了"的能力还非常薄弱，不仅生成的目的形式变异很少，偏误形式变异也很少。

第八章

词汇语境变异

8.1 情状体与"了"的标记

根据杨素英、黄月圆、孙德金(1999a、1999b)以及杨素英、黄月圆、曹秀玲(2000)的研究结果,汉语完成体标记"了"和其他语言体标记习得的普遍倾向不同:首先,其他语言时体习得的主要错误是对非终结性情状的过去式(包括完成体)标注不足(Flashner, 1982; Anderson, 1986、1990; Kaplan, 1987; Robinson, 1990; Bardovi-Harlig & Reynolds, 1995; Shirai & Andersen, 1995),而汉语中"了"的主要偏误是泛化使用。其次,虽然汉语"了"的习得过程中也存在"了"标注不足的现象,但汉语的这种现象和普遍倾向没有关系,因为其他语言的学习者是对非终结性情状动词(包括状态和活动情状类动词)的过去时和完成体标注不足,而汉语第二语言学习者却是对活动和终结性情状动词标注不足。

本书想提出的一点是:在汉语完成体"了"的习得和普遍倾向的表面分歧之下,也许隐藏着其他可能的解释。

第一,仅仅因为"了"的泛化使用就认为汉语完成体"了"的习得和普遍倾向不同有待商榷。

首先,来自其他语言的证据,主要是指来自印欧语以及日语、韩语等的证据,而这些语言都具有一个共同点:对时态的标注是强制性的(杨素英等,2000; Yoshimoto, 1998; 金镇容,1993; Sohn, 1995),即谓语都必须带有相应的时态标记,没有例外。这就意味着,如果不计算时态的错误标记，这些语言中时态标记所出现的错误只有一个方向，即标注不足，根本不可能产生泛化使用。但汉语体标记的使用不是强制性的，不管"了"还是"着"，在使用时都要受到来自情状类型、句法、篇章甚至音韵等的限制（王力，1985；李兴亚，1989；赵淑华，1990；冯胜利，1995；杨素英等，2000），"了"的偏误自然就有两个方向，既可能泛化，也可能标注不足。因此，汉语中泛化使用"了"的独特现象是由强制、非强制标注两种不同的前提造成的。在我们讨论汉语体标记的习得是否符合普遍倾向时，必须把这种前提性的差异考虑进来。

其次，以往的研究过分夸大了泛化现象的存在。目前，几乎所有有关"了"的研究都会强调学习者对"了"的泛化使用现象，并且认为这是由于外国学生把"了"当作过去时使用，凡是过去发生的动作、事件都要用上"了"（孙德坤、1993；赵立江，1996；杨素英等，1999；杨素英等，2000）。但以往的研究并没有统计过学习者在过去时条件下不使用"了"的情况，只是关注"了"泛化的那一部分，这样就无法看到学习者在过去时表达中的全貌。本书的语料显示，学习者在过去时时态下正确地不使用"了"的数量高达294例，少用"了"的则有69例，两者加起来达363例；正确使用"了"的122例，加上多用40例，错用21例，使用"了"的语料一共才183例，远低于不使用"了"的数量。很显然，汉语第二语言学习者对"了"的泛化使用并不像我们原来以为的那么严重，泛化使用的比率仅占过去时表达中很小的一部分。而同时，其他语言在考察时体标记时，一般把不该标注但错误地标注为某种时体标记的偏误看作错用偏误，而不是泛用，但实际上这种偏误有泛用的性质，比如学习者在应该使用现在时的时候标注为过去时，其实是对过去时的泛化使用。

第二，汉语"了"标注不足的现象和普遍倾向是否一致还需要考虑可能的原因。

首先，如本书的统计结果所显示的，学习者并不总是在过去时时态下对谓语谓词标注"了"，对于很大一部分过去时句子，第二语言学习者会和母语者一样不标注"了"。在考察汉语"了"标注不足现象时，这一部分正确地没有标注的"了"句子应该纳入考虑范围，才能观察到学习者不标注"了"时所使用的动词情状体的全貌。

其次，汉语动词情状体的分类方法存在其他可能性。动词情状体的分类是一个复杂工程，不同语言的动词分类可能需要采取不同的标准。最早对动词的时间结构（time schemata）进行分类的是 Vendler（1957），他把英语动词分成了四类：状态（states）、活动（activities）、完结（accomplishments）、达成（achivements），开启了动词情状体研究的先河，产生了巨大的影响。但如 Li Ping（1990：9）所指出的，Vendler（1957）的分法虽然包含了诸如终点、时间持续等情状体特征，他的四分法并没有把情状体的对比性特征清楚地呈现出来。Comire（1976）认为，过程和状态（process vs. stative）、终结和非终结（telic vs. atelic）、瞬时和持续（punctual vs. durative）这样的具有对比性的两分法更能反映动词情状体的对比性特征，且不同的语言对动词情状体（或动词内在意义）和时间情状特点（temporal situational properties）的区分是不同的。比如英语把 see、hear 这样的词作为状态动词来认知，不能使用进行体-ing；葡萄牙语却把它们作为非状态词来认知，可以和进行体同现（Comire，1976）。再比如，日语中的体标记 te iru 与持续性动词同现时，表示事件在进行之中，是进行体；与瞬时性动词同现表示事件已经结束，是结果体（Yoshimoto，1998；杨素英等，2000），那么对日语来说，持续和瞬时的区分就非常重要，过程和状态的区分可能就不太重要。根据 Li Ping（1990）对汉语母语儿童习得汉语体标记的考察结果，汉语儿童对结果和过程的区分敏感，但对瞬时性不敏感，因此瞬时/非瞬时的区分对汉语来说可能就不太重要。

杨素英（1999a、1999b）和杨素英等（2000）对动词情状体的分类采用的是 Vendler（1957）对英语动词分类的四分法，且是对句子情状而不是动词本身进行分类。那么就存在这样一种可能，即如果我们采取另外的分类方法，可能得出和上述结果不同的结论。为了考察另一种可能性的存在，本书尝试使用郭锐（1993、1997）的分法。

郭锐（1993）对动词过程结构的分类标准如表 44 所示。原作者的说明如下：（1）如果"~了"下标 I，代表该动词能够加"了"，表示开始，该动词的过程结构有起点，并有续段；如果下标 F，代表该动词能够加"了"，表示结束，该动词的过程结构有终点。（2）如果"~时量"下标 I，代表该动词带时量宾语后表示动作本身的持续时长，该动词的过程结构有起点，有续段；如果下标 F，代表该动词带时量宾语后表示动作结束后经历的时长,该动词的过程结构有终点。(3)如果下标"-",代表该动词不能与某项句法形式共现。

表 45　　　　郭锐(1993)的动词过程结构分类标准

代号	大类	图示	小类	~了	~时量	~着	在/正在~	过	例词
Va	无限	→		−	−	−	−	−	是、等于
Vb	前限	⇢		I	I−	−	−	−	认识、知道
Vc	双限	→	1.	I	I	−	−	+	相信、喜欢
			2.	I	I	+	−	+	有、瞎、爱
			3.	IF	I	+	+	+	坐、住
			4.	IF	I	+	+	+	等、端、
			5.	IF	IF	+	+	+	吃、烧
Vd	后限	→·	1.	F	F	+	+	+	产生、提高
			2.	F	F	−	+	+	离开、灭亡
Ve	点	·		F	F	−	−	+	来、看见

在郭锐(1993)的基础上,郭锐(1997)又把上述若干小类归为两大类:静态动词(stative verbs)和动态动词(dynamic verbs),动态动词又分为动作动词(action verbs)和变化动词(change verbs)两个小类。前后两次分类之间的对应关系如下:

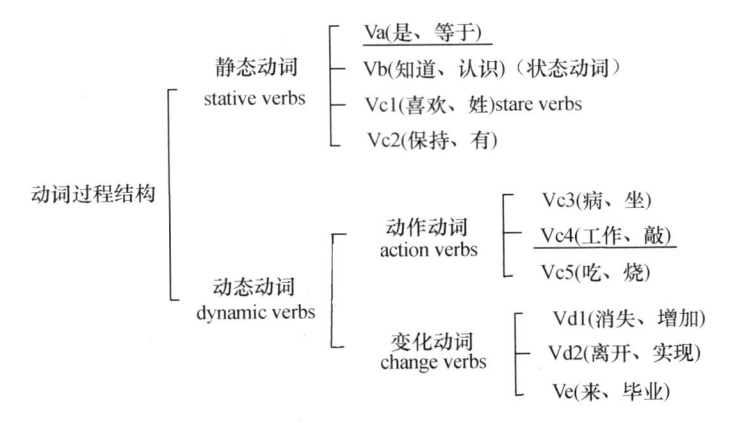

```
                                        ┌ Va(是、等于)
                         ┌ 静态动词      ├ Vb(知道、认识)(状态动词)
                         │ stative verbs ├ Vc1(喜欢、姓)stare verbs
                         │               └ Vc2(保持、有)
动词过程结构 ┤
                         │                          ┌ Vc3(病、坐)
                         │               ┌ 动作动词 ├ Vc4(工作、敲)
                         │               │ action verbs └ Vc5(吃、烧)
                         └ 动态动词      ┤
                           dynamic verbs │               ┌ Vd1(消失、增加)
                                         └ 变化动词      ├ Vd2(离开、实现)
                                           change verbs  └ Ve(来、毕业)
```

图 31　郭锐(1997)对动词过程结构的分类

（原作者注:下划线部分为该类中的典型类)

我们之所以采取郭锐（1993、1997）的分法，除了上述原因，也因为郭锐的分类更准确地体现了动词和"了"结合之后意义上的异同。比如，杨素英等把"参观"归为终结性动词（或叫"指向结果动词"），把"学习"归为活动类动词，但这两类动词加"了"之后表达的意义并无区别：

我学习了一整天，真是累坏了。
我参观了一整天，真是累坏了。

当把"了"用在句尾时，两个词都可以表示起始义：

你看电视吧，我学习了。
你在这儿休息，我参观了。

因此，在汉语中，这两类词有可能并不需要区分开来。根据郭锐（1993、1997）的分类，这两类词都属于双限结构（3、4、5），即都属于动作动词，只需要和变化动词如"到"进行区分就足以表达出区别。

郭锐（2012，个人请教）认为，以往所说的状态、活动、完结、达成四分法中，完结情状动词的结果义是由其后的宾语表达的，如"听了一首歌"；单从动词本身来说，状态、活动、达成三类动词和他的静态、动作、变化类动词基本对应。我们把杨素英、黄月圆、王勇（2009）对《汉语动词用法词典》（孟琮等，1999）中动词的穷尽性分类和郭锐（1993、1997）的分类进行对照，发现前者多出一类完结动词；如果把这类完结动词归入活动类，则两种分类大致相当。不过，由于郭锐（1993、1997）的分类标准非常细致，有些词比如"开始"只符合部分分类标准，无法进行归类。对于这样的例外词，我们会参照杨素英、黄月圆、王勇（2009）的分类结果。

下面分别对过去时和非过去时时态下的动词情状进行讨论。参照杨素英等（1999）、杨素英等（2000）的做法，我们先排除第七章中已经确定的句法语境因素，比如"的时候"结构，再对句子中动词的情状进行分类。前文确定的句法语境系统变异、目的形式自由变异和偏误形式自由变异都会排除，目的－偏误形式自由变异一般不排除，但会排除因为使用其他句法形式如"呢"而不用"了"、副词"仍然"导致错用"了"的句子，因为这些句法现象虽然还没能形成系统变异，却有非常明确的限制"了"使用的句法特征。

在对每种情状类型的动词数量进行对比时，还需要考虑到一点，即不能只看该类词的绝对数量。根据郭锐（1993）对 1890 例动词的分类，静态动词和变化动词的数量在整体上远远低于动作动词。下面是根据郭锐（1993）的小类合并而成的三大类动词的分布表：

表 46　　　　　　　　郭锐（1993）动词过程分类结果

指标	静态	动作	变化	总计
词数	247	1366	277	1890
比率	13.1%	72.2%	14.7%	100%

我们以上述各类动词的百分比为参照，来评价学习者在使用"了"的不同变体时不同情状类型动词的变化。上述比例我们暂且称为"标准比例"。

8.2　横向分析：过去时"了"的标记和情状体

8.2.1　变体"-了"

在学习者使用"-了"的语料中，我们排除了前文确认的否定词"没有"、否定词"不"、"的时候"、趋向补语、经常性动作行为、程度补语、以前/以后、正在进行等五类句法语境中 94 例句子以及 2 例缺少谓语动词的句子，共得出使用"-了"的句子 198 例：

表 47　　　　　　　过去时：变体"-了"谓词情状体分类

情状体	例频	型频	谓词
形容词	66（33.3%）	23	高兴、好、累、年轻、难、忙、多、疼、笑、舒服、漂亮、好吃、长、有意思、伤心、热、美、慢、冷、紧张、对、大、便宜
静态	77（38.9%）	22	爱、担心、觉得、怕、生气、喜欢、想（心）、想念、需要（心）；得、可能、能、感冒、想（助）、要、应该；没有、是、问＊（让）、有、在、留、住
动作	48（24.2%）	16	告诉、回答、讲、说、问；打、工作、喝、换、看、睡、喂、学习、照看、坐、做
变化	7（3.6%）	5	开始、来、去、出生、成立
总计	198（100%）	66	—

可以看到，在使用目的形式变体"-了"的句子中，绝大部分谓词为形容词和静态动词，静态动词 38.9% 的比率远远超越了该类动词的标准分布率 13.1%。而标准分布中比率最高的动作动词在这里的比率只有 24.2%，远远低于 72.2% 的标准比率；变化类动词也低于其 14.7% 的标准比率。这样一种趋势和第二语言时体习得的普遍倾向基本一致。

在 48 例使用动作动词的句子中，有 34 例为引述类动词，在文本中的用法都为对说话内容进行引用。如果排除这 34 例引述动词，则仅有 21 例使用"-了"的句子不能从谓词的情状类型中得到解释，能以情状类型进行预测的达到（176/292 =）60.3%，同时能用系统的句法因素进行预测的为（94/292 =）32.2%。

8.2.2　变体"+了"

必须使用"+了"与必须使用"-了"两类语料的一大不同是，我们很难找到显著的句法形式来预测"+了"的必然出现。如前文所述，学习者使用句中"+了"的句子大多为"动+了+宾"，使用句尾"+了"的句子则有多种谓语结构。其中，只有动结式和"+了"的共现不论是否带宾语都形成了目的形式系统变异，表明学习者对该类结构使用"+了"有稳定的掌握。按照对动词情状体的分类，动结式结构一般归入变化或者达成类动词,因此我们不把动结式作为句法语境变异排除出去。

下表为句中"＋了"的动词情状类型分类:

表 48　　　　　过去时:句中"＋了"谓词情状体分类

情状体	例频	型频	谓词
静态	1（1%）	1	懂
动作	62（66%）	29	帮助、吃、打扫、打算*（筹划）、带、等、读、发、告诉（介绍）、介绍、喝、画、换、看、烤、练习、买、卖、拍、送、挑、听、写、邮、装饰、装修租、坐、做
变化	31（33%）	12	爱上、打开、到、给、回、结婚、买到、去、收到、忘、写完、找到
总计	94（100%）	42	—

可以看到,使用句中"＋了"的动作类动词比率最高（66%）,但并未达到标准比率72.%;变化类动词的绝对数量虽然不是最高,只占本部分动词的33%,却远远超过了变化类动词的标准比率14.7%;而静态动词则只有1例,几乎可以忽略不计。也就是说,使用"－了"和"＋了"的动词情状有显著不同的倾向:使用"－了"的句子中,学习者最倾向于使用形容词和静态动词,最不倾向于使用变化类动词,动作类动词中的一部分由于其特殊的句法表现也数量较大;而使用"＋了"的句子,学习者最倾向于使用变化类动词,其次为动作类动词,几乎不使用静态动词。这样一种显著的差别显示学习者在使用体标记"了"时,与第二语言时体习得的普遍倾向完全一致。

下表为使用句尾"＋了"的动词情状类型:

表 49　　　　　过去时:句尾"＋了"谓词情状体类型

情状体	例频	型频	谓词
形容词	1（3.6%）	1	晚
静态	4（14.3%）	3	想（助）、懂、有

续表

情状体	例频	型频	谓词
动作	9（32.1%）	7	吃、考、考试、睡、跳舞、邀请、做
变化	14（50%）	11	到、开始、开学、去、说对、忘、站*（停）、来晚、卖光、写完、找完、听懂
总计	28（100%）	—	—

可以看到，使用句尾"+了"时所使用的动词情状类型和句中"+了"同中有异：第一，变化类动词的比率不但大大超过了标准比率14.7%，达到了50%，而且在绝对数量上也超过动作类动词成为第一大类；第二，动作类动词仍然保持较高的比率，但比句中"+了"有大幅下降；第三，出现了形容词谓语，且静态动词的比率（14.3%）大幅提升，略微超过了标准比率13.1%。从和标准比例的比较来看，在使用句尾"+了"的句子中，最占优势的两类动词为变化类动词和静态类动词，动作类动作很不活跃。这样一种趋势和普遍倾向既有一致之处：完成体标记倾向于标注包含结果的变化类动词；也有矛盾之处：完成体标记标注静态动词的倾向性高于动作动词。

根据前文对"了"的分析，句尾"+了"的这种两面性与其所能表达的两种意义相关：变化类动词带"了"一般表示完成结束，静态类动词带"了"表示某种新状态的起始持续，即后者与一般所谓的完成体标记表达的语法意义不同。而动作类动词之所以在句尾"+了"的使用中不活跃，是因为该类动词带句尾"了"一般不自由。

8.2.3 变体"-"

在少用"了"的句子中，绝大部分为少用句中"了"，只有1例为少用句尾"了"。由于少用句尾"了"数量极少，我们和少用句中"了"放在一起分析。在排除了5例连谓谓语句后，其他句子使用的动词情状类型如下：

表 50　　　　　过去时：变体"－"谓词情状体类型

情状体	例频	型频	谓词
静态	1（1.6%）	1	得
动作	49（74.2%）	29	帮助、查、吃、穿、打、等、告诉、工作、关、化妆、换、讲、教育、开车、看、买、散步、试、数、睡、睡觉、问、笑、写、邀请、照看、装修、准备
变化	16（24.2%）	8	给、回、见、来、去、唤醒、交出、做完
总计	66（100%）	38	—

可以看到，少用"了"偏误中的动词谓语，主要为动作动词，其百分比 74.2% 略微超出了标准比率 72.2%；变化类动词的绝对数量虽然不高，但百分比达 24.2%，较大幅度地超过了标准比率 14.7%。单从这部分数据来看，汉语第二语言学习者习得体标记"了"的倾向的确和普遍倾向有相反的一面：少标注"了"并不出现在表示状态的静态动词上，而是较大量地出现在表示结果的变化类动词上。但如果把动作类动词归入非终结性大类的话，则非终结性动词的比率远超过终结类，从这个角度说，"了"的标记不足和普遍倾向也有一致之处。

8.2.4　变体"＋"

在多用"了"偏误中，我们首先排除了否定词"不"（多用句中"了"）（6 例）、"的时候"（5 例）、否定词"没有"（1 例）和经常性动作行为（1 例）等 13 例句法偏误（32.5%）。剩余的多用句中"了"偏误的动词情状类型如下：

表 51　　　　　过去时：多用句中"了"谓词情状体类型

情状体	例频	型频	谓词
静态	12（85.7%）	10	担心、觉得、需要（心）、怕、能、是、要、有
动作	2（14.3%）	2	问、做
总计	14（100%）	12	—

可以看到，学习者多用句中"了"的动词绝大部分属于静态类动词，包括心理动词、助动词、"是"和"有"，其比率 85.7% 远远超越了静态动词的标准比率 13.1%；另外还有少量动作类动词，变化类动词完全没有出现。简言之，汉语第二语言学习者会泛化使用句中"了"，且泛化使用的动词主要为静态动词。这样一种趋势和体标记习得的普遍倾向刚好相反。根据前文对"了"的分析，我们认为这是由于汉语体标记"了"和静态动词共现时，表达起始持续义，学习者在静态动词上对"了"的泛化使用是该义项泛化的结果，而不是完成结束义"了"的泛化使用。

下表为多用句尾"了"的谓词情状类型：

表 52　　　　　　过去时：多用句尾"了"谓词情状体类型

情状体	例频	型频	谓词
静态	10（76.9%）	7	懂、害怕、怕、疼、想（助）、要、知道
动作	3（23.1%）	3	笑、睡、说
总计	13（100%）	10	—

多用句尾"了"时所使用动词的情状类型基本和多用句中"了"一致，都主要为静态动词，其比率 76.9% 也远远超出标准比率 13.1%；同时有少量动作类动词，变化类动词完全没有出现。这说明当学习者在过去时条件下使用句尾"了"时，泛化使用的"了"主要是静态动词，变化类动词不会出现泛化现象。与句中"了"相同，这样一种结果与体标记习得的普遍倾向存在差异。

8.2.5　总体倾向

以上是对各变体出现的谓词情状体类型的分类考察；由于错用"了"偏误都和句法条件的限制有关，本章不进行讨论。为了进行更宏观、更直接的对比，也可以把上述数据分成两个大类，即把变体"-了"和"-"归为不用"了"，把变体"+了"和"+"归为用"了"，得出结果如表 53 所示。

表 53　　　　　　　　过去时："了"的标记和情状体类型

情状类型		不用"了"	用"了"		
			句中	句尾	合计
形容词		66（25%）	0	1（2.4%）	1（0.7%）
非终结性	静态	78（29.6%）	13（12%）	14（34.1%）	27（18.1%）
	动作	97（36.7%）	64（59.3%）	12（29.4%）	76（51%）
终结性	变化	23（8.7%）	31（28.7%）	14（34.1%）	45（30.2%）
总计		264（100%）	108（100%）	41（100%）	149（100%）

可以看到，学习者在过去时时态下不用"了"时，使用最大量的谓词为动作动词，但所占百分比 36.7% 远远低于其标准比率 72.7%；变化类动词最少，所占比率 8.7% 也远远低于其标准比率 14.7%；静态动词数量虽然不是最大，但所占百分比 29.6% 超出其标准百分比 13.1% 的一倍还多；形容词与"了"同现的很多句法特征和双限结构（1、2）非常类似，如果把形容词和静态动词放在一起看的话，则占据了不用"了"谓语谓词的一半以上。总的来说，当学习者不用"了"进行标记时，所使用谓词的倾向从高到低为：形容词＋静态动词—动作动词—变化动词。

学习者在过去时时态下使用"了"时，动作类动词也是数量最多的，但所占百分比 51% 显著低于其标准比率 72.7%；静态动词虽数量最少，所占百分比 18.1% 却超过了其标准比率 13.1%；变化类动词的绝对数量为第二，所占百分比 30.2% 超出了其标准比率 14.7% 一倍还多，从这个角度来说，是使用"了"的动词中数量最大的一类。综合各种权重，学习者用"了"进行标记时，所使用谓词的倾向从高到低为：变化动词—静态动词—动作动词。

以上结果与第二语言时体习得的普遍倾向既有一致之处，也有差异。

（1）学习者倾向于不对形容词和静态动词进行标记，与普遍倾向一致。

（2）学习者倾向于对包含结果义的变化动词进行标记，与普遍倾向一致。

（3）在进行标记的谓词类型中，静态动词在动作动词之前，与普遍倾向刚好相反。我们认为，这是由于在静态动词后使用"了"时，表达的意义为【起始持续】，而不是【完成结束】，因此不符合完成体标记的普遍倾向。

（4）动作类动词属于非终结性动词，但在用"了"句子中的比率超过了不用"了"，看起来似乎和普遍倾向矛盾。不过，更具体地来看，其实是使用句中"了"的动作类动词远远高于不用"了"、使用句尾"了"的动词，而使用句中"了"的句子基本上都可以归为"动+了+宾"这种结构（包括时量、动量宾语和一般宾语）。根据杨素英等（1999、2000）对句子情状类型的划分标准，这类句子属于包含结果的完结类句子，是终结性情状类型，也就是说，虽然动作类动词本身不是终结性动词，但常常和各种类型的宾语组合成终结性情状句，因此倾向于和"了"共现。这一点也可以得到旁证：动作动词在使用句尾"了"（32.1%）的句子中比率低于不用"了"（36.7%），即当动作动词不构成终结性情状句时，学习者使用该类动词的倾向性就会降低。

总的来说，汉语体标记"了"的习得和第二语言完成体标记习得的普遍倾向基本一致，真正不一致之处在于学习者用"了"标记静态动词的比例较高。根据我们的分析，这是因为汉语体标记"了"与不同情状类型的动词共现时表达不同的意义，与静态动词共现时表达【起始持续】义，因而不能用完成体标记的普遍倾向来衡量。

8.3　横向分析：非过去时"了"的标记和情状体

8.3.1　变体"+了"

非过去时使用句中、句尾"+了"的谓语谓词情状类型分别如下：

表 54　　　　　　非过去时：句中"＋了"的谓词情状类型

情状体	例频	型频	谓词
静态	3（50%）	2	懂、明白
动作	3（50%）	3	读、看、写
变化	0	0	
总计	6（100%）		—

表 55　　　　　　非过去时：句尾"＋了"的谓词情状类型

情状体	例频	型频	谓词
形容词	1（11.1%）	1	晚
静态	6（66.7%）	5	要、能、可能、怀孕、知道
动作	2（22.2%）	2	喝、工作
变化	0	0	—
总计	9（100%）		—

可以看到，虽然非过去时使用"＋了"的语料非常少，但还是显示出和过去时时态下非常不同的倾向：静态动词占据绝对优势，都远远超过了其标准比例13.1%，尤其是在使用句尾"＋了"时；动作动词也有一定数量，但远远低于其标准比例72.2%；变化类动词却完全没有出现。

非过去时使用"＋了"这种和完成体习得的普遍倾向完全相反的表现，与非过去时"了"的义项主要为【起始持续】义的结果刚好呼应。因此，当"了"表达【起始持续】义时，就会显示出和完成体习得的普遍倾向的不一致。过去时、非过去时语料的分析都证明了这一点。

8.3.2　变体"＋"

非过去时多用句中"了"、句尾"了"的谓词情状类型如下表：

表 56　　　　　　非过去时：句中"＋"谓词情状体类型

情状体	例频	型频	谓词
静态	2	2	知道、懂
总计	2	2	—

表 57　　　　　　非过去时：句尾"＋"谓词情状类型

情状体	例频	型频	谓词
变化	1	1	写好
总计	1	1	—

多用"了"偏误只有 3 例，使用的谓词为 1 例变化动词和 2 例静态动词。虽然数量很少，但可以看到比较有意思的一点：一方面，学习者在非过去时时态下正确用"了"的动词绝大部分为静态动词；另一方面，多用"了"偏误也较容易出现在这类动词上。根据之前的分析，我们认为这是因为静态动词是否使用"了"，是由所要表达的意义决定的，灵活性很大，没有表层的句法形式可以依赖，因此容易出现多用偏误。

8.3.3　变体"－"

排除 2 例缺少谓语的句子，非过去时少用"了"都属于和情态有关的偏误。非过去时缺少句中"了"、句尾"了"的谓词类型分别如下：

表 58　　　　　非过去时：句中"－"变体的谓词情状体类型

情状体	例频	型频	谓词
动作	2	1	租
总计	2	1	—

表 59　　　　　非过去时：句尾"－"变体的谓词类型

情状体	例频	型频	谓词
形容词	2	2	好、大
静态	2	2	能、怀孕
动作	1	1	学习
变化	2	2	爱上、开始
名词	1	1	四十岁
总计	8	8	

可以看到，非过去时时态下少用句中"了"的动词只有"租"，该动词在现在时时态下加"了"之后表达【起始持续】义。非过去时缺少句尾"了"的谓语类型很丰富，出现了形容词和名词谓语；动词中既有静态动词和变化类动词，也有动作类动词，且数量差别不大。这说明在非过去时时态下，谓语动词的情状类型影响不大对句尾"了"的使用影响不大。

8.3.4 总体倾向

上述小类也可以分成不用"了"和用"了"两大类。去除名词谓语后，结果如下：

表 60　　　　　非过去时："了"的标记和谓词情状体类型

情状体	不用"了"（即少用）			用"了"		
	句中	句尾	总计	句中	句尾	总计
形容词	0	2	2	0	1	1
静态	0	2	2	5	6	11
动作	2	1	3	3	2	5
变化	0	2	2	0	1	1
总计	2	7	9	8	10	18

可以看到，在非过去时时态下，学习者不用句中"了"主要和加"了"之后表达【起始持续】义的动作动词有关，不用句尾"了"则似乎和动词的情状类型没有关系；学习者使用句尾"了"时，所使用的动词以静态类为主，次之为动作类动词，这和过去时时态下使用"了"的动词非常不同：在过去时时态下，使用"＋了"的动词以变化类为最显著倾向。

上述结果再次证明，当"了"表达【完成结束】或【起始持续】两个不同义项时，使用的谓词有非常不同的倾向。这一方面说明为何汉语体标记"了"的习得和完成体习得的普遍倾向不同；另一方面也说明学习者对"了"的使用是基于意义的，且对可以与不同义项的"了"共现的谓词情状类型相当敏感。

8.4　横向分析总结

通过以上对与"了"不同变体共现的谓词情状类型的考察，我们发现：

（1）在过去时时态下，"了"的标记和谓词情状类型的关系与普遍倾向基本一致：变化类动词标记"了"的数量远较不标记高，而形容词和静态动词的趋势则相反。动作动词的情况较为特殊，当"了"用于句中时，该类动词会大量使用；当"了"用于句尾时，该类动词的数量则大幅度下降。这种现象的出现是由于动作类动词带宾语可以构成终结性情状句，因而学习者会大量标记"了"。

（2）在非过去时时态下，"了"的标记和完成体习得的普遍倾向刚好相反：表结果义的变化类动词完全没有出现，静态动词的使用占绝对优势，动作类动词也占据了一定份额。此外，在非过去时时态下，少标记句中"了"的动词特征明显，即加"了"之后表达起始持续义；少标记句尾"了"的谓词则类型丰富，不和特定的情状类型产生关联。

总的来说，我们认为，表【完成结束】义"了"和完成体标记习得的普遍倾向一致，但表【起始持续】义"了"则和普遍倾向不一致；学习者对汉语谓词（包括形容词、动词）的情状体类型相当敏感，尤其对静态、变化两类动词的区分意识相当清晰。本书不打算讨论该意识的来源是生物性的天赋存在还是来自汉语语料输出，但对情状体优先假设的支持非常明显。

下文将从纵向角度，对前文初步确定的几类词汇语境系统变异进行第二步确认，并考察学习者对这些谓词的情状特点是否已经掌握，以及掌握过程是怎样的。

8.5 纵向分析:变异过程

这一小节的分析都分为过去时和非过去时两部分进行,如果某类词语没有进行这样的分类,则意味着该类词语只出现在一种时态条件中,行文中不再进行专门说明。

8.5.1 形容词

(一) 过去时时态

在过去时时态下,形容词谓语在文本 01 已经开始出现,使用了目的形式变体"-了":

我儿子肩疼。(01)
我儿子不高兴。(01)

在文本 03 和文本 06,形容词谓语句出现了新的变体形式:在形容词前使用"是了":

我儿子的卧室是了很多脏。(03)
他的医生是了很高兴。(06)

同一时期,学习者并没有完全放弃变体"-了",该形式仍然在使用中:

我儿子也很累。(06)

不过,上述"是了"变体形式很快消失,在以后的文本中都没有再出现。在文本 15,出现了第一例也是唯一一例过去时时态下形容词谓语句使用目的形式变体"+了"的表达,即第三种变体:

(我)回家去也晚了。(15)

同一时期，变体"-了"仍大量出现：

上星期五，我妹妹肚子疼。（13）
小鸟很高兴。（15）

一直到文本 37、文本 38，形容词谓语句出现了第四、第五种变体形式，即使用句尾"+"和"*"：

上个星期我有点儿感冒，我头疼和嗓子疼了。（37）
饼干仍然热了。（38）

之后到文本 52，学习者又使用了 15 例形容词谓语，都没再出现"了"的偏误变体。因此，虽然经过了多种变体形式，但在一次次的尝试和反馈后，学习者基本上建立起了较为稳定的在形容词谓语句中使用"-了"的意识，可确定为一类系统变异。"-了"变体在形容词谓语句的变异过程如下：

准系统阶段（01—02）—自由变异（03—38）—系统阶段（39—52），其变体形式包括"-了"、句尾"+了"、"是+了+形"、句尾"+"、句尾"*"。除了"-了"，其他变体形式的出现频率都非常低，"-了"和其他变体形式的频率比为 77∶5。因此，学习者对描述过去状态不使用"了"的意识是比较稳定的，但是表示其他意义，比如新状态出现的用法并未建立起来。

（二）非过去时时态

在非过去时时态下，我们只统计了学习者使用目的形式"+了"和偏误使用"了"的用法。但统计结果显示，非过去时正确使用"了"的语料中并无形容词谓语句，只有使用句尾"-"的 2 例偏误表达：

今天我觉得好更一点儿*。（37）——今天我觉得好一点儿了。
可是现在我儿子很大*。（49）——可是现在我儿子很大了。

可以看到，这 2 例偏误出现时间都很晚，分别是文本 37 和文本 49，早期阶段完全没有出现类似的偏误。这里缺少的"了"都是句尾"了"，表示新状态开始出现和持续。由于只有 2 例偏误，还不能构成最小的系统，我们不判断为系统变异。

此类偏误出现的时间和频率表明，某种类型的偏误只有当学习者达到某个阶段后才会出现，因此出现多种偏误形式也就意味着学习者的语言能力达到了多样化的程度，是语言学习过程中的一个积极信号。这类偏误数量非常少，说明学习者刚刚开始能够使用形容词谓语句表达新状态【起始持续】的意义，还没达到最基本的系统性。

总的来说，形容词在过去时和非过去时时态下和"了"共现时，表达的语义和对句法的要求都有所不同。对学习者来说，用形容词描述过去时时态下的某个状态并不困难。虽然在英语和荷兰语中，形容词谓语句都需要使用过去时形式，学习者早期使用的"是 + 了 + 形"变体形式也显示出来自印欧语的影响，但这种负迁移很快得到了纠正，之后学习者已经能很自然地使用"－了"。但当表示新状态的【起始持续】义时，学习者显然有较大的困难。首先，学习者对该意义的表达非常少；其次，出现的 3 例表达中有 2 例是偏误，"我回家去也晚了"的正确表达还存在把"了"作为过去时标记使用的可能。因此，对形容词谓语句来说，难点在于非过去时时态下新状态【起始持续】义的表达。

8.5.2　引述动词

在从第 1 周开始的文本中，学习者就开始使用引述动词引用说话内容，并且在很长的一段时间里一直使用"－了"变体：

医生说：你不去锻炼。（01）
我儿子告诉我，我们有一个问题。（18）

直到文本 21 和文本 26，才出现了 2 例使用"＋"的偏误变体：

我问了我儿子，你有你的每个东西？
然后她说了：明天我帮助你。

同一个时期，"－了"的形式也一起并存：

昨天他再问什么时候吗？（25）
他告诉我：你妹妹需要剖腹产。（26）

在文本 26 之后，学习者共生成了 13 例使用引述动词的句子，都只使用目的形式变体"－了"：

可是这个星期天气预报说很快天气很冷。（49）
我妈妈说没问题。（50）

总的来说，学习者使用引述动词的变异过程如下：准系统（01—20）—自由变异（21—26）—系统（27—52），使用"－了"和"＋"的频率比为 36：2，共使用引述动词 5 个型次：告诉（14）、回答（5）、讲（3）、说（7）、问（8）。

上述过程显示，学习者相当自然地建立起了在引述动词后不使用"了"的意识。这可能是学习者各种表现中最让人难以理解的一点。因为形容词使用"－了"的句子在课文中大量存在，我们可以推测学习者是从输入中发展出了相应的意识；但通过对学习者使用的教材进行检查，我们发现其中的课文全部以对话形式出现，根本没有出现过引述动词后引述说话内容的句法形式，只有两篇课后阅读中出现了 2 例这样的用法，由于数量非常少，似乎不能为学习者提供足量的输入。另外一种可能的情况是，教师经常在课堂教学中使用引述动词引用说话内容。但经过询问，学习者对老师是否有这样的教学语言完全没有印象。可是不管怎样，语料显示，学习者在引述动词的使用中的确发展出了稳固的使用"－了"的意识。

8.5.3　助动词

（一）过去时

在过去时时态下的助动词谓语句中，学习者首先使用的变体为目的形式"－了"，出现在文本 06：

他不能他的臂＊。（06）——他不能动他的臂。

学习者第二次使用助动词谓语句是在文本 15，同时出现了助动词后用句中"＋"、动词后用句中"＋"两种偏误变体以及"－了"目的变体：

昨天晚上我要了做作业＊。(15)
我要帮助了小鸟＊。(15)
然后小鸟很好，可是不能飞行。(15)

接着在文本 21 和文本 26 相继出现了新的句尾"＋了"、句尾"＋"两种新变体：

下早上我和我儿子想开车回家去了。(21)
你两个婴儿不要生了＊。(26)

同一时期，在动词后用句中"＋"变体没再出现，但在助动词后用句中"＋"、句尾"＋"两种偏误变体和"－了"目的变体继续出现，直到文本 52：

我不能了开车＊。(45)
因为很多风，我不能听我妹妹。(45)
一半年以前我和我的朋友们想要去跳舞了＊。(52)

总的来说，在过去时时态下，助动词谓语句中"了"的变体形式一直处于自由变异阶段，包括"－了"(33 例) 和句尾"＋了"(1 例) 两种目的变体，动词后用句中"＋"(2 例)、助动词后用句中"＋"(4 例)、用句尾"＋"(2 例) 三种偏误变体。偏误变体和目的变体交替出现，从第 6 周开始，一直持续到最后一周。不过，从频率对比来看，"－了"的频率远远超过其他各种"了"的变体形式之和，比率为 33∶9。很显然，虽然还处于自由变异时期，但在过去时时态下，学习者明显倾向于在助动词谓语句中使用"－了"。

(二) 非过去时

在非过去时时态下，助动词谓语句中最先出现的变体为句尾"＋

了":

我们要回家去了。（03）

这样的用法在间断很长时间之后，到文本34才再度出现：

现在我奶奶八十岁，她不能再画了。（34）

在文本48，出现了1例在递系结构的第二个动词后用句中"+"的偏误形式：

我想要中国人懂了我什么说*。（48）

文本49、文本50则相继出现了句尾"+了"和句尾"-"的变体：

可是如果下个星期仍很冷，可能我也去滑冰了。（49）
所以现在我有一个问题，可能下星期六我不能去滑冰*。（50）

总的来看，学习者在非过去时时态下使用助动词谓语句时，"了"的变体形式有三种：使用表示新情况起始持续的句尾"+了"、少用句尾"了"和多用句中"了"，其频率比为3：1：1。除了文本03的1例，其他目的形式和偏误形式变体都出现在后期阶段，三种变体形式交替出现，处于自由变异阶段。

综合以上分析，不管是过去时还是非过去时，学习者已经发展出了助动词谓语句使用"了"的两种目的形式变体："-了"（33例）和句尾"+了"（4例）。前者的使用频率远高于后者，再次证明学习者并不总是在过去时时态下使用"了"；后者在非过去时时态下数量更多（3例），但总量还非常少。

从过去时和非过去时"了"的变体可以看到，在过去时时态下，学习者在助动词谓语句中对"了"的使用更多是句法导致的偏误（6例），只有多用句尾"了"的2例有可能是意义导致的偏误，因为当表达新状态的【起始持续】时，句尾是可以使用"了"的。而在非过去时时态下，学习者对"了"的使用偏误全部是由意义导致，当表达新情况的【起始持续】时,必须使用句尾"了",否则就会出现"-"偏误;当不表达新情况的【起始持续】时,则不能使用句尾"了",否则就会出现"+"偏误。这也可能是助动词谓语使用"了"难以形成目的形式变异的原因:助动词谓语句包括多个动词,使得学习者可能把"了"用在多个位置;句尾"了"的使用完全取决于说话者所要表达的意图和上下文信息,灵活性很高,正确使用的挑战性很大。

8.5.4 心理动词

(一)过去时

学习者在过去时时态下使用心理动词谓语的句子中,"了"最早以句中"+"、句尾"+"两种偏误变体形式出现:

因为我儿子需要了手术*,所以他害怕了*。(06)

得到反馈之后,文本07、文本09出现了目的变体"-了":

我爸爸需要邮票。(07)
可是我想我儿子。(09)

文本13中出现了"+"、"-了"两种变体形式同时并存的现象:

她担心了她的两个婴儿的舒服*。(13)
我妹妹的医生也担心。(13)

在文本15,第二次出现了句尾"+"变体:

它不能飞行,也怕很大猫了*。(15)

在接下来的文本中,"-了"、句中"+"、句尾"+"三种形式一直交替出现,直到文本35。从文本36之后,学习者生成了9例使用变体"-了"的表达,同时再没有"了"的偏误变体出现:

大家需要我的帮助。(43)

（我儿子小的时候，）我们喜欢一起做一个雪人。（49）

在文本 37 第一次出现了使用句尾"＋了"的表达，文本 48 则第一次出现了使用句中"＋了"的表达：

好在她懂了。（37）
因为我懂了所有的问题，……（48）

可以看到，在对心理动词的使用上，7—35 周的自由变异阶段之后，学习者不但发展并巩固了使用"－了"的意识，而且开始初步使用句中和句尾"＋了"（2 例）。所以，我们确认"－了"为一种系统变异（25 例），但"＋了"还未能构成系统变异，目前只是"了"的一种目的形式变体。概括来说，心理动词的发展过程为：准系统（06）—自由变异（07—35）—系统（36—52），"－了"、"＋了"、句中"＋"、句尾"＋"四种变体的频率比为：35∶2∶5∶7。

（二）非过去时

在非过去时时态下，心理动词谓语句最早使用的变体为句中"＋了"：

现在你懂了为什么我的星期很忙。（23）

在文本 33，出现了 1 例句中"＋"的偏误变体：

所以我们知道了哪个个名字都是谁的＊。（33）

之后，"了"的变体形式又出现了 3 例，但都是正确形式，没有再出现偏误形式：

现在你懂了为什么今天我不想工作。（39）
现在明白了为什么我开始我的故事太晚了吗？（43）
我只用词我知道了＊。（43）——我只用我知道了的词。

根据学习者所要表达的意义，最后一例其实也是句中"＋了"。

虽然数量比较少，但在偏误变体之后，学习者使用句中"＋了"变体已经达到了3例,因此我们确定为句中"了"的一类系统变异。变异过程为:准系统(23—32)—自由变异(33—38)—系统(39—52),句中"+了"和句中"+"两种变体形式的频率比为4:1。

8.5.5 没有

在过去时时态下,使用动词"没有"的句子最早出现在文本06,所使用的变体为目的形式"-了":

这个星期我没有空。(06)

之后该类句子又出现了6例,分别分布在文本31、36、38、39、50、51,使用的变体一直都是"-了",没有出现第二种变体。如:

然后我们开车回家去,可是没有音乐。(38)
可是他们没有我的大小。(50)

因此,我们确认学习者在以"没有"为谓语动词的句子中,形成了目的形式"-了"的系统变异,总频率为7。

8.5.6 有

在使用"有"做谓语的句子例中,最先使用的变体为目的形式"-了":

第一只有六小鸭。(12)

在文本22,学习者第二次使用了"有"为谓语的句子,但却同时使用了句中"+"和"-了"两种变体形式:

因为她不是妈妈,所以这个星期她有了一个生日聚会*。(22)
因为她有一个小聚会。(22)

这样的目的形式和偏误形式自由交替的状况一直持续到文本37,并出现了第三种偏误变体,即在句尾使用"+":

星期三我们一起去了晚餐，有十一口人。(30)

我们有了一个大桌子＊。(30)

好在我爸爸也有感冒了。(37)

昨天是星期四，我仍然有感冒了＊。(37)

在文本37之后，"了"的变体只有"－了"一种形式，共10例，如：

去年你在荷兰的时候，好在我们有很多雪。(42)

第二个商店有很多溜冰鞋。(50)

从整个过程来看，"有"谓语句从文本22到文本37之间出现了句中"＋"、句尾"＊"、句尾"＋了"等三种变体，但这些变体的存在时间都比较短暂，在文本37之后一直保持稳定使用"－了"的状态。因此，"有"谓语句使用"－了"为一类系统变异，变异过程为：准系统（12—21）—自由变异（22—37）—系统（38—52），使用"－了"和句中"＋"、句尾"＋"、句尾"＊"的频率比为：11：2：2：1。

8.5.7 在

以动词"在"做谓语的句子首次出现在文本18，使用变体形式为"－了"：

我不知道他们在哪儿。(18)

在文本31、文本42、文本44、文本45分别出现了1例动词"在"谓语句，并一直保持"－了"的形式：

我的女朋友的爱人跟他的两个孩子在下楼＊。（31）——……在楼下。

去年你在荷兰的时候，好在我们有很多雪。(42)

四点我都在我妹妹家。(44)

我给我姑妈打电话，可是她和她爱人不在家里。(45)

也就是说，以动词"在"为谓语的句子，并没有经历和其他变体形式的交替出现的自由变异阶段，而是直接进入较为稳定的系统，其总频率为5。

8.5.8 是

在前文对过去时使用"-了"语料的分析中，我们把动宾谓语句中以"是"为谓语动词的14例句子初步确定为一类系统变异。但实际上，学习者对"是"的用法还包括在形容词前使用"是"或者"是了"，因此我们在对"是"动词谓语句进行全面分析时，把用在形容词之前的"是"也包括进来，这样共得到过去时使用"是"动词谓语、同时正确使用"-了"的句子23例。下面对"是"动词谓语句进行纵向的过程分析。

在文本03，"是"之后用句中"+"偏误变体和"-了"目的变体同时出现：

我儿子的卧室是了很多脏*。(03)
上个周末是嘉年华。(03)

之后这两种变体形式一直持续到文本17：

那是在小车很多长时间*。(04)——那是开车很长时间。
他的医生是了很高兴*。(06)
我们爸爸是荷兰人，我们妈妈是了英国人*。(17)

不过从文本18开始，学习者生成的所有使用谓语"是"的20例句子中，都再没出现用句中"+"的情形，而是一直使用"-了"：

上个星期一是我弟弟的生日。(30)
我奶奶年轻的时候她爱好是画画儿。(34)
五天以前是圣诞节。(44)

因此，我们确认学习者在过去时时态下使用"-了"为系统变异，其自由变异阶段的另一个变体形式为"是了"，变异过程为：自由变异

（03—17）—系统（18—52），"-了"和"是了"两种变体的频率比为23:3。

8.5.9 开始

（一）过去时

以"开始"为谓语的句子共5例，前4例都使用了目的变体"-了"：

四十个公司开始大学*。（29）——……**开始筹建大学。**
欧洲开始欧元的时候*，……（35）——**欧洲开始使用欧元的时候，**……
可是这个星期我妹妹开始出去工作。（36）
上星期五下午我开始照看。（36）

在文本52，出现了一例使用句尾"+了"的变体：

几分钟以后我和这个男人开始聊天了。（52）

总之，在学习者使用"开始"的5例句子里，出现的都是目的形式，两种目的形式变体为"-了"和句尾"+了"，频率比为4:1，并在文本52开始进入自由变异阶段。

（二）非过去时

在非过去时时态下使用动词"开始"的句子仅1例，不构成系统或自由变异：

因为天气不冷而且今天下午我放假开始*。（51）——……**开始放假了。**

8.5.10 讨论

通过以上对某些谓语动词变异过程的考察，我们确定了在过去时时态下使用目的形式"-了"的八类系统变异和两类自由变异：

表 61　　　　　　　　　　词汇语境系统变异

序号	过去时时态			非过去时时态		
1	形容词	-了；其他	77∶5	-	-	-
2	引述动词	-了、+	36∶2	-	-	-
3	心理动词	-了、其他	35∶14	心理动词	-了、+	4∶1
4	有/没有	-了、+	18∶5	-	-	-
5	在	-了	5	-	-	-
6	是	-了、+	23∶3	-	-	-
7	开始	-了、句尾"+了"	4∶1	-	-	-

表 62　　　　　　　　　　词汇语境自由变异

自由变异	过去时时态			非过去时时态		
1	助动词	-了；其他	33∶9	助动词	句尾了、句尾"-"、句中"+"	3∶1∶1

根据第七章的分法，以上系统变异和自由变异又可以分为目的形式变异和偏误形式变异。下面分别进行讨论。

8.5.10.1　目的形式变异

在学习者形成的词汇语境目的形式变异中，过去时有 7 种，非过去时有 1 种，都为系统变异，如图 32 所示。从图 32 可以看到：

（1）在过去时时态下，最先进入中介语系统的词汇形式是形容词、引述动词谓语句，都在第 1 周已经出现；最后进入的是"在"谓语句，到第 19 周才开始出现。也就是说，形容词、引述动词使用目的形式变体"-了"的习得过程最早被激活，动词"在"最晚被激活，其他词汇形式的激活时间则处于中间。不过在所有词汇形式中，最晚激活的是非过去时时态下的心理动词，直到第 24 周才首次出现。

（2）从自由变异的时长来看，在过去时时态下，形容词谓语句达到稳定系统之前所经历的自由变异阶段最长，引述动词经历的自由变异阶段最短，动词"在"则没有经历自由变异就直接进入了系统阶段；非过去时时态的心理动词经历的自由变异时长和引述动词刚好相等。可见，激活难度和习得难度并无直接关系，某些很早就进入中介语系统的语言形式可能要经历较长的时段才能习得，而某些较晚出现的语言形式却可能很快被习得。

词汇语境：目的形式变异

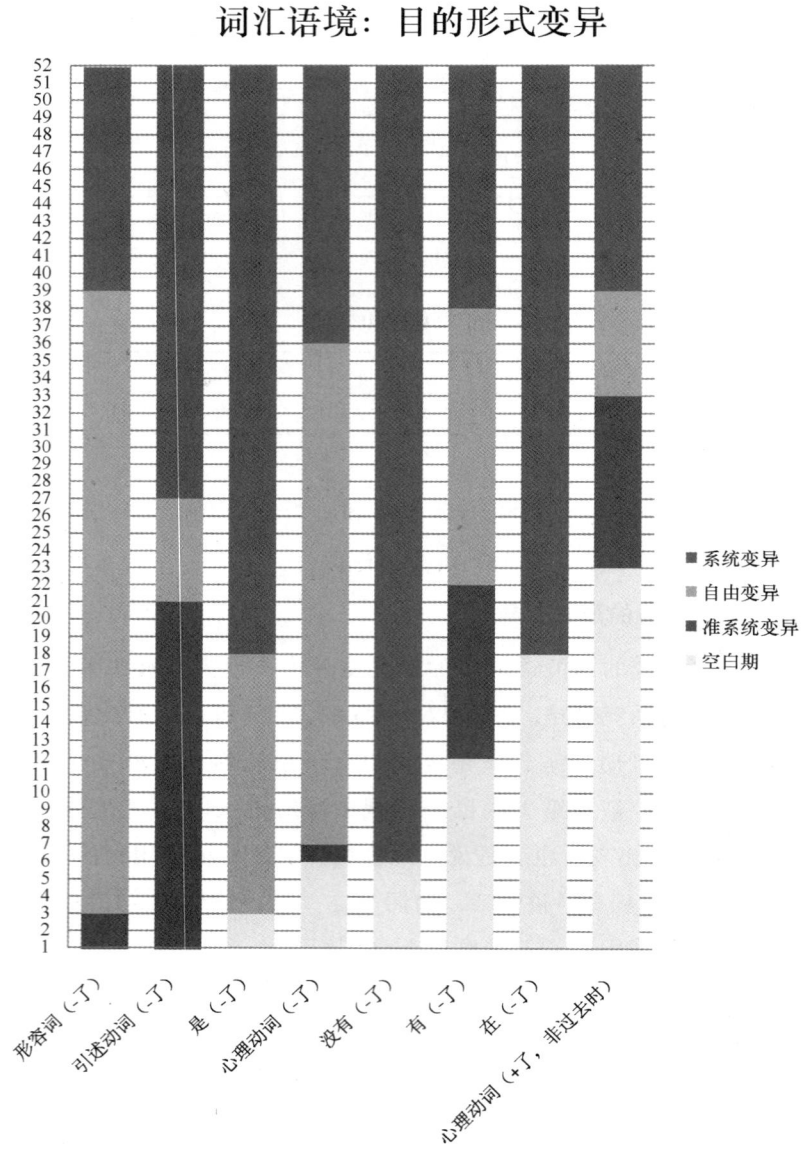

图32 "了"的词汇语境目的形式变异

（3）与句法语境的目的形式变异主要为变体"－了"系统变异类似的是，过去时词汇语境目的形式变异全部是变体"－了"系统变异，完全没有"＋了"系统变异。这意味着，学习者对于过去时不使用"了"的词汇类型非常敏感，也较易掌握。由于这些词汇语境目的形式绝大部分都经历了偏误和目的形式交替出现的自由变异时期，它们所达到的系统性较为稳定，对目的形式变体"－了"的选择并不是无意识的，而是经过主动选择后的自觉行为。这也再次证明学习者对变体"－了"的掌握是"了"习得过程中非常重要的成果。

在非过去时时态下，学习者形成了 1 种变体"＋了"系统变异。由于心理动词加"了"之后表达新的心理状态的【起始持续】，这类系统变异的形成说明学习者对于"了"在非过去时时态中所表达的【起始持续】义有了一定的稳定意识。

8.5.10.2 偏误形式变异

学习者在词汇语境下形成的偏误形式变异，过去时和非过去时都分别只有 1 种，且都是助动词谓语（见图 33）。前文对助动词谓语的复杂性已经有过分析，此处不再赘述。

总的来看，在词汇语境中，学习者形成的目的形式变异比偏误形式多，说明学习者对词汇情状体知识的掌握比较轻松；所形成的系统变异绝大部分是在过去时时态下的变异；在非过去时时态下形成的系统变异和自由变异都非常少。

这些系统变异的形成充分说明，虽然在发展过程中存在反方向的变异，但学习者还是在初级阶段发展出了有关谓词的稳定的情状知识，这些知识已经体现在对"了"的使用中。不过，这些系统的形成基本上是在使用"－了"领域中，使用"＋了"的谓词除了动结式之外，都没能形成系统变异。这就意味着，学习者可以通过谓词情状知识来把握在过去时时态下什么时候不使用"了"，但很难把握在过去时时态下什么时候必须使用"了"。因为更需要依赖意义决定"了"是否需要标记，某些在过去时时态下一定不能使用"了"的句法和情状限制在现在时时态下也不再起作用，使得现在时时态下句尾"了"的标记更为复杂。

词汇语境：偏误形式变异

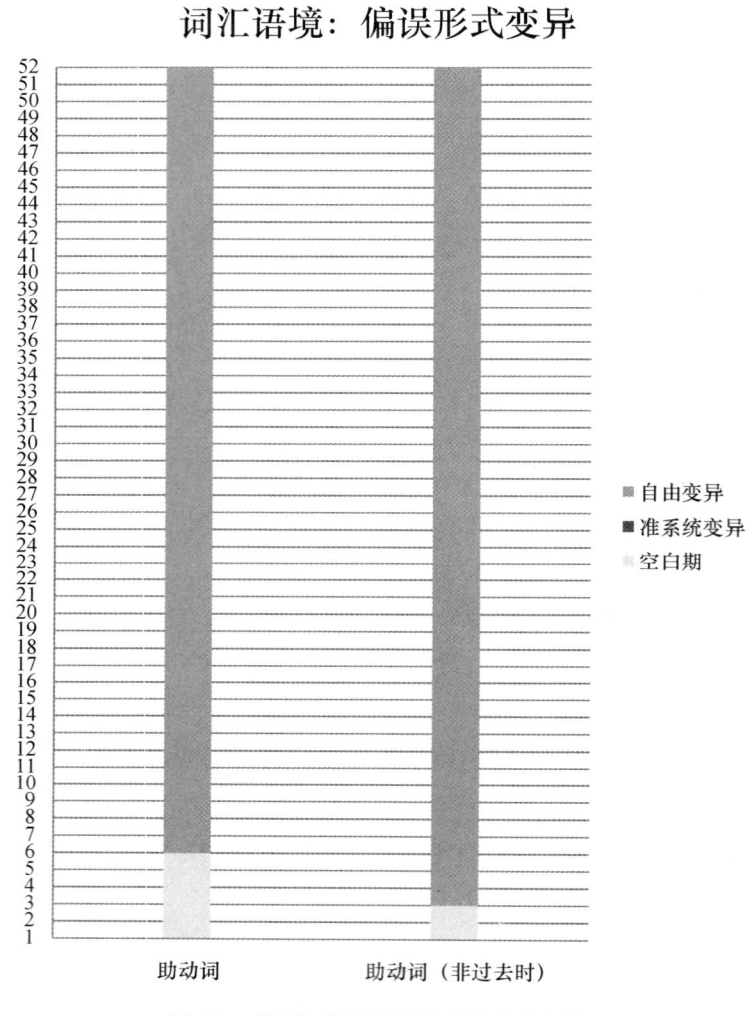

图 33　"了"的词汇语境偏误形式变异

8.6　小结

　　本章从横向和纵向两个角度分别对学习者习得体标记"了"和谓词情状体的关系进行了考察，并确认了一部分词汇语境目的形式变异和偏误形式变异。总括几个图的信息，可以看到词汇语境变异和句法语境变异的特点有同有异：

（1）与句法语境系统变异一样，不同词汇形式进入学习者中介语系统、进入自由变异、达到稳定系统阶段的时间也不同；词汇语境系统变异一般也经历准系统、自由变异、系统变异三个阶段。

（2）不同点在于，在句法语境变异中，目的形式变异（10种）的数量比偏误形式变异（13种）略少，而词汇语境的目的形式变异数量（8种）大大超过偏误形式变异（2种）。这样一种现象表明，对于"了"的习得来说，句法形式的难度可能高于词汇。

句法形式的难度之所以高于词汇，可能是由于句法结构对体标记"了"的使用限制是汉语特有的，而词汇知识，比如形容词的语义句法特点、动词的情状体知识对体标记使用的限制是在其他语言中也普遍存在的。也就是说，情状体知识可能是学习者普遍知识的一部分。学习者的这种知识不仅影响体标记"了"的习得，也反映在第二语言学习者习得汉语"把""被"等语法形式的过程中（黄月圆、杨素英，2004；黄月圆、杨素英、高立群、张旺熹、崔希亮，2007）：学习者对"把"字句、"被"字句所要求的终结性情状有明显的意识，符合第二语言习得"情状优先"的普遍倾向。

第 九 章

结　语

9.1　结论

在第二章,我们提出了有关"了"的五个具体研究课题。这五个研究课题在之后的第三章到第八章分别得到了回答,下面将围绕这五个具体课题对前文内容进行总结。

9.1.1　"了"的变体

根据学习者使用"了"的情况,我们从宏观层面确定了"了"的五种变体:目的形式变体"-了"(过去时)、"+了",偏误形式变体"-""+""*"。第三章到第六章的分析显示,这五种变体在时间维度中的发展特点并不同,主要在以下几个方面特别引起了我们的关注:

(一) 目的形式变体和偏误形式变体的不同发展趋势

数据显示,在过去时时态下,两种目的形式变体"-了""+了"分别呈较为快速的增长趋势,而偏误形式变体在总体上既无增长也无下降,几乎和横坐标轴平行(非过去时变体数量非常少,在统计学上的可靠性较差,不作为结论)。

这种不同发展趋势可能具有重要的指标性意义。目的形式变体呈增长趋势,意味着学习者在本阶段对"了"的习得是积极有效的,在不断向着目的语标准接近;偏误形式变体没有增长,说明学习者的汉语中介语质量并没有随着复杂度的提高而降低或者走向过度紊乱;偏误形式变体没有下降，则说明学习者仍处于对各种变体形式进行尝试、验证的习得过程中，语言水平尚停留在初级阶段。动态系统理论把语言系统中可以增长的子过程，如词汇多样性、语法复杂性等称作"生长点"（grower），第二语言系统中可能同时存在若干个增长过程交互发生的"关联生长点"（connected growers）（Van Geert, 2008），这些生长点的增长标志着第二语言系统的增长。用这样一种观点来看待"了"目的形式变体和偏误形式变体的发展趋势，则"了"的目的形式变体"-了"和"+了"分别构成一个生长点，它们的交互发生一同推动"了"的习得向目的语标准靠近；但偏误形式变体不构成生长点，即使在某个短暂的时段是增长的，在较长的时期中却不会持续增长。

（二）目的形式变体"-了"的意义

在过去时时态下，目的形式变体"-了"数量最大（294例），超出了目的形式变体"+了"和其他偏误形式变体的总和（122+131=253例）。这一点充分地说明，学习者很多时候能像汉语母语者一样正确地不使用"了"，且频率远远高于学习者正确使用"了"、泛化使用"了"的频率，是学习者初级阶段习得"了"的重要成果。

从更广泛的范围来看，汉语体标记"了"的使用不具有普遍强制性，虽然是对过去时时态下已经发生或完成的事件进行描述，有些句子中的谓词却一定不能使用"了"。这是汉语和印欧语在时体标记方面非常重要的差异，缺少对这个方面的考察，就无法全面、正确地了解"了"的习得过程，也无法对汉语体标记习得中可能存在的普遍倾向进行客观讨论。

（三）偏误形式和目的形式"+了"的数量比

虽然过去时和非过去时变体在数量上的差距非常大，但两种时态下生成的偏误形式和目的形式变体"+了"的数量比却非常接近：过去时偏误形式和目的形式"+了"之比为131:122=1.1，非过去时为15:15=1，即不管是过去时还是非过去时，学习者每生成1个目的形式"+了"，都同时会生成1个左右的偏误形式。

本书的讨论显示，学习者的偏误—目的形式比有可能是另一个可以帮助我们界定学习者习得阶段的重要指标，主要和学习者的学习时长及所处语言环境有关。当学习时间相当时，同处于非目的语环境下的本书学习者和 Wen Xiaohong（1995）初级学习者的偏误—目的形式比也基本相当；当学习时间增加时，Wen Xiaohong（1995）高级水平学习者的偏误—目的形式比有明显下降，本书学习者的偏误—目的形式比则在 52 周的时间中呈现随时间增加而逐渐下降的趋势。

9.1.2 "了"的义项

以前人有关"了"的研究成果为基础，本书把句中"了"表达的语义概括为【完成结束】【起始持续】，把句尾"了"概括为【完成结束*】【起始持续*】。根据句中"了"和句尾"了"语义表达上的共性，两个"了"的义项可以概括为【完成结束】和【起始持续】两种。对数据的分析显示，学习者在习得"了"的过程中，所使用的"了"的义项并不均衡，且和时态有交互关系。

在"了"的所有用法中，表达【完成结束】义的"了"为主流（73.7%）。同时考虑句中、句尾、过去时、非过去时两组因素，则可得到如下结果：在过去时时态下，学习者使用最大量的为句中"了"（78%），主要表达【完成结束】义，句尾"了"很少（22%）；在非过去时时态下，学习者使用最多的为句尾"了"（60%），主要表达【起始持续*】义（53%），但句中"了"的使用仍然达到了 40%。

我们的考察结果和 Erbaugh（1985）、Wen Xiaohong（1995、1997）的结果有异有同。相同的一面表现在，汉语母语儿童或英语母语成人学习者首先习得的"了"都为表完成结束义的"了"，且主要用于过去时，"学习者在现在和将来时中倾向于回避使用动词后缀'了'"（Wen Xiaohong，1995）。不同的一面主要在于句中和句尾"了"哪个先被习得：本书和 Wen Xiaohong 的研究都发现学习者首先习得表完成义的句中"了"，Erbaugh（1985）则发现汉语母语儿童首先习得表完成义的句尾"了"。

本书也支持 Wen Xiaohong（1995、1997）的观点："了"的习得是基于意义的，句尾"了"的习得更依赖于语境，且具有更多样的语用功能。本书的考察显示，"了"的使用频率和其义项有直接关系，完成结束义的"了"更容易为学习者习得和使用；在非过去时时态下，学习者对"了"

的持续义理解的缺失会直接影响"了"的使用。同时，句尾"了"所在句子的谓语结构更多样、更复杂，句尾"了"的使用更依赖于说话者所要表达的意义，而不是强制性的句法结构。

9.1.3 句法和词汇语境变异

通过对各个变体的综合考察，本书确定了若干种"了"变体的句法语境、词汇语境系统变异和自由变异。句法语境和词汇语境目的形式、偏误形式变异都主要在过去时时态下形成，非过去时时态非常少。而在过去时目的形式变异中，最大量的为目的形式变体"-了"，说明学习者对变体"-了"的习得成果已经达到了稳定阶段，并不是偶然、随机、无意识的。

两种语境的变异相对比，学习者对汉语情状体知识的掌握似乎优于对句法限制条件的掌握：句法语境中存在大量的偏误形式变异，词汇语境中的偏误形式变异却非常少。这种现象的出现，一方面可能和句法限制条件的复杂性、丰富性有关，另一方面可能是由于句法条件对体标记的限制是汉语特有的现象，而根据相关研究，动词情状体知识却具有普遍性。

总的来说，学习者既依赖表层句法形式，又依赖词汇知识对"了"进行习得，两方面的因素互相交错，共同影响着"了"的习得进程。本书对情状体影响的考察表明，表【完成结束】义的"了"和完成体习得的普遍倾向一致，而表【起始持续】义的"了"则和普遍倾向不一致。

动态系统理论认为，第二语言学习是基于使用、基于条目（item-based）的学习，这种学习不是一个线性过程，"学习者并不是掌握了这个条目，再转向下一个条目"；甚至单个条目的学习曲线也不是线性的，"这个曲线布满了峰和谷，进步和倒退"（Larsen-Freeman，1997）。本书对句法语境和词汇语境变异的考察为上述论点提供了具体的证据：在52周的时间中，学习者在不同阶段开始习得不同的语言形式，但有些语言形式的习得过程是同步进行的，这些过程中的自由变异阶段充分体现了习得过程的非线性。

9.1.4 系统变异和自由变异

本书的研究显示，纵向的系统变异和自由变异在第二语言习得过程中有不同的作用。

第一，系统变异反映了第二语言习得的结果。某种语言形式系统变异的形成标志着第二语言系统在该方面达到了一定的稳定性：如果形成的是目的形式系统变异，标志着学习者对该形式的成功习得；如果形成的是偏误形式系统变异，则标志着学习者在对该形式的习得过程中正面临难度较大的挑战，需要付出更多的认知、时间等资源来克服。本书的学习者形成的"了"的目的形式系统变异数量远远高于偏误形式，说明学习者的习得过程是积极有效的，在不断向目的语标准接近；在非过去时时态下形成的"了"的目的形式变异数量远远低于过去时，表明学习者在非过去时时态下使用"了"的能力还非常薄弱。总之，系统变异的性质决定了第二语言习得的结果是否积极。

第二，自由变异在某种程度上代表了第二语言习得的过程。自由变异在第二语言习得过程中的意义可以表现在以下几个方面：（1）当某个语言形式的习得处于自由变异阶段时，就意味着学习者正在根据语言语境、社会语境等对某个语言形式的使用进行多种尝试，反映了学习者对语境的适应和调节。（2）自由变异的价值还特别体现在系统变异形成的过程中。前文的考察和讨论显示，经历过自由变异的系统变异一般更为稳定，是学习者有意识选择的结果；没经历过自由变异的系统变异则可能处于准系统阶段，是学习者无意识反映的结果，不具备稳定性。（3）自由变异阶段的长度预示着某种语言形式的习得难度，越难习得的语言形式经历的自由变异时期越长，反之亦然。而且，越难习得的语言形式也越容易经历自由变异阶段，某些特征突出、用法简单的语言形式可能不经历自由变异而直接进入稳定的目的形式系统变异阶段。总之，本书支持动态系统理论有关自由变异的观点，认为自由变异是系统发展的内在属性，携带着系统发展过程中最重要的信息，对第二语言习得过程的考察，某种程度上就是对自由变异过程的考察，系统变异只是该过程的结果。

第三，时间属性在纵向的语言变异考察中具有根本性的意义。首先，如前文所讨论的，如果某个稳定形式出现在自由变异之前，就处于准系统阶段；出现在自由变异之后，则处于系统阶段。其次，某个语言形式的几种变体是否构成自由变异，也取决于这些变体是否在同一个时段中交替出现。最后，表层形式相同的某种变体形式由于出现的阶段不同，可能具有截然不同的属性，产生的原因、传达的信息也非常不同。

第四，在纵向的语言变异考察中，应该同时考察系统变异和自由变异，反馈则可能是促使自由变异向（目的形式）系统变异转变的桥梁。自由变异是系统变异形成的最关键过程，是反馈发生作用的最重要阶段；系统变异则体现针对自由变异的反馈是否产生了结果，系统变异的强度代表第二语言习得的稳定程度。

9.2　创新点

我们的研究是建立在前人研究的结果之上，根据前人的研究范式和结果，在以下方面做出了新的尝试：

第一，采用变异的观点来看待学习者使用"了"过程中产生的各种现象，超越了简单的偏误分析，把各种变体形式纳入一个系统中进行考察，有利于把握"了"习得过程的全貌。对目的形式的分析，也让我们初步触摸到学习者正确使用"了"的一些内在机制。

第二，采用新的具有动态性的工具对数据进行处理，从而理出了数据在时间维度中的一些隐藏模式。这避免了以往单纯根据学习者的学习时间进行阶段划分的主观性，因为学习者的语言发展虽然和学习时间有密切关系，但不同方面的语言能力并不一定在时段中均匀分布。根据数据本身的特点而不是学习时间进行划分，能让我们更近距离地对数据做出观测和分析。

第三，对学习者使用"了"所表达的意义进行考察，而不仅仅关注这个语言形式是否被使用。这样的观察角度有助于更深入地揭示学习者在使用"了"的过程中存在的问题，让我们从学习者的角度来思考"了"

的难点。

第四，确定了学习者在 52 周时间中使用的"了"的各种变体形式的系统变异和自由变异。这些变异的确定，让我们比较清晰地观察到学习者习得"了"的过程，体现了研究的动态性。

9.3 不足与展望

本书还存在很多不足，我们希望能在以后的研究中对这些不足进行弥补。

第一，非常遗憾的一点是，虽然我们区分了单句层面和语篇层面，但由于篇幅所限，未能对语篇层面的各种变体形式展开研究。严格说来，单句和语篇是很难完全分割开来的，需要综合来看，才能真正展现出"了"习得的全貌。我们已经获得了语篇层面一定数量的数据，也阅读了一定数量的相关文献，希望在未来能对这一部分展开研究。

第二，由于个人能力所限以及相关研究成果不够，我们对有些问题的讨论还不够深入。比如我们提到学习者在过去时和非过去时条件下生成的目的形式和偏误形式的比率基本在 1 左右，那么，这个比率究竟意味着什么？学习者在更高阶段的目的形式和偏误形式比率又是怎样的？不同的比率对于我们预测学习者语言的发展阶段有什么意义？我们也观察到学习者多用"了"的偏误是过去时三种偏误类型中唯一呈增长趋势的，那么不同类型的偏误对学习者的习得过程有什么不同的作用？这三种类型的偏误在更高阶段的发展趋势又是怎样的？对于这些问题的回答，我们需要综合多种研究成果，不能仅仅依赖目前的数据。

第三，由于客观条件限制，我们对学习者的追踪时间还不够长，再加上学习者不处于目的语环境中，每周接触和学习汉语的时间相对于目的语环境的学习者要少很多，因此我们只观测到学习者在初级阶段使用"了"的状况。在这个阶段，学习者虽然较大量地使用句中"了"，但对句尾"了"的使用显然刚刚开始，导致我们对句中"了"和句尾"了"不能进行充分比较。我们希望以后能对更高水平的荷兰学习者使用"了"

的情况进行跟踪调查，以补充和深化现有的研究结果。

　　总之，通过对这位荷兰学习者长达一年的密集追踪考察，我们取得了一些有意义的研究成果，也发现了不少值得在未来继续考察的课题。我们希望，本书所完成的工作能为未来的相关研究奠定较好的基础。

参考文献

中文专著

《现代汉语》，北京大学中文系现代汉语教研室编，商务印书馆 1993 年版。

《现代汉语词典》（第 5 版），商务印书馆 2005 年版。

《现代语言学词典》（第 4 版），戴维·克里斯特尔编，沈家煊译，商务印书馆 2000 年版。

戴耀晶：《现代汉语时体系统研究》，浙江教育出版社 1997 年版。

冯胜利：《汉语的节律构词法》，北京大学出版社 1997 年版。

冯友兰：《中国哲学简史》，赵复三译，新世界出版社 2004 年版。

哈肯：《高等协同学》，郭治安译，科学出版社 1989 年版。

郝柏林：《混沌与分形——郝柏林科普文集》，上海科学技术出版社 2004 年版。

黄伯荣、廖旭东主编：《现代汉语》（增订二版），高等教育出版社 1991 年版。

金镇容：《现代朝鲜语》，延边大学出版社 1993 年版。

拉兹洛：《系统哲学讲演集》，中国社会科学出版社 1991 年版。

李大忠：《外国人学汉语语法偏误分析》，北京语言文化大学出版社 1997 年版。

刘月华、潘文娱、故韡：《实用现代汉语语法》（增订本），商务印书馆

2003 年版。

吕叔湘（主编）：《现代汉语八百词》，商务印书馆 1999 年版。

马庆株：《汉语动词和动词性结构》，北京语言学院出版社 1992 年版。

孟琮、郑怀德等：《汉语动词用法词典》，商务印书馆 1999 年版。

索绪尔：《普通语言学教程》，高名凯译，岑麒祥、叶蜚声校注，商务印书馆 1999 年版。

王力：《中国现代语法》，商务印书馆 1985 年版。

颜泽贤、陈忠、胡皓：《复杂系统演化论》，人民出版社 1993 年版。

张岱年：《张岱年全集》第 2 卷，河北人民出版社 1996 年版。

赵凯荣：《复杂性哲学》，中国社会科学出版社 2001 年版。

周丹丹：《应用语言学中的微变化研究方法》，外语教学与研究出版社 2012 年版。

朱德熙：《语法讲义》，商务印书馆 1982 年版。

中文论文

蔡金亭：《情状体和语篇结构对英语过渡语中一般过去时标记的影响》，《外语教学与研究》2004 年第 1 期。

蔡金亭：《时体习得的变异研究》，《外语教学与研究》2004 年第 5 期。

蔡金亭：《汉语体标记"了"对英语过渡语中一般过去时标记的影响》，《外语研究》2004 年第 1 期。

蔡金亭、陈晦：《动词突显度对英语过渡语中一般过去时标记的影响》，《四川外语学院学报》2005 年第 6 期。

蔡金亭、杨素英、黄月圆：《有关时体习得的三本专著述评》，《当代语言学》2004 年第 2 期。

蔡金亭、朱立霞：《过渡语变异研究的理论框架：继承与发展》，《外语学刊》2004 年第 3 期。

蔡金亭：《英语过渡语中的动词屈折变化——对情状体优先假设的检验》，《外语教学与研究》2002 年第 2 期。

蔡金亭:《语篇结构对英语过渡语中一般过去时的影响》,载《当代语言学探索》(陈国华、戴曼纯主编),外语教学与研究出版社2003年版。

蔡肖兵、金吾伦:《整体观与科学——中国传统思维整体观的整体意义》,《自然辩证法研究》2010年第26卷第1期。

蔡仲:《后现代科学与中国传统科学思想》,《科学技术与辩证法》1999年第16卷第3期。

曹志平:《量子力学解释群的逻辑与哲学分析》,《自然辩证法研究》1993年第9卷第12期。

陈默、王建勤:《基于浮现主义的语言习得研究》,《云南师范大学学报》(对外汉语教学与研究版)2011年第3期。

陈小红:《"了1"、"了2"语法意义辨疑》,《语言教学与研究》2007年第5期。

陈小红:《论"了2"不独现》,《汉语学习》2010年第6期。

崔刚、柳鑫淼:《语言学习者个体差异研究的新阶段》,《中国外语》2013年第4期。

崔立斌:《韩国学生对"了"的误用及其原因》,《语言文字应用》2005年第5期。

戴曼纯:《中介语可变性之争及其意义》,《外语与外语教学》(大连外国语学院学报)1999年第1期。

戴炜栋、牛强:《过渡语的石化现象及其教学启示》,《外语研究》1999年第2期。

戴运财、周琳:《动态系统理论视域下的二语习得研究:不足与对策》,《外语界》2016年第3期。

邓守信:《汉语动词的时间结构》,《语言教学与研究》1985年第4期。

丁崇明:《语言变异的部分原因及变异种类》,《北京师范大学学报》(人文社会科学版)2000年第6期。

段士平:《动态系统理论视域下的二语语块发展研究》,《外国语文》2014年第4期。

方红、王克非:《动态系统理论下翻译能力的构成及发展模式研究》,《解放军外国语学院学报》2014年第5期。

方霁:《"了₁"、"了₂"的定位》,载《面临新世纪挑战的现代汉语语法研究:98 现代汉语语法学国际学术会议论文集》(陆俭明主编),山东教育出版社 2000 年版。

冯丽萍:《从普遍语法到浮现理论——从习得顺序研究谈第二语言习得研究视角的发展》,《社会科学家》2011 年第 1 期。

盖淑华、周小春:《基于动态系统理论的同伴反馈实证研究——社会文化观视角》,《外语与外语教学》2013 年第 2 期。

龚千炎:《现代汉语的时间系统》,《世界汉语教学》1994 年第 4 期。

谷晓娟、张迈曾:《语体变异的社会语言学研究》,《外语与外语教学》2007 年第 6 期。

顾阳:《动词的体及体态》,载《共性与个性——汉语语言学中的争议》(徐烈炯编),北京语言文化大学出版社 1999 年版。

郭春贵:《"了"的病句倾向——日本学习者常见的错误》,《中国语学习》2010 年第 3 期。

郭风岚:《语言变异:本质、因素与结果》,《语言教学与研究》2006 年第 5 期。

郭锐:《汉语动词的过程结构》,《中国语文》1993 年第 6 期。

郭锐:《过程和非过程——汉语谓词性成分的两种外在时间类型》,《中国语文》1997 年第 3 期。

郭元林、金吾伦:《复杂性是什么?》,《科学技术与辩证法》2003 年第 6 期。

韩大伟、邓奇:《动态抑或互动?——动态系统理论与社会文化理论在二语习得中的应用》,《外语电化教学》2013 年第 3 期。

郝安、李建珊:《玻尔的测量实在观》,《自然辩证法研究》2003 年第 3 期。

何丽野:《时间观:西方的"天人分离"与中国的"天人合一"》,《社会科学》2010 年第 8 期。

何曼青:《从线性到非线性的哲学思考》,《科学技术与辩证法》1993 年第 2 期。

胡军:《逻辑分析方法的中国式解读》(上),《学术月刊》2010 年第

2 期。

胡明：《汉语和英语的完成态》，《语言教学与研究》1996 年第 1 期。

胡明扬：《拉波夫和社会语言学》，《世界汉语教学》2001 年第 1 期。

胡淑晶：《科技史中的悬案：关于李约瑟之谜研究综述》，《甘肃社会科学》2006 年第 6 期。

黄月圆、杨素英：《汉语作为第二语言的"把"字句习得研究》，《世界汉语教学》2004 年第 1 期。

黄月圆、杨素英、高立群、张旺熹、崔希亮：《汉语作为第二语言"被"字句习得的考察》，《世界汉语教学》2007 年第 2 期。

冀小婷：《关于复杂系统与应用语言学——拉尔森·弗里曼访谈》，《外语教学与研究》2008 年第 5 期。

金立鑫：《试论"了"的时体特征》，《语言教学与研究》1998 年第 1 期。

金立鑫：《现代汉语"了"研究中"语义第一动力"的局限》，《汉语学习》1999 年第 5 期。

金立鑫：《词尾"了"的时体意义及其句法条件》，《世界汉语教学》2002 年第 1 期。

金立鑫：《"S 了"的时体意义及其句法条件》，《语言教学与研究》2003 年第 3 期。

竟成：《谈谈"了"和"过"》，《汉语学习》1985 年第 4 期。

竟成：《关于动态助词"了"的语法意义问题》，《语文研究》1993 年第 1 期。

竟成：《汉语的成句过程和时间概念的表述》，《语文研究》1996 年第 1 期。

拉普拉斯：《论概率》，李敬革、王玉梅译，《自然辩证法研究》1991 年第 2 期。

劳维斯·贝拉：《〈易经〉中的控制论》，林忠君译，《周易研究》1989 年第 1 期。

乐耀：《从汉语书面叙事体的语篇结构看人物指称的分布和功能》，《当代语言学》2010 年第 10 期。

李东：《目的论的三个层次》，《自然辩证法通讯》1997 年第 1 期。

李后强：《从非线性系统的演化看系统辩证论——兼论"持续、快速、健康"发展的模式设计》，《自然辩证法研究》1996年第9期。

李建会：《还原论、突现论与世界的统一性》，《科学技术与辩证法》1995年第5期。

李敬革、王玉梅：《拉普拉斯决定论的成因及其历史地位》，《自然辩证法研究》1994年第9期。

李兰霞：《动态系统理论与第二语言发展》，《外语教学与研究》2011年第3期。

李讷、石毓：《论汉语体标记诞生的机制》，《中国语文》1997年第2期。

李铁根：《"了、着、过"呈现相对时功能的几种用法》，《汉语学习》1999年第2期。

李兴亚：《试说动态助词"了"的自由隐现》，《中国语文》1989年第5期。

刘峰、汪定明、高怀勇、戢焕奇：《频率作用与[1]／[n]不分纠正之关系》，《解放军外国语学院学报》2013年第5期。

刘建伟、蔡金亭：《从英语进行体的习得看标记理论的意义》，《外语教学与研究》2006年第1期。

刘劲杨：《决定论与非决定论：论争与反思》，《中国人民大学学报》2006年第6期。

刘敏、董华：《简单范式与复杂范式——论经典科学与复杂科学的不同认识论模式》《科学技术与辩证法》2006年第2期。

刘勋宁：《现代汉语词尾"了"的语法意义》，《中国语文》1988年第5期。

刘勋宁：《现代汉语句尾"了"的语法意义及其与词尾"了"的联系》，《世界汉语教学》1990年第2期。

刘勋宁：《现代汉语的句子构造和句尾"了"的语法意义》，《语言教学与研究》1999年第3期。

刘勋宁：《关于汉语语法分析的几个原则问题》，载《面临新世纪挑战的现代汉语语法研究：98现代汉语语法学国际学术会议论文集》（陆俭明主编），山东教育出版社2000年版。

刘勋宁:《现代汉语句尾"了"的语法意义及其解说》,《世界汉语教学》2002年第3期。

刘勋宁:《一个"了"的教学方案》,《日本中国语教学学会学报》2010年第1期。

刘长林:《〈易经〉天人观及影响》,《孔子研究》1988年第1期。

刘正光:《言语适应理论研究述评》,《语言文字应用》2001年第2期。

柳延延:《决定论之谜——复杂性科学中的偶然性与必然性》,《自然辩证法通讯》1990年第2期。

卢英顺:《谈"了$_1$"和"了$_2$"的区别方法》,《中国语文》1991年第4期。

卢英顺:《动态助词"了"研究综述》,载《动词研究综述》(胡裕树、范晓主编),山西高校联合出版社1991年版。

吕建国、叶志镇:《决定性、非决定性及其关系的探讨》,《科学技术与辩证法》2001年第6期。

吕文华:《"了"与句子语气的完整及其它》,《语言教学与研究》1983年第3期。

吕文华:《"了$_2$"的语用功能初探》,载《语法研究与探索》(六),语文出版社1992年版。

吕文华:《"了"的教学三题》,《世界汉语教学》2010年第4期。

马庆株:《时量宾语和动词的类》,《中国语文》1981年第2期。

马希文:《关于动词了的弱化形式/lou/》,《中国语言学报》第1期,商务印书馆1980年版。

梅可玉:《论自组织临界性与复杂系统的演化行为》,《自然辩证法研究》2004年第7期。

梅丽:《日本学习者习得普通话舌尖后音的语音变异研究》,硕士学位论文,北京语言大学,2003年。

梅祖麟:《现代汉语完成貌句式和词尾的来源》,《语言研究》1981年第1期。

蒙培元:《略谈〈易经〉的思维方式》,《周易研究》1992年第2期。

彭贤:《荣格与〈易经〉》,《周易研究》2003年第2期。

彭小川、周芍：《也谈"了$_2$"的语法意义》，《学术交流》2005 年第 1 期。

普利高津：《科学对我们是一种希望》，《自然辩证法研究》1987 年第 2 期。

钱兆华：《不同的思维方式，不同的科学》，《科学技术与辩证法》1999 年第 2 期。

荣红：《基于语料库的社会语言学变异研究——〈英语变异之多维度研究〉评介》，《外语学刊》2007 年第 1 期。

沈昌宏、吕敏：《动态系统理论与二语习得》，《外语研究》2008 年第 3 期。

沈耕：《因果性、合目的性和历史决定论》，《哲学研究》1988 年第 8 期。

沈家煊：《类型学中的标记模式》，《外语教学与研究》1997 年第 1 期。

沈小峰、姜璐、王德胜：《关于混沌的哲学问题》，《哲学研究》1988 年第 2 期。

沈正维：《非线性科学兴起的思维特征及其对自然观的影响》，《科学技术与辩证法》2006 年第 2 期。

石毓智：《论现代汉语的"体"范畴》，《中国社会科学》1992 年第 6 期。

宋绍年、李晓琪：《汉语动态助词"了"研究的回顾与前瞻》，载《面临新世纪挑战的现代汉语语法研究：98 现代汉语语法学国际学术会议论文集》（陆俭明主编），山东教育出版社 2000 年版。

宋伟：《因果性、决定论与科学规律》，《自然辩证法研究》1995 年第 9 期。

宋志明：《论中国传统哲学的主要问题》，《教学与研究》2007 年第 11 期。

孙德坤：《外国学生现代汉语"了"的习得过程初步分析》，《语言教学与研究》1993 年第 2 期。

孙莉、蔡金亭：《英语过渡语中记叙文语篇结构与时体使用的关系——一项基于口语语料库的研究》，《外语与外语教学》2005 年第 7 期。

谭傲霜：《助词"了"的语义、功能和隐现问题》，载《第三届国际汉语教学讨论会论文选》，北京语言学院出版社 1991 年版。

田松：《为什么量子力学会引起我们的困惑？——兼谈"玻尔"的现象概念及互补原理》，《自然辩证法通讯》2010年第5期。

王初明：《语言学习与交互》，《外国语》第6期。

王登云、何微：《〈易经〉的整体思路及其在当代科学和哲学中的发展——兼谈哲学广义信息物质自组织原理》，《内蒙古社会科学》1993年第4期。

王贵友：《论自组织与协同作用》，《科学技术与辩证法》1990年第3期。

王还：《再谈现代汉语词尾"了"的语法意义》，《中国语文》1990年第3期。

王还：《有关汉外语法对比的三个问题》，《语言教学与研究》1996年第1期。

王海华、李贝贝、许琳：《中国英语学习者书面语水平发展个案动态研究》，《外语教学与研究》2015年第1期。

王洪鹏、王士平：《尼尔斯·玻尔1937年的中国之行》，《物理》2006年第7期。

王惠：《"把"字句中的"了/着/过"》，《汉语学习》1993年第1期。

王建勤：《"不"和"没"否定结构的习得过程》，载《第五届国际汉语教学讨论会论文选》，北京大学出版社1996年版。

王建勤：《表差异比较的否定结构的习得过程》，《世界汉语教学》1999年第4期。

王建勤：《关于中介语研究方法的思考》，《汉语学习》2000年第3期。

王建勤：《第二语言习得顺序研究的理论争议》，载《对外汉语研究的跨学科探索——汉语学习与认知国际学术研讨会论文集》，北京语言大学出版社2001年版。

王建勤：《汉语作为第二语言学习者习得过程研究评述》，《北京师范大学学报》2006年第3期。

王剑、蔡金亭：《汉英过渡语中语法体与情状体的关系》，《外语学刊》2006年第4期。

王鲁男：《第二语言习得中的变异研究》，《外语与外语教学》2000年第5期。

王淼：《基于动态系统理论的网络英语阅读模式》，《外语界》2011年第2期。

王明新：《动态系统理论视角下英语语音水平与动机认知因素研究》，《中国教育学刊》2013年第11期。

王士元：《语言是一个复杂适应系统》，《清华大学学报》（哲学社会科学版）2006年第6期。

王涛：《从二语习得到二语发展：一个动态的观点》，《外语教学理论与实践》2010年第4期。

王涛：《动态系统理论视角下的复杂系统：理论、实践与方法》，《天津外国语大学学报》2011年第6期。

温晓虹：《汉语习得偏误及改错的效益》，载《第六届国际汉语教学讨论会论文选》，北京语言学院出版社1999年版。

温晓虹：《教学输入与学习者的语言输出》，《世界汉语教学》2007年第3期。

文秋芳：《微变化研究法与二语习得研究》，《现代外语》2004年第3期。

吴国华：《语言的社会性与语言变异》，《外语学刊》2000年第4期。

吴彤：《复杂性范式的兴起》，《科学技术与辩证法》2001年第6期。

吴彤：《中国系统科学哲学三十年：回顾与展望》，《科学技术哲学研究》2010年第2期。

武波：《动态范式理论与过渡语变异研究》，《外语教学》（西安外国语学院学报）1996年第4期。

武波：《过渡语变异琐谈》，《解放军外国语学院学报》1997年第2期。

武果、吕文华：《"了$_2$"句句型场试析》，《世界汉语教学》1998年第6期。

武杰、李宏芳：《非线性是自然界的本质吗?》，《科学技术与法》2000年第2期。

武显微、武杰：《从简单到复杂——非线性是系统复杂性之根源》，《科学技术与辩证法》2005年第4期。

萧国政：《现代汉语句末"了"意义的析离》，载《面临新世纪挑战的现代汉语语法研究：98现代汉语语法学国际学术会议论文集》（陆俭明主编),山东教育出版社 1999 年版。

谢谜:《频率作用对英语语音纠错的影响——关于纠正 [v] / [w] 不分的一项微变化研究》,《外语研究》2009 年第 1 期。

邢福义:《说"NP 了"句式》,《语文研究》1984 年第 3 期。

徐通锵:《语言变异的研究和语言研究方法论的转折(上)》,《语文研究》1987 年第 4 期。

徐通锵:《语言变异的研究和语言研究方法论的转折(下)》,《语文研究》1988 年第 1 期。

薛伟江:《后现代哲学思维方式的特征——从自组织动力学的观点看》,《自然辩证法研究》2004 年第 7 期。

严彦:《美国学生习得第三声的声调情境变异研究》,《汉语学习》2010 年第 1 期。

杨宏声:《二十世纪西方〈易经〉研究的进展》,《学术月刊》1994 年第 11 期。

杨素英、黄月园:《句法结构对二语时体系统习得的影响》,载《中国学生习得英语时体的实证研究》(蔡金亭编),世界图书出版社 2009 年版。

杨素英、黄月圆、曹秀玲:《汉语体标记习得过程中的标注不足现象》,*Journal of the Chinese Language Teachers Association* 35 (3),2000。

杨素英、黄月圆、孙德金:《汉语作为第二语言的体标记习得》,*Journal of the Chinese Language Teachers Association* 34 (1),1999a。

杨素英、黄月圆、孙德金:《情状体在外国学生汉语体标记习得中的作用》,载《面临新世纪挑战的现代汉语语法研究:98 现代汉语语法学国际学术会议论文集》(陆俭明主编),山东教育出版社 1999 年版。

杨素英、黄月圆、王勇:《动词情状分类中的问题》,《语言学论丛》2009 年第 39 期。

杨小明、贾争卉:《中国哲学的现代科学借镜》,《科学技术哲学研究》2010 年第 27 卷第 5 期。

杨振宁:《〈易经〉对中华文化的影响》,《自然杂志》2005 年第 27 卷第 1 期。

叶南:《"了"在单句、复句和语段中的时体意义及其分布》,《西南民族大学学报》(人文社科版) 2006 年第 7 期。

俞宣孟:《"本质"观念及其生存状态分析——中西哲学比较的考察》2010 年第 7 期。

张华夏:《决定论究竟是什么?》,《中国社会科学》1993 年第 3 期。

张济卿:《汉语并非没有时制语法范畴》,《语文研究》1996 年第 4 期。

张今杰、谢常青:《世纪大争论:爱因斯坦、玻尔之争与量子力学的发展》,《求索》2007 年第 4 期。

张黎:《现代汉语"了"的语法意义的认知类型学解释》,《汉语学习》2010 年第 6 期。

张迈曾、郑荣萱:《外语与外语教学》(大连外国语学院学报) 1999 年第 1 期。

赵立江:《外国留学生使用"了"的情况调查与分析》,载《汉语作为第二语言的习得研究》(王建勤主编),北京语言文化大学出版社 1996 年版。

赵淑华:《连动式中动态助词"了"的位置》,《语言教学与研究》1990 年第 1 期。

郑咏滟、冯予力:《学习者句法与词汇复杂性发展的动态系统研究》,《现代外语》2017 年第 1 期。

郑咏滟:《动态系统理论在二语习得研究中的应用:以二语词汇发展研究为例》,《现代外语》2011 年第 3 期。

郑咏滟:《基于动态系统理论的自由产出词汇历时发展研究》,《外语教学与研究》2015 年第 2 期。

郑咏滟、冯予力:《学习者句法与词汇复杂性发展的动态系统研究》,《现代外语》2017 年第 1 期。

郑咏滟、温植胜:《动态系统理论视域下的学习者个体差异研究:理论构建与研究方法》,《外语教学》2013 年 第 3 期。

周丹丹:《练习次数对故事复述的影响》,《解放军外国语学院学报》2004 年第 5 期。

周丹丹、王文宇:《动态系统理论与微变化研究法在二语习得中的应用》,

《江淮论坛》2013年第4期。

周德丰:《中国传统哲学辩证法思想的理论成就及其当代价值》,《中州学刊》2009年第6期。

周卫京:《语言输入模式对口语产出的影响》,《解放军外国语学院学报》2005年第6期。

朱谦之:《中国人的智慧——〈易经〉》,《宗教学研究》2001年第3期。

英文专著

Aksu, A., 1978, *Aspect and Modality in the Child's Acquisition of the Turkish Past Tense*, Ph. D. dissertation, University of California, Berkeley.

Bailey, C-J. N., 1973, *Variation and Linguistic Theory*, Arlington: Center for Applied Linguistics.

Bayley, R., 1991, *Variation Theory and Second Language Learning: Linguistic and Social Constraints on Interlanguage Tense Marking*, PhD Dissertation, Standford University.

Briggs, J., & Peat, F. D., 1989, *Turbulent Mirror: An Illustrated Guide to Chaos Theory and the Science of Wholeness*, New York: Harper & Row.

Briggs, J., 1992, *Fractals: The Patterns of Chaos*, New York: Simon and Schuster.

Bromley, D. B., 1986, *The Case-study Method in Psychology and Related Disciplines*, New York: John Wiley & Sons.

Brown, J. D., & Rodgers, T. S., 2002, *Doing Second Language Research*, Oxford: Oxford University Press.

Brown, R., 1973, *A First Language*, Cambridge, MA: Harvard University Press.

Bybee, J., 2001a, *Phonology and Language Use*, Cambridge: Cambridge University Press.

Bybee, J., 2007, *Frequency of Use and the Organization of Language*, Oxford: Oxford University Press.

Cai Jinting, 2002, *The Effects of Multiple Linguistic Factors on the Simple Past Use in English Interlanguage*, Ph. D dissertation, Foreign Languages University.

Capra, F. , 1975, *The Tao of Physics, An Exploration of the Parallels btween Modern Physics and Eastern Mysticism.* Shambhala Publications, Colorado.

Caspi, T. , 2010, *A Dynamic Perspective on Second Language Development*, PhD dissertation, University of Groningen.

Chomsky, N. , 1995, *The Minimalist Program*, Cambridge, MA: MIT Press.

Comrie, B. , 1976, *Aspect*, MA, Cambridge, UK: Cambridge University Press.

Creswell, J. , 1998, *Qualitative Inquiry and Research Design: Choosing among Five Traditions*, Thousand Oaks, CA: Sage.

Dobson, C. B. , Hardy, M. , Heyes, S. , Humphreys, A. , & Humphreys, P. , 1981, *Understanding Psychology.* London: Weidenfeld and Nicolson.

Duff, P. , 2008, *Case Study Research in Applied Linguistics*, Taylor & Francis Group, LLC: New York/London.

de Bot, K. , W. , Lowie, & M. , Verspoor, 2005a, *Second Language Acquisition: an Advanced Book*, London/New York: Routledge.

Ellis, R. , 1985a, *Understanding Second Language Acquisition*, Oxford: Oxford University Press.

Flashner, V. , 1982, *The English Interlanguage of Three Native Speakers of Russian: Two Perspectives*, Master's thesis, University of California, Los Angeles.

Gaddis, J. L. , 2002, *The Landscape of History*, Oxford: Oxford University Press.

Gall, M. D. , Gall, J. P. , & Borg, W. T. , 2003, *Educational Research* (7th ed.), White Plains, NY: Pearson Education.

Hatch, E. (Ed.), 1978a, *Second Language Acquisition*, Rowley, MA: Newbury House.

Herdina, P. & Jessner, U. , 2002, *A Dynamic Model of Multilingualism: Perspectives of Change in Psycholinguistics*, Clevedon: Multilingual Matters.

Hesse-Biber, S. N. , & Leavy, P. , 2006, *The Practice of Qualitative Research*, Thousand Oaks, CA: Sage.

Huebner, T. , 1983, *A Longitudinal Analysis of the Acquisition of English*, Ann Arbor, MI: Karoma.

Johnson, D. M. , 1992, *Approaches to Research in Second Language Learning*, New York: Longman.

Labov, W. , 1966, *The Social Stratification of English in New York City*, Washington, DC: Center for Applied Linguistics.

Labov, W. , 1972, *Sociolinguistic Patterns*, Philadelphia: University of Pennsylvania Press.

Larsen-Freeman, D. , & Long, M. H. , 1991, *An Introduction to Second Language Acquisition Research*, New York: Longman.

Lewin, M. , 1979, *Understanding Psychological Research*, New York: John Wiley & Sons.

Li Ping, 1990, *Aspect and Aktionsart in Child Mandarin*, Ph. D dissertation, Leidon University.

Li, Ping & Y. , Shirai, 2000, *The Acquisition of Lexical and Grammatical Aspect*, Berlin, New ork: Mouton de Gruyter.

Lincoln, Y. , & Guba, E. G. , 1985, *Naturalistic Inquiry*, Beverly Hills: Sage.

Mackey, A. , & Gass, S. , 2005, *Second Language Research: Methodology and Design.* Mahwah, NJ: Lawrence Erlbaum.

Merriam, S. , 1998, *Qualitative Research and Case Study Applications in Education* (2nd ed.). San Francisco: Jossey-Bass.

Miles, M. , & Huberman, A. M. , 1994, *Qualitative Data Analysis* (2nd ed.). Thousand Oaks, CA: Sage.

Norton, B. , 2000, *Identity and Language Learning: Gender, Ethnicity and Educational Change*, London: Longman/Pearson Education.

Nunan, D. , 1992, *Research Methods in Language Learning*. Cambridge: Cambridge University Press.

Punch, K. , 1998, *Introduction to Social Research: Quantitative and Qualitative Approaches*. Thousand Oaks, CA: Sage.

Richards, K. , 2003, *Qualitative Inquiry in TESOL*. New York: Palgrave Macmillan.

Robinson, P. , & Ellis, N. C. , 2008, *Handbook of Cognitive Linguistics and Second Language Acquisition*, New York, NY: Routledge.

Saldaña, J. , 2003, *Longitudinal Qualitative Research: Analyzing Change Through time*. Walnut Creek, CA: Alta Mira Press.

Schumann, J. , 1978, *The Pidginization Process: A Model for Second Language Acquisition*, Rowley, MA: Newbury House.

Seliger, H. W. , & Shohamy, E. , 1989, *Second Language Research Methods*, New York: Oxford University Press.

Shirai, Y. , 1991, *Primacy of Aspect in Language Acquisition: Simplified input and Prototype*, PhD Dissertation, University of California, Los Angeles.

Skehan, P. , 1989, *Individual Differences in Second Language Learning*, London: Edward Arnold.

Skehan, P. 1998. *A Cognitive Approach to Language Learning*, Oxford University Press.

Stake, R. , 1995, *The Art of Case Study Research*, Thousand Oaks, CA: Sage.

Thelen, E. , & Smith, L. , 1994, *A dynamic Systems Approach to the Development of Cognition and Action*, Cambridge, MA: MIT Press.

Thelen, E. , & Smith, L. B. , 1994, *A Dynamic Systems Approach to the Development of Cognition and Action*, Cambridge, MA: MIT Press.

Tomasello, M. , 2003, *Constructing a Language*, Boston: Harvard University Press.

van Dijk, M. , 2003, *Child Language Cuts Capers: Variability and Ambiguity in Early Child Development*, Ph. D. dissertation, University of Groningen.

Yin, R. , 1993, *Applications of Case Study Research*, Newbury Park, CA: Sage.

Yin, R. , 2003a, *Case Study Research: Design and Methods* (3rd ed.), Thousand Oaks, CA: Sage.

Yin, R. , 2003b, *Applications of case Study Research* (2nd ed.), Thousand Oaks, CA: Sage.

英文论文

Aisa, B. , Mingus, B. , & O' Reilly, R. C. , 2008b, The Emergent Neural Modeling System, *Neural Networks*, 21, 1146 – 1152.

Aisa, B. , Mingus, B. , & O' Reilly, R. C. , May 2008a, [Computer Software]. Emergent. Retrieved from http://grey.colorado.edu/emergent/index.php/Main_Page/.

Andersen, R. &Y. Shirai. , 1994, Discourse motivations for some cognitive acquisition principles, *Studies in Seeond Language Acquisition* 16, 133 – 156.

Andersen, R. W. , 1986, *Interpreting Data: Second Language Acquisition of Verbal Aspect*, Unpublished manuscript.

Andersen, R. W. , 1990, Model, processes, principles and strategies: Second language acquisition inside and outside the classroom, In B. VanPatten & J. F. Lee (Eds.), *Second language acquisition-Foreign Language Learning*, 45 – 78, Clevedon, England: Multilingual Matters.

Andersen, R. W. , 1991, Developmental sequences: The emergence of aspect marking in second language acquisition, In T. Huebner & C. A. Ferguson (eds.), *Crosscurrents in Second Language Acquisition and Linguistic Theories*, Amsterdam: John Benjamins.

Antinucci, F. & Miller, R. , 1976, How children talk about what happened, *Journal of Child Language*, 3, 169 – 89.

Atkinson, D. , 2002, Toward a sociocognitive approach to second language acquisition, *Modern Language Journal*, 86, 525 – 545.

Bailey, C-J. N. , 1973, *Variation and Linguistic Theory*, Arlington: Center for Applied Linguistics.

Barab, S. , 2006, Design-based research: A methodological toolkit for the learning scientist, In R. Sawyer (Ed.), *The Cambridge handbook of the learning sciences* (pp. 153 – 169), Cambridge: Cambridge University Press.

Bardovi-Harlig, K. & Reynolds, D. W. , 1995, The role of lexical aspect in the acquisition of tense and aspect, *TESOL Quarterly*, 29, 1 – 25.

Bardovi-Harlig, K. , 1992, The use of adverbials and natural order in the development of temporal expression, *IRAL*, 30, 299 – 320.

Bardovi-Harlig, K. , 1994, Anecdote or evidence? Evaluating support for hypotheses concerning the development of tense and aspect, In E. Tarone, S. M. Gass, & A. D. Cohen (Eds.), *Research methodology in second language acquisition*, 41 – 60, Hillsdale, NJ: Erlbaum.

Bardovi-Harlig, K. , 1998, Narrative structure and lexical aspect: Conspiring factors in second language acquisition of tense-aspect morphology, *Studies in Seeond Language Acquisition*, 20, 471 – 508.

Bardovi-Harlig, K. , 1999, From morpheme studies to temporal semantics, *SSLA*, 21, 341 – 382.

Bardovi-Harlig, K. , 2000, Tense-Aspect morphology related to past in English, *Language Learning*, 50 (3), 191 – 276.

Beckner, C. , & Bybee, J. , 2009, A Usage-Based Account of Constituency and and Reanalysis, *Language Learning*, 59 (Suppl.), 27 – 46.

Bloom, L. , Lifter, K. , & Hafitz, J. , 1980, Semantics of verbs and the development of verb inflection in child language, *Language*, 56, 386 – 412.

Bronckart, J. P. , & Sinclair, H. , 1973, Time, tense and aspect, *Cognition*, 2, 107 – 130.

Bybee, J. , 1995, Regular morphology and the lexicon. *Language and Cogni-*

tive Processes, 10, 425 – 455.

Bybee, J. , 2001b, Frequency effects on French liaison, In J. Bybee & P. Hopper (Eds.), *Frequency and the emergence of linguistic structure*, 337 – 359. Amsterdam: Benjamins.

Bybee, J. , 2003, Mechanisms of change in grammaticalization: The role of frequency, in R. D. Janda & B. D. Joseph, *Handbook of historical linguistics*: 602 – 623, Oxford: Blackwell.

Bybee, J. , 2006, From usage to grammar: The mind's response to repetition, *Language*, 82, 711 – 733.

Cai Jinting, 2003, The Relationship between Narrative Structure and the Simple Past Variation in English Interlanguage—A Test of the Discourse Hypothesis, *Modern Foreign Languages (Quarterly)*, 26 (1), 59 – 68.

Christiansen, H. M. , & M. C. , MacDonald, 2009, A Usage-Based approach to recursion in sentence processing, *Language Learning*, 59 (Suppl. 1), 126 – 161.

Churchill, E. , 2007, A Dynamic Systems Account of Learning a Word: From Ecology to Form Relations. *Applied Linguistics* 29 (3), 339 – 358.

de Bot & Larsen-Freeman, 2011, Researching second language development from a Dynamic Systems Theory perspective [A], in M. Verspoor, K. de Bot & W. Lowie (Eds.), *A Dynamic Approach to Second Language Development*: Methods and Techniques, 5 – 23, Amsterdam/Philadelphia: John Benjamins Publishing Company.

de Bot, K, 2008, Introduction: second language development as a dynamic process, *The Modern Language Journal*, 92 (2), 166 – 178.

de Bot, K, W, Lowie, & M, Verspoor, 2007, Dynamic Systems Theory approach to second language acquisition, *Bilingualism: Language and Cognition*, 10 (1), 7 – 21.

de Bot, K. , Lowie, W. & Verspoor, M. , 2005b, Dynamic systems theory and applied linguistics: The ultimate "so what"? *International Journal of Applied Linguistics*, 15 (1), 116 – 118.

de Bot, K., Lowie, W., & Verspoor, M., 2007, A dynamic systems theory to second language acquisition. *Bilingualism: Language and Cognition*, 10, 7–21.

Diamond, M. C., Scheibel, A. B., Murphy, G. M., Jr., & Harvey, T., 1985, On the brain of a scientist: Albert Einstein. *Experimental Neurology*, 88, 198–204.

Dickerson, W. B., 1976, The psycholinguistic unity of language learning and language change, *Language Learning*, 26, 215–31.

Donmoyer, R., 1990, Generalizability and the single-case study, In E. Eisner & A. Peshkin (Eds.), *Qualitative inquiry in education: The continuing debate* (pp. 175–200), New York: Teachers College Press.

Dörnyei, Z., 2009, Individual differences: Interplay of learner characteristics and learning environment, *Language Learning*, 59, 230–248.

Dry, H., 1981, Sentence aspect and the movement of narrative time, *Text*, 1, 233–240.

Duff, P., 2006, Beyond generalizability: Context, credibility and complexity in applied linguistics research, In M. Chalhoub-Deville, C. Chapelle, & P. Duff (Eds.), *Inference and generalizability in applied linguistics: Multiple perspective* (pp. 65–95), Amsterdam: John Benjamins.

Dussias, P., 2001, Sentence parsing in fluent Spanish-English bilinguals, in J. Nicol, *Two languages: Bilingual language processing*: 159–176, Cambridge, MA: Blackwell Publishers.

Ellis, N, C., & D, Larsen-Freeman, 2009, Constructing a second language: analyses and computational simulations of the emergence of linguistic constructions from usage, *Language Learning*, 59 (Suppl. 1), 90–125.

Ellis, N. C., 1998, Emergentism, connectionism and language learning, *Language Learning*, 48 (4), 631–664.

Ellis, N. C., 2007, Dynamic systems and SLA: The wood and the trees. *Bilingualism: Language and Cognition*, 10 (1), 2007, 23–25.

Ellis, N. C., 2008, The dynamics of language use, language change, and first and second language acquisition, *Modern Language Journal*, 41 (3), 232 – 249.

Ellis, R. (1985b). Sources of variability in interlanguage, *Applied Linguistics*, 6, 118 – 131.

Ellis, R. , 1987, Interlanguage vatiabiiity, Narrative Discourse: style-shifting in the Use of the Past Tense, *Studies in Seeond Language Acquisition*, 9, 1 – 20.

Elman, J, 2004, An alternative view of the mental lexicon, *Trends in Cognitive Sciences*, 8, 301 – 306.

Erbaugh, M. , 1985, Personal involvement and the development of language for time aspect, *Papaers and Reports on Child Language Development*, 24, 54 – 61.

Evans, J, L, 2001, An emergent account of language impairments in children with SLI: implications for assessment and intervention, *Journal of Communication Disorders* , 34, 39 – 54.

Evans, N. , & Levinson, S. , 2009, The myth of language universals: Language diversity and its importance for cognitive science, *Behavioral and Brain Sciences* , 32 (5), 448 – 494.

Flavell, J. H. , 1984, A theory of cognitive development: The control and construction of hierarchies of skills, *Psychological Review*, 87, 477 – 531.

Fleischman, S. , 1985, Discourse functions of tense-aspect oppositions in narrative: Towards a theory of grounding, *Linguistics*, 23, 851 – 882.

Gatbonton, E. , 1978, Patterned phonetic variability in second language speech: a gradual diffusion model, *Canadian Modern Language Review*, 34 (3), 335 – 47.

Granott, N. &J. Parziale, 2002, Microdevelopment: A process-oriented perspective for studying development and learning. In N. Granott & J. Parziale (Eds.), *Microdevelopment: Transition Process in Development and Learning*, 1 – 30, Cambridge: Cambridge University Press.

Hakuta, K. , 1976, A case study of a Japanese child learning English. *Language Learning*, 26, 321 – 351.

Harner, L., 1981, Children talk about the time and aspect of actions, *Child Development*, 52, 498 – 506.

Honeybone, P., 2011, Variation and Linguistic Theory, In: Maguire, Warren & McMahon, April (eds.), *Analysing Variation in English*, 151 – 177, Cambridge: Cambridge University Press.

Hopper, P. J., 1979a, Some observations on the typology of focus and aspect in narrative language, *Studies in Language*, 3, 37 – 64.

Hopper, P. J., 1979b, Aspect and foregrounding in discourse, In T. Givón (eds.), Syntax and Semantics: *Discourse and Syntax*, 213 – 241, New York: Academic Press.

Hopper, P. J., 1987, Emergent grammar, *Berkeley Linguistics Society* 13, 139 – 157.

Hopper, P., 1998, Emergent grammar, in M. Tomassello (ed.), *The New Psychology of Language*: 155 – 175, Mahwah NJ: Lawrence Erlbaum.

Hou, J., Verspoor, M., & Loerts, H., 2016, An exploratory study into the dynamics of Chinese L2 writing Development, *Dutch Journal of Applied Linguistics* 5 (1), 65 – 96.

Huebner, T., 1985, System and variability in interlanguage syntax, *Language Learning*, 35 (2), 141 – 63.

Huebner, T., 1979, Order-of-acquisition vs. dynamic paradigm: a comparison of method in interlanguage research, *TESOL Quarterly*, 13 (1), 21 – 8.

Ioup, G., 1989, Immigrant children who have failed to acquire native English, In S. Gass, C. Madden, D. Preston, & L. Selinker (Eds.), *Variation in second language acquisition: Psycholinguistic issues* (pp. 160 – 175), Clevedon, UK: Multilingual Matters.

Ioup, G., 1995, Age in second language development. In E, Hinkel (Ed.), *Handbook of research in second language teaching and learning* (pp. 419 – 436), Routledge.

Ioup, G., Boustagui, E., El Tigi, M., & Moselle, M., 1994, Re-examining the critical period hypothesis: A case study of successful adult second language acquisition in a naturalistic environment, *Studies in Second Language Acquisition* 16, 73 – 98.

Kaplan, M. A., 1987, Developmental patterns of past tense acquisition among foreign language learners of French, In B. VanPatten, T. R. Dvorak, and J. F. Lee (Eds.), *Foreign Language Learning: A research Perspective*, 52 – 60, Cambridge, MA: Newbury House.

Labov, W., & Waleztky, J., 1976, Narrative analysis: oral versions of personal experience, In Helm, J (ed.), *Essays on the Verbal and Visual Arts*, American Ethnological Society, Distributed by University of Washington Press.

Langacker, R. W., 2008, Cognitive grammar as a basis for language instruction, In P. Robinson & N. C. Ellis (Eds.), *Handbook of cognitive linguistics and second language acquisition*, (pp. 66 – 88), New York, NY: Routledge.

Larsen-Freeman, D, & L, Cameron, 2008, Research methodology on language development from a Complex Systems perspective, *The Modern Language Journal*, 92 (2), 141 – 165.

Larsen-Freeman, D., 2004, CA for SLA? It All Depends... *The Modern Language Journal*, 88 (4), 603 – 607.

Larsen-Freeman, D., 2015, Saying what we mean: Making a case for "language acquisition" to become "language development", *Language Teaching*, 48 (4), 491 – 505.

Larsen-Freeman, D. j., 1976, An Exploration for the Morpheme Acquisition Order of Second Language Learners, *Language Learning*, 26, 125 – 34.

Larsen-Freeman, D., 1997, Chaos/Complexity science and second language acquisition, *Applied Linguistics*, 18 (2), 141 – 165.

Larsen-Freeman, D., 2002, Language acquisition and language use from a chaos/complexity theory perspective, in C. Kramsch, Continuum (ed.): *Language Acquisition and Language Socialization*, Continuum.

Larsen-Freeman, D., 2006, The emergence of complexity, fluency, and accuracy in the oral and written production of five Chinese learners of English, *Applied Linguistics*, 27 (4), 590 – 619.

Larsen-Freeman, D., 2007, On the complementarity of Chaos/Complexity Theory and Dynamic Systems Theory in understanding the second language acquisition process, *Bilingualism: Language and Cognition*, 10 (1), 35 – 37.

Larsen-Freeman, D., 2009, Adjusting expectations: the study of complexity, accuracy, and fluency in second language acquisition, *Applied Linguistics*, 30 (4), 579 – 589.

Larsen-Freeman, D., 2010, A presentation at the University of Groningen symposium: a dynamic perspective on language development [OL].

Leech, G., 2011, Why frequency can no longer be ignored in ELT, *Foreign Language Teaching and Research*, (1), 3 – 20.

Lemke, J., 2002, Language development and identity: Multiple timescales in the social ecology of learning, In C. Kramsch (Ed.), *Language acquisition and language socialization*, (pp. 68 – 87), London: Continuum.

Li, Charles, N., S. A. Thompson, & R. M. Thompson, 1994, The Discourse Motivation For The Mandarin Particle LE, in《功能主义与汉语语法》, 北京: 北京语言学院出版社。

Lowie, W., T., Caspi, P, van Geert, & H., Steenbeek, 2011, Modeling development and change, in M. Verspoor, K. de Bot & W. Lowie (Eds.), *A Dynamic Approach to Second Language Development*: Methods and Techniques, 99 – 127, Amsterdam/Philadelphia: John Benjamins Publishing Company.

MacWhinney, B., 2006, Emergentism—use often and with care, *Applied Linguistics*, 27 (4), 729 – 740.

Miller, P. H., & T. R., Coyle, 1999, Developmental change: Lessons from microgenesis, In E. K. Scholnick, K. Nelson, S. A. Gelman, & P. H. Miller (Eds.), *Conceptual Development: Piaget's Legacy*, 209 – 239, Mahway, NJ: Erlbaum.

Mislevy R. J., & C. Yin, 2009, If language is a complex adaptive system, what is language assessment, *Language Learning*, 59 (Suppl. 1), 249 – 267.

Mohanan, K. P., 1992, Emergence of complexity in phonological development, in C. Ferguson, L. Menn, & C Stoel-Gammon, 1992 *Phonological Development*, Timonium: MD York Press, Inc.

Nowak, M. A., Komaraova, N. L., & Niyogi, P. (2002). Computational and evolutionary aspects of language, *Nature*, 417, 611 – 617.

Nowak, M., Komarova, N. & Niyogi, P., 2001, Evolution of universal grammar, *Science*, 291, 114 – 118.

Ortega, L., & Iberri-Shea, G., 2005, Longitudinal research in second language acquisition: Recent trends and future directions, *Annual Review of Applied Linguistics*, 25, 26 – 45.

Plaza-Pust, C., 2008, Dynamic Systems Theory and Universal Grammar: holding up a turbulent mirror to development in grammars, *The Modern Language Journal*, 92 (2), 250 – 269.

Ransdell, S., & Fischler, I., 1987, Memory in a monolingual mode: When are bilinguals in a disadvantage, *Journal of Memory and Language*, 26, 392 – 405.

Reinhart, T., 1984, Principles of gestalt perception in the temporalorganization of narrative texts, *Linguistics*, 22, 779 – 809.

Reinking, D., & Watkins, J., 2000, A formative experiment investigating the use of multimedia book reviews to increase elementary students' independent reading, *The Reading Research Quarterly*, 35, 384 – 419.

Rispoli, M., 1985, Incomplete and continuing: Theoretical issues in the acquisition of tense and aspect, *Journal of Child Language*, 12, 471 – 474.

Robinson, P., 2001, Task complexity, task difficulty, and task production: Exploring interactions in a componential framework, *Applied Linguistics*, 22, 27 – 57.

Robinson, R., 1990, The primacy of aspect: Aspectual marking in English interlanguage, *Studies in Seeond Language Acquisition*, 12, 315 – 330.

Robinson, R., 1995, The aspect hypothesis revisited: A cross-sectional study of tense and aspect marking in interlanguage, *Applied Linguists*, 16, 344 – 370.

Saffran, J. R., & Wilson, D. P., 2003, From syllables to syntax: multilevel statistical learning by 12 – month-old infants. *Infancy*, 4 (2), 273 – 284.

Saffran, J. R., Aslin, R. N., & Newport, E. L., 1996, Statistical learning by 8 – month-old infants, *Science*, 274, 1926 – 1928.

Saffran, J. R., Johnson, E. K., Aslin, R. N., & Newport, E. L., 1999, Statistical learning of tone sequences by human infants and adults, *Cognition*, 70, 27 – 52.

Schachter, J., 1986, In search of systematicity in interlanguage production, *Studies in Second Language Acquisition*, 8 (2), 119 – 133.

Schmid, M. S., Köpke, B., & de Bot, K., 2012, Language attrition as a complex, non-linear development, *International Journal of Bilingualism*, 17 (6) 675 – 682.

Schmidt, R., 1983, Interaction, acculturation and the acquisition of communicative competence, In N. Wolfson & E. Judd (Eds.), *Sociolinguistics and language acquisition*, (pp. 137 – 174), Rowley, MA: Newbury House.

Schoenemann, P. T., 2009, Evolution of brain and language, *Language Learning*, 59 (Suppl. 1), 162 – 186.

Selinker, L., 1972, Interlanguage, *International Review of Applied Linguistics*, 10, 209 – 30.

Sharwood Smith, M., 1988, Imperative versus progressive: An exercise in contrastive pedagogical linguistics, In W. Rutherford & M. Sharwood Smith (Eds.), *Grammar and Second Language Teaching*, New York: Newbury House.

Shirai, Yasuhiro & R. W. Andersen, 1995, The acquisition of tense-aspect morphology, *Language*, 71: 743 – 762.

Shou-hsin Teng (邓守信), 1999, The Acquisitio of n "了·le" in L2 Chinese, *Chinese Teaching In The World*, (1), 56–63.

Siegler, R. S., 1995, How does change occur: A microgenetic study of number conservation. *Cognitive Psychology*, 252, 25–273.

Smith, C. & G. Gemmill, 1991, Change in the small group A dissipative structure perspective, *Human Relations*, 44 (7), 697–716.

Spoelman, M., & Verspoor, M., 2010, Dynamic patterns in development of accuracy and complexity: A longitudinal case study in the acquisition of Finnish, *Applied Linguistics*, 31, 532–553.

Stake, R., 2000, Case studies, In N. K. Denzin & Y. S. Lincoln (Eds.), *Handbook of qualitative research* (2nd ed., pp. 435–454), Thousand Oaks, CA: Sage.

Stake, R., 2005, Qualitative case studies, In N. K. Denzin & Y. S. Lincoln (Eds.), *Handbook of qualitative research* (3rd ed., pp. 443–466), Thousand Oaks, CA: Sage.

Steenbeek, H, & van Geert, P., 2008, An Empirical Validation of a Dynamic Systems Model of Interaction: Do Children of Different Sociometric Statuses Differ in Their Dyadic Play? *Developmental Science*, 11 (2), 253–281.

Sun, H., de Bot, K., & Steinkrauss, R., 2015, A multiple case study on the effects of temperamental traits in Chinese preschoolers learning English, *International Journal of Bilingualism*, 19 (6), 703–725.

Sun, H., Steinkrauss, R., van der Steen, S., Cox, R., & de Bot, K., &, 2016, Foreign language learning as a complex dynamic process: A microgenetic case study of a Chinese child's English learning trajectory, *Learning and Individual Differences*, 49 (2016), 287–296.

Tarone, E., & Liu, G-q., 1995, Situational context, variation and second language acquisition theory, In G. Cook & B. Seidlhofer (Eds.), *Principles and practice in the study of language and learning: A festschrift for H. G. Widdowson*, (pp. 107–124), Oxford: Oxford University Press.

Tarone, E., & Parrish, B., 1988, Task-related variation in interlanguage:

The case of articles, *Language Learning*, 38, 21 – 43.

Tarone, E., 1979, Interlanguage as chameleon, *Language Learning*, 29 (2), 81 – 91.

Tarone, E., 1982, Systematicity and attention in interlanguage, *Language Learning*, 32 (1).

Tarone, E., 1983, On the variability of interlanguage system, *Applied Linguistics*, 4: 142 – 163.

Tarone, E., 1985, Variability in interlanguage use: A study of style-shifting in morphology and syntax, *Language Learning*, 35, 373 – 403.

Taylor, M, 1994, The pit as pendulum Chaos, models, experiments and attractors, in Poe's "A Descent into the Maelstrom", Kinjo Gakum Daugaku Ronsyu Treatises and Studies by the Faculty of Kinjo Gakuin University Studies in English Language and Literature 35, 177 – 209.

The "Five Graces Group", 2009, Language is a complex adaptive system: position paper, *Language Learning*, 59 (Suppl. 1), 1 – 26.

The Douglas Fir Group, 2016, A Transdisciplinary Framework for SLA in a Multilingual World, *The Modern Language Journal*, 100 (Supplement): 19 – 47.

Thelen, E., & Corbetta, D., 2002, Microdevelopment and dynamic systems: Applications to infant motor development, in N. Granott & J. Parziale (Eds.), *Microdevelopment: Transition processes in development and learning*, 59 – 79, Cambridge: Cambridge University Press.

Turner, F., 1997, Foreward, In R. Eve, S. Horsfall, & M. Lee (Eds.), *Chaos, complexity, and sociology: Myths, models, and theories* (pp. xi-xxviii), Thousand Oaks, CA: Sage.

van Dijk, M., & van Geert, P., 2007, Wobbles, humps and sudden jumps: A case study of continuity, discontinuity and variability in early language development, *Infant and Child Development*, 16, 7 – 33.

van Dijk, M., Verspoor, M., & Lowie, W., 2011, Variability and DST, In M. Verspoor, K. de Bot, & W. Lowie (Eds.), *A Dynamic Approach to*

Second Language Development: Methods and Techniques, (pp. 55 – 84), Amsterdam: John Benjamins.

van Geert & H, Steenbeek, 2005, Explaining after by before: Basic Aspects of a Dynamic Systems Approach to the Study of Development, *Developmental Review*, 25, 408 – 442.

van Geert, P., & M. van Dijk, 2002, Focus on variability: New tools to study intra-individual variability in developmental data, *Infant Behavior and Development*, 25, 340 – 75.

van Geert, P., & Steenbeek, H., 2008, A complexity and dynamic systems approach to development: measurement, modeling and research, In K. W. Fischer, A. Battro, & P. Lena (Eds.), *The Educated Brain*, Cambridge: Cambridge University Press.

van Geert, P., & van Dijk, M., 2002, Focus on variability: New tools to study intra-individual variability in developmental data, *Infant Behavior & Development*, 25, 340 – 374.

van Geert, P., 2008, The dynamic systems approach in the study of L1 and L2 acquisition: An introduction, *The Modern Language Journal*, 92 (2), 179 – 199.

van Geert., 2008, The dynamic systems approach in the study of L1 and L2 acquisition: An introduction, *Modern Language Journal*, 92, 179 – 199.

Vendler, Z., 1957, Verbs and times, *The Philosophical Review*, 66 (2), 143 – 160.

Verkuyl, H. J., 1989, Aspectual classes and aspectual composition, *Linguistics and Philosophy*, 12, 39 – 94.

Verspoor, M., & Behrens, H., 2011, Dynamic systems theory and a usage-based approach to second language development, In M. Verspoor, K. de Bot, & W. Lowie (Eds.), *A Dynamic Approach to Second Language Development: Methods and Techniques* (pp. 25 – 38), Amsterdam: John Benjamins.

Verspoor, M., de Bot, K., & Xu, X., 2011, The role of input and scholastic aptitude in second language development, *TTWiA* (*Toegepaste taalwetenschap in artikelen*), 86 (2), 47–60.

Verspoor, M., Lowie, W., & van Dijk, M., 2008, Variability in L2 development from a dynamic systems perspective, *The Modern Language Journal*, 92, 214–231.

Verspoor, M., Lowie, W., & van Dijk, M., 2008, Variability in second language development from a Dynamic Systems perspective, *Modern Language Journal*, 92, 214–231.

Verspoor, M. H., Schmid, M. S. & Xu, X., 2012, A dynamic usage-based perspective on L2 writing, *Journal of Second Language Writing*, 21, 239–263.

Verspoor, M., De Bot, K. & Lowie, W., 2004, Dynamic systems theory and variation: A case study in L2 writing, In H. Aertsen, M. Hannay & R. Lyall (eds.), *Words in their places: A Festschrift for J. Lachlan Mackenzie*, pp. 407–421, Amsterdam: Free University Press.

Vogel, T., & Bahns, J., 1989, Introducing the english progressive in the classroom: insights from second language acquisition research, *System*, 17 (2), 183–193.

Waninge, F., Dörnyei, Z., & de Bot, K., 2014, Motivational Dynamics in Language Learning: Change, Stability, and Context, *The Modern Language Journal*, 98 (3), 704–723.

Weist, R. M., H., Wysocka, K., Witkowska-Stadnik, E., Buczowska, & E. Konieczna, 1984, The defective tense hypothesis: On the emergence of tense and aspect in child Polish, *Journal of Child Language*, 11, 347–374.

Wen, Xiaohong, 1995, Second language acquisition of the Chinese particle le, *International Journal of Applied Linguistics*, 1, 45–62.

Wen, Xiaohong, 1997, Acquisition of Chinese aspect: an analysis of the interlanguage of learners of Chinese as a foreign language, *Review of Applied Linguistics*, 1–26.

Yang, Suying, 1999, Perfective marker -le and situation types in Chinese, In Wang, H. Samuel et al. (Eds.), *Selected Papers from the Fifth International Conference on Chinese Linguistics*, 369–386, Taipei: The Crane Publishing Co. Ltd.

Young, R. & R. Bayley, 1996, VARBRUL analysis for second language acquisition research, In R. Bayley & D. Preston (eds.), *Second Language Acquisition and Linguistic Variation*, Amsterdam: Benjamins.

Young, R., 1996, Form-function relations in articles in English interlanguage, In R. Bayley & D. Preston (ed.), *Second Language Acquisition and Linguistic Variation*, Amsterdam: Benjamins.

Youssef, V. & W. James, 1999, Grounding via tense-aspect in Tobagonian Creole: Discourse strategies across a Creole continuum. *Linguistics*, 37, 594–624.

后 记

接触到 DST 是我学业中的一个"变异"。在北京大学攻读博士学位期间，我的导师王若江先生希望我能在到国外进修一年，以开阔学术视野。2010 年，我获得欧盟 LiSum 奖学金，有幸到荷兰格罗宁根大学交流一年，师从应用语言学系的 Kees de Bot 和 Marjolijn Verspoor 两位教授。很自然地，我接触到了 DST 这一刚刚进入成长阶段的新研究范式。王若江先生一直致力于汉语词汇和语音研究，我本来也打算把汉语复合词作为博士学位论文研究对象。但是，王若江先生从来不把学生囿于她自己的研究范围之中。当我向她汇报在荷兰的学习内容时，她察觉到我对 DST 的兴趣，鼓励我自主选择论文题目。最后，我放弃了原来的论文计划，转向 DST 这个全新领域。这本书的实践部分即是博士学位论文的成果。

在我转向 DST 这个领域的过程中，北京语言大学的王建勤教授一直给予我无私的指导和帮助。即便在当前，DST 也仍然处于成长期，从理论到方法都在探索之中。当我带着初识 DST 的热情走向这个全新的领域时，对很多观点和方法的理解都处于懵懂之中，在落实到汉语研究实际的过程中，王若江先生和我都遇到了不少困难。王建勤教授在这个理论向实践转化的过程中为我提供了关键的建议。"变异"这个关键词就是基于王建勤教授的建议确立的。这一个关键词的确立，不仅契合了 DST 的研究核心，而且沟通了传统的变异研究和 DST 视角，凸显了 DST 对传统语言学的发展。

在此，向王若江先生、王建勤教授，荷兰格罗宁根大学的 Kees de Bot 和 Marjolin Verspoor 教授致以深深的感谢。

由于个人能力所限，本书还有很多不足，希望以后继续改进。